叢書シェリング入門3
ヘーゲル、シェリング、西田

知と無知

FRIEDRICH WILHELM JOSEPH VON SCHELLING

松山壽一 著

萌書房

〈叢書シェリング入門〉刊行にあたって

シェリングという哲学者の名は一般には馴染みが薄い。二重に隠されてさえいる。一方で、古典を敬して遠ざけ流行を追うことにのみ汲々としている思想界の昨今の風潮がこれに追い討ちをかけているし、他方で、ドイツ古典哲学に眼が向けられるにしても、シェリングの名はカントやヘーゲルといったビッグネームの陰に隠れてしまってなかなか目立たず、ためにシェリングにまで眼が向きにくいという事情もこれに加勢している。

フランス革命後の激動の時代に、人間の自由を求め、その根源（悪の起源）を極めようとしたばかりでなく、この根本的希求をもとに、自然の哲学や芸術の哲学、さらには歴史の哲学を展開し、神話と啓示の意義をも追求しようとしたシェリングの思想は、軽佻浮薄なわれわれ現代人に「根源を忘るるなかれ」と警鐘を鳴らし続けているように思われる。

筆者はこれまでもっぱら、思うところあって、無理解のまま放置されてきたドイツ自然哲学を理解できる状態にすることに専念してきたが、非力ながら、ここに、シェリング哲学全般の意義、さらにはその多彩さと魅力を世に広めるための入門書、啓蒙書を叢書として上梓することにした。

この間、日本シェリング協会（一九九二年創立）を母体としてシェリング著作集の刊行が企てられた。

筆者は編集幹事として、その企画、出版交渉等にあたり、当初（一九九四年）十二巻の刊行が可能となるも頓挫。その後、数々の出版社と交渉を重ねた結果、全五巻ながら来年ようやく刊行の運びとなった。著作集出版のための長年の悪戦苦闘のなかで何よりも思い知らされたことは、シェリングの知名度があまりに低いということであった。出版交渉の際に「シェリングが何者か」を一から説明せざるをえないことしばしばであった。この悪戦苦闘を通じて、筆者はシェリングの名を世に知ってもらう必要、彼の思想の意義と魅力を喧伝する必要を痛感せざるをえなかった。

〈叢書シェリング入門〉の企画はこのような苦渋の体験のなかから生まれてきた。もっとも、シェリングという知名度の低い哲学者の入門書、啓蒙書を、しかもシリーズで出版しようとする出版社などあろうはずもなく、著作集の場合同様の難航が予想された。ところが、萌書房という新しい出版社を立ち上げたばかりの白石徳浩氏が趣旨に賛同し、叢書としての刊行を引き受けて下さった。感謝に耐えない。氏の御厚志によって、有難くも、ここに叢書刊行が可能となった。

なお、カバーに掲げる肖像は、ミュンヘンのバイエルン科学アカデミー・シェリングコミッション提供によるものである。

二〇〇四年（シェリング没後百五十年）五月

松山壽一

まえがき

常識にとって哲学ほど非常識なものはない。非常識の極みである。哲学は、常識にとって訳の分からない内容を、常識には分かりにくい仕方で、常識に馴染みのない言葉によって語るからである。哲学がやたら難しいのもこのためである。哲学は常識人、大衆にはちんぷんかんぷんの詭弁でしかない。哲学を大衆に語ろうとするのであれば、語り手は、哲学の内容を、大衆の常識に合わせる仕方で、また彼らの常識に馴染みの言葉によって語るほかなかろう。これが哲学の大衆化、通俗化の試み、「分かる哲学」「涙なしの哲学」の試みである。だが、内容と方法と用語とはこのように勝手に使い分けることができるものであろうか。方法と用語とを変えてしまえば、内容もまた変わってしまうのではなかろうか。このように考えると、哲学に関する常識的通俗的語りは、ただ常識を語っただけで哲学を語ったことにはならないということになりはしまいか。常識と哲学とが正反対、すなわち、常識にとっての常識が哲学にとっては非常識であり、哲学にとっての常識が常識にとっては非常識だとすれば、常識と哲学とを結び付ける手立て、両者の間にかける橋はないことになろう。

哲学メディア（『〇〇図書新聞』『〇〇学報』等）が乱立し激しい批評合戦が繰り広げられていた一八〇〇年前後のドイツにおいて、自らもメディアを立ち上げ合戦に参戦した二人の若い哲学徒シェリングとヘーゲルは、哲学の通俗化に断固反対して、哲学を常識から全面的に隔離する作戦に出た。彼らはこの頃（シェリング二十六歳、ヘーゲル三十一歳）哲学をありとあらゆる対立を超越した絶対的理念を立てる学問（同一哲学）であり、常識の対極にあるものと見なしていたからである。彼らが共同して編集し刊行した雑誌（『哲学批評雑誌』）の創刊の辞に言う。「絶対的理念を立てる哲学とは反対に、それとは別の支配的な手法には短所しかない。この手法は、哲学的理念を現れるや否や民衆化したばかりか、何が何でも通俗化しようしたからである。哲学は本性上秘教的なものであり、そもそも賤民のために作られてはいないし、賤民向けに加工することもできない。哲学の哲学たる所以は、哲学が分別と逆であり、常識と正反対だという点にこそある。常識との関係では、哲学の世界はまるで逆立ちした世界なのである。」――「常識と哲学とは正反対であり、哲学は、常識から見れば逆立ちした世界である」というのは分からぬではないが、「哲学は賤民向けに加工できない」とは何たる言い草か、「庶民をバカにするにもほどがある」と言いたくもなろう。このような言い草に対して、われわれは選民主義・貴族主義といったレッテルを貼ることも可能であろう。しかしながら、われわれは彼らがこうした態度を取らざるをえなかった事情にも眼を向けるべきであろう。それは、何もかも自分のサイズに合わせようとする大衆・常識人向けメディアに便乗した、当時における哲学の通俗化という流行に対して苦言を呈し、抵抗しなければならなかったという事情である。

哲学は確かに難しい。だが本当に難しいのは、難しい哲学を「易しく」語ることであろう。ただこの「易しく」ということが、先ほど指摘したように、哲学を台無しにすることになってしまっては元も子もなくなるし、先に述べたように、常識と哲学との間に橋がかけられないのであれば、そもそも「哲学入門」そのものが自家撞着・矛盾であり、ましてや「秘教」を自認するシェリング哲学の入門書を著すことなどもってのほかということになろう。筆者はこれまで二冊の「シェリング入門」を世に送った。『人間と悪──処女作『悪の起源論』を読む』『人間と自然──シェリング自然哲学を理解するために』である（ともに二〇〇四年）。それらに対する読者の反応は常識と哲学との関係に似て正反対であり、「分かりやすい」という人もいれば「難しい」という人もおり、しかも信頼筋からは「文体が変わった」という苦言まで頂戴している。この苦言はこれまでの二冊の入門書で試みた解説調の文体に対して呈されたものと思われる。こうした反応に鑑み、今回はこれまで自身の研究書で実践してきた筆者の探求型の文体を主とし、これに必要に応じて（注記も含めて）解説文、紹介文を加えることにした。そもそも「読み易さ」というのは、必ずしも表現の平易化や通俗化からのみ来るものではなかろう。「易しさ」と「明快さ」とは似て非なるものではあるまいか。「明快である」とは、単に「易しい」ことではけっしてなく、たとえ叙述内容が難しくとも、そこで用いられる基本術語が的確に定義されており、かつ論述に際し、専門家間での暗黙の前提に基づいて立論されず、不用意な飛躍も極力避けられていることではなかろうか。このように見定めるならば、「易しい文章」が必ずしも「明快な文章」とは限らないということになろう。平易な表現が俗耳に入りやすいのは確かだが、それによってかえって肝心の内容が不正確で曖昧になりかねない。これは通俗的哲学書がしばしば陥りがちな落とし穴であろう。筆者が本書においてあえて探求型の文体を主たる文体として採用したのも、今回の「シェリング入門」第三弾では、平易派ではなく明快派の立場に立つことに意を決したためである。

本書が探求型の文体を主たる文体とせざるをえなかった理由は本書の内容とも関連していて、それは本書を構成する二つの章「常識と懐疑——ヘーゲル『精神現象学』への道」および「自由と脱自——ヘーゲル、シェリング、西田」のそれぞれにおいて、従来の研究書や解説書では扱われることのなかった新しい世界を提示するものだからである。第一章のテーマは研究書であると解説書であるとを問わず、これまで様々に扱われてきたものである。とりわけ注目すべきであり、筆者も大いに関心を寄せているのは古代懐疑主義の展開とそのドイツにおける受容である。たとえばヘーゲル自身、彼の出世作『精神現象学』(一八〇七年)を「自己を貫徹する懐疑主義」と特徴づけているが、この特徴づけの意義は彼による古代懐疑主義への注目とその受容の問題ぬきには明らかにできない。本書の第一章もむろんこの問題を追求する。ただしこれだけでは片手落ちであって、実はその意義を際立たせるためにも、われわれはこれまで無視されてきたもう一つ別の受容に眼を向けなければならない。その受容とは、すなわち、ドイツにおけるスコットランド常識哲学——ヒュームの懐疑主義に対抗するものとして登場してきた常識尊重の哲学——の受容であり、われわれは特にそのヘーゲルにおける受容のあり方を歴史的に追跡しなければならない。本書の第一章の探求の新しさはそれを行うところにある。この成果を踏まえて言えば、ヘーゲルの『精神現象学』の叙述方法は、常識の自己吟味という姿をとった懐疑の遂行、貫徹である。彼はこの出世作においては、かつてシェリングに同調していた作戦、すなわち哲学の常識からの隔離策から言わば融和策、すなわち常識と哲学との特殊な融合(常識的思考のうちに懐疑的思考を持ち込み、それによって哲学者を傍観者という特別な位置に置く）という彼独自の作戦へと転じたのである。かくして『精神現象学』は成立した。哲学史上、経験論と合理論、実在論と観念論、独断論と批判主義等々様々な対立があるが、実はより根底的、基礎的な対立があり、筆者の見るところ、それが常識と懐疑との対立なのである。この問題に即してヘーゲル『精神現象学』の成立のあり方を明らかにしようというのが第一章の内容である。

周《あまね》く知られているとおり、シェリングとヘーゲルは、後に詩人となるヘルダリンとともにテュービンゲン神学院において同窓生であり盟友であった。一七九八年、二十三歳の若さで逸早くイェーナ大学の員外教授となっていたシェリングは、一八〇一年に五歳年長のヘーゲルをこの大学に呼び寄せ、直ちに共同で雑誌を編集し刊行する。それが先にそこから引用した『哲学批評雑誌』であった。だがこの共同作業も一八〇三年のシェリングのヴュルツブルク大学への転任によって終わりを告げ、ついには一八〇七年のヘーゲルによる『精神現象学』の刊行によって二人は決裂するに至る。ヘーゲルがその「序言」でシェリングの哲学（同一哲学）を厳しく批判したからである。批判されたシェリングはその後、自身をぎりぎりまで追い込み、その果てに「脱自」の境地に至り着く（一八二一年のエアランゲン講義）。興味深いことに、この徹底した自己放棄としての「脱自」の境地、言い換えると無知の境地は西洋の神秘主義の伝統に連なるものであり、今日なおわが国を代表する哲学者である西田幾多郎も一時期同じ伝統に強い共感を寄せている。約一世紀を隔てて、期せずして片やドイツ、片や日本で、二人の思想家がよく似た歩調をとっている。同一哲学における「知的直観」と『善の研究』における「純粋経験」、エアランゲン講義と『自覚における直観と反省』での二人の神秘主義への傾斜、また二人に共通したベーメ神智学への関心、シェリング中期におけるコプラ（繫辞《けいじ》）の論理に対する西田中期における場所（述語）の論理というように。本書の第二章の探求はヘーゲルとシェリングとの比較およびシェリングと西田（双方とも中期まで）との比較を試みる。前者はこれまでそれなりになされてきたが、後者を詳細に行ったのはおそらく本書が初めてであろう。これが本書におけるもう一つの新しい世界の提示である。

筆者が本書を書くことになったのは、最近知己を得た東独出身の二人の哲学者たちのおかげである。一人はシェリングの専門家のハーン女史（ベルリンのフンボルト大学）、もう一人はヘーゲルの専門家のフィーヴェーク氏（イェーナ大学）。ハーン女史は筆者が二〇〇二—〇三年冬学期にカイザースラウテルン大学（現在は工大）において客員教授をしていた折に、フンボルト大学の哲学部での講演（「シェリングにおける力とエーテル」二年十一月）に招待し、ゼミナール（「シェリング自然哲学の根本構想」同年十二月）をも担当させてくれたばかりか、さらに帰国後の三年十月、同大学での「シェリングと西田」に関するコロキウムを企画し、再び招待してくれた。本書の第二章の叙述はその折の二回の講演（「エアランゲン講義における自由と脱自」「シェリングと西田——二人の思想家の近さと遠さ」）をふくらませつつ日本語にしたものである。またフィーヴェーク氏も同じ時期の三年二月とさらに帰国後の翌年三月の二度、イェーナ大学の哲学科での講演に招待してくれた。一度目は自然観の東西比較を行い、二度目は「ヘーゲルとシェリングにおける知と無知」をテーマに講演した。特に二つ目の講演はその間のシェリング哲学とヘーゲル哲学に関するわれわれの論争に対する一つの応答であり、本章の第一章の叙述は、二つ目の講演原稿に、講演時の一か月にわたるイェーナ大学図書館での文献調査と、彼との折々のディスカッションの成果を盛り込んだものである。私にとっては、ヘーゲル研究は二十歳代の青春期というはるか三十年も昔のものでしかなかった。有り体に言えば、私は二十歳代のほぼ十年間を丸々ヘーゲル研究に費やした結果、飽きてしまい、そこから離れた。そんな訳でその後ヘーゲルに対しては（わが青春を奪われた恨み辛みも加わって）それを揶揄するばかりだった。イェーナの生粋のヘーゲリアーナーはこれにやけに反発した。三年二月イェーナの彼の自宅で始まったヘーゲルをめぐるわれわれの激しいやりとりは、結果、私を三十年ぶりにヘーゲル哲学にまともに向き合わせることになった。本書の第一章はその証である。

西田についてはもっと古い。四十年ほど前に遡る。キリスト教信仰に行き詰まって哲学の世界に飛び込んだ高校生の折、私の最も愛着を覚えた哲学者がプラトンであり、私の最も憧れを抱いた哲学者が西田であった。岩波の『西田幾多郎全集』全十九巻を京都の古本屋で見つけ、両親から「出世払い」ということで代金を調達し、手に入れたのもその頃だった。受験勉強そっちのけの哲学三昧となってしまい、大学入学後も万年学生を決め込み、それがとうとう十三年もの長きにわたってしまった（法政大学と立命館大学）。両親には迷惑と心配ばかりかけてしまった。だが、二人とももはやこの世の人ではない。十数年前に立て続けに他界してしまったからである。罪滅ぼしになるかどうか。遅きに失したとはいえ、本書を亡き両親に捧げたい。十歳代の古代哲学と西田哲学の勉強はその後、頓挫した。例の七〇年前後の学生運動の渦に呑みこまれて。西田哲学の勉強に復帰したのは四十年も隔てたごく最近三、四年前のカイザースラウテルンにおいてである。本書末尾（第二章「むすびにかえて」）に記すとおり、ドイツの仲間たちからの要請による。人生山あり谷あり、何があるか分からない。哀しくもあり嬉しくもある。妙味と言えるのかもしれない。十年ほど前にイタリアのミラノ大学でプラトンとシェリングとの関係について（「対立の合一――プラトンのシェリング自然哲学に対する意義について」第二章注91参照）講演する機会を得たが、その折は、まさしく自身の勉学上の一つの円環を描いた感があった。プラトンに始まって、マルクス、ヘーゲル、シェリングを経て、プラトンに戻るという数奇な円環である。またどんな数奇な円環を描くことになろうか。それは神のみぞ知る。

〈叢書シェリング入門〉もこれからどうなるであろうか。こちらは「神のみぞ知る」では済ませられない。当叢書の刊行については、本書を含め、各巻劈頭にその趣旨、抱負を掲げてあるので御覧頂きたい。それは一言で言えば、シェリング哲学を世に知らしめたいということである。だが、これがけっこう難しい。なぜなら、この課題を実現するには「難しい内容を易しく語る」必要に迫られるからである。「まえがき」冒頭に至極まじめな弁明を記したが、「言うは易く行うは難し」。難しい内容に関する「明快な書物」を書くのは至難の業である。「明快な書物」を書こうと精一杯努力したとは胸を張って言えるが、「明快な書物」を書いたとはとても言えそうにない。とりわけ本書、今回の入門書の執筆はやけに手間がかかり、普段使わない神経を使う作業ともなり、純然たる研究書を書いたほうがどれほど楽かと何度思ったことか。このことを正直に告白しておきたい。もっとも、「明快な書物」ということとは別の面で言うと、本書は「研究入門書」としてならば、研究上必要な情報もかなり盛り込んでおいたので、けっこう役に立つのではないかと自負している。

今回もまた萌書房の白石徳浩氏の御厚情と御尽力によって本書は叢書の一冊として上梓の運びとなった。末筆ながら記して感謝申し上げる。

松山壽一

二〇〇六年　四月

知と無知——ヘーゲル、シェリング、西田——＊目次

知と無知

――ヘーゲル、シェリング、西田――

第一章　常識と懐疑

ヘーゲル『精神現象学』への道

一　批評と哲学――『哲学批評雑誌』におけるヘーゲルの批評活動

1　哲学がついに没落したことに民衆の喜びが爆発（救世主シュルツェの出現）

とかく哲学は難しい。分かろうとすればするほど訳が分からなくなり、知ったかぶりをすればするほど窮地に追いやられ、しまいには無知を暴露されるのが落ちである。その上厄介なことには、哲学という学問は歴史が古くて長い。いや古すぎ長すぎる。それは（西洋哲学で言えば）かれこれ二千数百年もの歴史を有している。古代ギリシア以来、どれほど多くの哲学者が登場してきたことになるであろうか。入れ代わり立ち代わり登場しては各人各様に思い思いのことを真理だの虚偽だのと主張し続けてきた。「そもそもどれが本当の哲学なのか」と問うてみても無駄である。このこと自身が哲学者たちの争点そのもの、争いの的なのだから。ならば、それを判定する基準くらいあってもよさそうなものなのに、それがない。いやあるとしても、何を基準とすべきか、そのこと自身がこれまた争いの種、哲学そのものなのだから、結局は堂々巡り。つまりは哲学者の数だけ哲学があると言ってもいいような状況でしかない(1)。本当の哲学を求めるごく普通の読者ならば、哲学者たちに対して「いい加減にしてほしい」「我慢にも限度がある」と叫びたくもなろうというものである。もしもこのような状況に決着がついたとしたら……。左に引用するのは昔のある書評の一節である。

哲学者たちの眼を二千年以上もの長きにわたって暗闇で覆ってきたベールの取り去られる時がついにやってきた。我慢はいつまでも続かない。それには限度がある。期待があまりに長く裏切られ続けると、われわれの不満は最後には爆発する（人民ノ叫ビダ！ **le cri de la nation !**）。空語と空約束がわれわれをひきとめてきた期間が長ければ長いほど益々激しく。哲学者どもはあまりにも長く公衆の期待を欺き、あまりにも長く普遍的に妥当する哲学、匿名の哲学によって互いに永久平和を約束してきた。ところが幾星霜、哲学における論争は拡大の一途を辿っている。ほとんどどの世紀をとっても互いに矛盾に陥りながらも普遍妥当性を要求する哲学の新説が生まれている。（II, 273［137］）(2)

時は一八〇一年。所はミュンヘン。後にバイエルンの都となるこの地は、ドナウ河以北のローマ植民後、長らくドイツにおけるカトリックの中心地の一つであり続け、とりわけ宗教改革に対するカトリック側の反宗教改革の開始以降はそれを死守する牙城と化していた。(3) 当時、啓蒙主義の向こうを張って、カトリックの側でも啓蒙活動を盛んに行っていた。その一つが批評紙『上部ドイツ公衆図書新聞』での批評活動であった。当紙の第一三三号（一八〇一年）に、シュルツェの著書『理論哲学の批判』第一巻に関する書評が掲載された。右に引用したのはその一節である。書評子によれば、このような古代ギリシア以来二千年もの長きにわたる民衆の不満、しかも爆発寸前のそれを解消してくれる救世主が現れたということである。それがこの書の著者シュルツェなのだそうである。書評はさらに次のように続いている。

宮廷顧問官シュルツェ氏は思弁哲学における永遠の論争を終わらせるという不滅の功績を達成した（彼は理性の行政を改良したのではない。支配権を簒奪せんとするあらゆる説を、マラのようにギロチンにかけたのだ）。彼は哲学が代々の宿弊をもつことなどを明らかにした。だから彼は並の論駁では歯の立たない懐疑主義を立てるのである。というのも、著者は論理学の真理を認めてはいるのだから云云。著者の懐疑主義は説得的かつ明晰であり、これによって理論哲学のすべての説に鉄槌が下されたとわれわれはかたく確信する。今世紀では、思弁哲学は空虚な概念によって編まれた人工の織物として閑人のみが携わりうる学問と見なされるであろう。（II, 274［138］）

2　イェーナの砲台『哲学批評雑誌』

ここに「理論哲学」あるいは「思弁哲学」とあるのは、すべての学問の基礎となるべき知識の基礎づけを試みる哲学、とりわけ批判哲学もしくは超越論哲学とも呼ばれるカントの哲学およびそれに従うすべての哲学を指しているのだが、書評子はこれを「空虚な概念によって編まれた人工の織物」とこきおろし、早晩「閑人」たる哲学者たちのみの慰みものになり果てるであろうと予言している。書評中、「民衆の救世主」として奉られているシュルツェとその思想については後に改めて紹介するので（第四節4および第六節1―2、4―5）、ここではこれに立ち入らない。ここに二つの文章を引用したのは、一八〇〇年前後のドイツの思想状況を見、かつそのなかでシェリングやヘーゲルがどのような位置に立っており、彼らがどのような役割を果たしたかを見るためである。当書評が出たこの時期、彼らはカント哲学の最初の受容地にして思弁哲学の牙城、初期ロマン派の拠点――「ドイツのアテネ」と称されることさえある――テューリンゲン地方のイェーナに陣取り、共同で『哲学批評雑誌』*Kritisches Journal der Philosophie* を編集し刊行していた。(4) そこで彼らは先の書評に対して自分たちの雑誌の第一巻第二冊（一八〇二年三月）の「彙報」として「哲学がついに没落したことに民衆の喜びが爆発」と題した反論を掲載する。当「彙報」は、われわれも最初に引用した書評の一節を引用し、それを受けて、民衆が「二千年も空しく待ち続けた」ことに対しては「あと六千年待ったところで哲学を授かることはなかろう。いくら待とうが、畑がひとりでに穀物をならせパンを焼いてくれるまで腹はふくれない」と民衆の忍耐力を揶揄し、「駄馬のごとき我慢強さ」だと皮肉っている（ebd.）。またシュルツェが理論哲学・思弁哲学に対して鉄槌を下したという判定に対しては、彼の著書の第二巻を見さえすれば「反駁という当書の約束が空手形であったことに必ずや歓声が上がるであろう」（ebd.）と、これを軽く去《い》なしている。

3　栄養失調のサラダ（ザラート批評）

この「彙報」が書かれた時にはすでにシュルツェの著書『理論哲学の批判』を詳細に論評した「懐疑主義論文」（その内容については第六節で後述）がヘーゲルによって仕上げられており、しかもこれが雑誌の同じ冊子に掲載されていたので、「彙報」でのコメントはシュルツェ批評に対しては軽く去《い》なす程度に留められたのであろうと思われる。ここでコメントの主たる矛先はむしろ「闇を裁く裁判官」「バイエルンの哲学使徒を自任する」司祭兼教授ザラート(5)の哲学に向けられている。彼の哲学とは自称「道徳的で人間的な哲学」すなわち思弁哲学を排除して哲学を心理学や道徳によって基礎づけ構築しようとする哲学のことである。「彙報」の書き手に言わせれば、それは「非哲学の哲学」[6]にすぎない。なぜなら「思弁哲学の没落に喝采を上げる声は哲学を心理的道徳的に基礎づけ構築する試みと完璧に一致する」（II, 274f.〔136〕）と見なさざるをえない。「いずこも同じ」と言うべきか。修練、労苦を強いられる厄介な哲学は棚上げして安直なところで手を打ち、さももっともらしい議論を装って民衆に媚を売ろうという動きはどうやら今に始まったことではなさそうである。先の心理学や倫理学に社会学を加えれば、先の発言はそのまま目下のわが国の現状そのものと言ってよかろう。ともあれ十九世紀初頭、思弁哲学の牙城イェーナに陣取った二人の若き哲学徒たち（時にシェリング二十六歳、ヘーゲル三十一歳）は意気軒昂、こうした動向に対して批判の矢を放ち、徹底抗戦の構えである。

　彼らに言わせれば、厄介な思弁哲学を放棄して道徳的に哲学を基礎づけ構築しようとするザラート（Salat）教授の哲学は、結局のところ「道徳風を吹かせる無駄口、栄養失調のサラダ（Salat）」でしかない。「『上部ドイツ〔公衆〕新聞』では、彼が人間性、道義心、実践哲学、すべての善と真、改善と完全への前進を持ち出して無駄口をたたかない週はないらしい。その口にかかれば、カントの道徳原理はさながら味気ない徳性ブイヨン（*moralische Brühe*）入りのこの水場に引いてゆかれるびっこの駄馬のようだし、彼はフィヒテ哲学を信頼しない。……このバイエルン人は啓蒙のなかでも最も平板なベルリン啓蒙癖を道徳的で人間的な啓蒙として吹聴できると思っているようだが、これはただの道徳風を吹かせる無駄口、栄養失調のサラダにすぎず、これはバイエルンの堅気衆には吐き気を催させるにちがいない」（II, 275f.〔139f.〕強調は引用者）。「〔彼の哲学は〕哲学の深遠な唯一の根拠として道義心・徳性を要求するのだが、それは哲学することに伴う一切の労苦を免れ、代わりに道徳の虚栄と蒙昧を通用させるためであり、また哲学体系を批判するために、体系の創始者や追随者たちを彼独特の道徳的判断力に基づいて非道な人に作り変える安易で粗悪な家庭薬を用いている」（II, 276f.〔140f.〕）。

件の使徒ザラート教授は、文字より精神、知力より道義心を重視するため、「徳に向かうように指令を発し、無知を隠そうとしないどころか堂々と自慢する」始末である（II, 278〔142〕）。件の使徒、自ら無力症に陥っているザラート教授の見るところによれば、「観念論を標榜する最近の学派のうちに学問と生活との間に深い溝を実際に設定する輝かしい詭弁家たちが現れてきている」（ebd.）。このように「詭弁家」にしか見えない観念論哲学者たちが彼の敵であった。ここで対立しているのは、坊主くさいお説教さながら俗耳に入りやすい道徳の吹聴と、それとは正反対の民衆にはちんぷんかんぷんの学識をひけらかす詭弁ということになる。ザラートは「ある饒舌家」――おそらくシェリングが念頭に置かれているものと思われる――を次のように皮肉っている。「この御仁は、彼言うところの『特にカトリック信者にあっては依然として稀であるもの』を上手に叙述できることを鼻にかけ、それ以外の、うぬぼれがいくら自分のものにしようと思っても手にすることができないものについては、ことごとく概念化することを自慢している」（II, 279〔143〕）と。しかしながら、『哲学批評雑誌』での反論がすでに示唆しているとおり、ザラートが行っていることは「知的領域に上れないその無能さ」ゆえに、ただ「どこであれ厚かましい道徳的うぬぼれ、知的世界に対抗する道徳的うぬぼれだけである」（II, 278〔142〕）。つまりは「精神のなさと通俗性が常識（gesunder Menschenverstand）と道義心（Moralität）を僭称した」（II, 279［143］）にすぎないのである。

4　民衆と哲学（道楽としての哲学）

いま、カトリック啓蒙の中心地ミュンヘンとカント哲学の最初の受容地にして思弁哲学の中心地イェーナとの応酬の様を一瞥した。当時は各地で『図書新聞』*Literaturzeitung*(7)や『学報』*Gelehrte Anzeigen* 等と銘打たれた批評紙・評論誌が発刊されており——『イェーナ公衆図書新聞』『エアランゲン図書新聞』『シュトゥットガルト図書新聞』『上部ドイツ公衆図書新聞』『ヴュルツブルク学報』『テュービンゲン学報』などなど——それぞれの立場から批評し合い批判をぶつけ合い、一種の批評合戦の様相を呈していた。一七九八年にゲーテの推輓によって二十三歳の若さで員外教授ながらイェーナ大学教授に就任したシェリングは、一八〇一年にテュービンゲン神学院でのかつての同窓生、五歳年長の盟友ヘーゲルを当大学に招聘、直ちに二人共同して批評雑誌（先にそこから引用を行った『哲学批評雑誌』）を刊行し、当時の批評合戦に参戦した。その創刊号（第一巻第一冊、一八〇二年一月）(8)に付された「彙報」は「本誌の特別の目的」と題され、意気軒昂、既存の批評紙・評論誌を切りまくっている。また、そこには当時における一般の人々の哲学に対する関心の有様についても批評が加えられている。

哲学が公衆の関心を引き寄せたおかげで、哲学に精通できないのなら、せめてもと外野に群がり不平を鳴らしているうちに道楽者に成り下がる人々の群れが益々大きく膨れ上がっている。パンのための学問（Brotwissenschaft）を支える四本柱の内部で学問に興ずる人士であった学者国家の呑気な市民の一群は〈他の一切の学問は哲学共和国から出てゆけ〉と居丈高に揺さぶりをかけられて、いや革命を前にして、彼らの安寧《あんねい》を妨げられている。（II, 208［42］）

いま見た記述から、当時すでに一般市民を含む相当数の読者層が存在したことをわれわれは窺い知ることができるが、当「彙報」にはさらに「一層広範な読者層の存在、多かれ少なかれ総じて一般読者層の存在は文芸全般の歩みとすべての学問の繁栄を導くとともに、特にまた読者に哲学への関心を促進しようとする全メディアの活動を生む」（II, 209［43］）ことが指摘されている。そうして当「彙報」はなかでも批評紙中最も傑出していた『イェーナ公衆図書新聞』*Jenaische Allgemeine Literatur-Zeitung*(9)を槍玉にあげて、これをこきおろし、さらに当時の代表的な批評紙のほとんどに対して駄洒落・地口を連発しつつ次々とあてこすっている。

それら全メディアのうち当然最も著名で哲学的批評の分野で過去に公にされた若干の傑作によって最も傑出しているメディア『イェーナ公衆図書新聞』が最近では哲学に関しては、〈壺〔Krug――後に見るクルークへのあてこすり〉は割れるまで水につかっている〉という諺〈すなわち〈成功はいつまでも続くものではない〉の意〉も的中するかと思われるほどに、人事にあまねき運命を免れることができなかった。当メディアは自ら賢明にして実際賞賛に値する指針を採用した後ですら、かなり重要な哲学的著作の書評にはまったく手をそめずに、取るに足りない著作に折々適当なソースをかけて事を済ませている始末である。書評どころか特に論文のなかにすら『上部ドイツ図書新聞』はもとより、ザルツブルク（Salzburg）の名をもつ『ザルツブルク図書新聞』までもが塩（Salz）と胡椒をもっていないものだから、『ヴュルツブルク（Würzburg）学報』からはパセリが薬味として加えられ（gewürzt）、『テュービンゲン学報』からは人畜無害の月並みな菩提樹油の一滴が垂らされるようなサラダ〔Salat――先に見たザラート教授へのあてこすり〕を添えているおかげで、読者は皆少なくとも依然としてある種の哲学料理をあてにできるわけである。落ち目になっているとはいえ、まだ売れてはいるこれら諸誌に『図書年報』なる名称をひっさげて、料理の妻になるメディアが加わっている。これは自分が副菜であることを意識しているから、当然控え目で、ただ商売第一の広告代理店であると自認してはいるが、ある種の徹底性によって哲学的評価においても落ち目の諸誌と張り合ってゆけるであろう。『エアランゲン図書新聞』は哲学部門において多数の書評によってありふれた純朴さと凡庸さを克服したのだが、そのことによって超越論的観念論を不法に幇助するどころか、格別有害な改革者（Neuerer）に与しているという噂が盛んに立てられた。そこで、『イェーナ公衆図書新聞』の広告欄でごく短いものではあれ、それに対して鐘が吊るされない時でも、少なくとも鈴だけは鳴らされた。（II, 209f.［43–44］）

長々と引用したが、八つ当たりとも取られかねないほどに「彙報」の書き手は当時の代表的批評紙のみならず、新規参入の批評紙まで悉《ことごと》くこきおろしている。当代の論戦に新しく参戦した少壮哲学徒としては、こうでもしないと腹の虫が収まらなかったということか。あるいは新しく参戦する、いざ出陣という気負いの為せる業とでも言うべきか。

ともあれ、娯楽といっても当時は狩りや乗馬あるいは劇場通いのほかはサロンでの同好の集いくらいの時代である。たとえば最後に挙げたサロン文化に関して言えば、これは王侯貴族のみならず、市民層にまで波及しており、当「彙報」はその消息をよく伝えている。[10] そこには「市民生活にお喋りがつきものだから、ここではなおさら学界発の井戸端会議は歓迎される。ドイツでは何でも彼でも模倣される」(II, 211 [45]) と記されている。そうしてこの井戸端会議の賑々しさが「個々の作品に止まるだけでなく、図書の全体に止まるような独特の種類の大きく肥えた肉蠅」(ebd.) を育むのである。この「彙報」の書き手はヘーゲルの著書『フィヒテとシェリングの哲学体系の差異』(以下、『差異書』と略記) にも言及して、最近この種の一匹の蠅がこれにもたかっていた (『シュトゥットガルト公衆新聞』一八〇一年十一月六日号の見本市報告) ことを報告し、これも「公衆がいかにこういう手段にまことしやかなゴシップやでっち上げられたニュースを期待しているかを示す一例」(ebd.) だと、それに注意を促している。[11] そうして最後に例外的に『エアランゲン図書新聞』のみを持ち上げて「彙報」を閉じている。

周知のように、メディアに所属している哲学関係の書評者たちは、正規に、しかもフィヒテ、シュテフェンス、エッシェンマイアー、シェリングらのような著名な哲学作家が寄稿によって関与していると聞く『エアランゲン図書新聞』は別格として、自分の論文を書き編集することも、あるいは原則や体系を打ち立てることすらしないのが普通だからである。（II, 212［45–46］）

二　哲学の常識と常識の哲学
——シェリングの同一哲学とヘーゲルのシェリング批評およびクルーク批評

1　哲学批評の本質

『哲学批評雑誌』創刊号の「彙報」には、すでに見たとおり、当時、哲学の置かれていた情況・外的事情が綴られていた。これに対し、哲学そのものの中身・内情については、「哲学批評一般の本質、特にそれと哲学の現状との関係」と題された「序説」で述べられる。そこでは、文芸批評であれ哲学批評であれ、批評するにはまず「事柄そのものという永遠不動の原像から入手した尺度が必要である」（II, 171［25］）ことが宣言され、そうしてそれが「対象の根底にある理念そのもの」（ebd.）であること、言い換えると「哲学が唯一であり、かつ唯一でありうるのは、理性が唯一である点に基づく」（II, 172［26］）ことが指摘される。(12)

これまで『哲学批評雑誌』のために書かれた「彙報」「序説」の筆者が誰であるかを明記せず、とりあえず共編者であるシェリングとヘーゲル二人のものとして扱ってきた。既存のヘーゲルの著作集や全集では、これらはすべてヘーゲルが執筆したものとしてそこに掲載されている。だが、特にいま右に触れた「序説」すなわち「創刊の辞」に関しては「多くの箇所……主要思想が自分のものだ」と自身の寄与を強調したシェリングの証言が遺されており、シェリング全集（*Sämmtliche Werke*）を編んだ息子（**K. F. A. Schelling**）も、その第五巻に当「序説」を他の諸論文とともに収めている。[13] この点に鑑み、特に「序説」は内容的に共著として扱うことにする。

さて「序説」においてまず注目すべきことは、批評の仕方が二種類に分けて論じられている点である。すなわち、(1)哲学の理念のある場合と、(2)それのない場合とである。(1)の場合には「批評の仕事は理念が自由に明瞭に現れる様式と度合を明らかにし、理念が哲学という学問的体系に仕上げられた範囲を明らかにすることにある」（II, 174［28］）。(2)の場合は「非哲学」と命名され、それは「哲学に対して否定的にふるまい、哲学について語ることができない」と特徴づけられる。この場合、批評のために残された道は「この否定的側面がどのように言い表されるか、また表に現れての話だが、それが月並みと言われる哲学のなさをどのように白状するかを説明する」（ebd.）ことのみである。先に見たザラート教授の哲学を欠いた道徳談義に対して試みられた駄洒落・地口を駆使したひやかし・揶揄調の批評などが後者の実例ということになろう。

2　シェリングの同一哲学

第一の種類の批評に関連して言えば、「哲学の理念」という絶対的な尺度があり、かつそれが唯一であるならば、哲学界の紛糾・長年にわたる論争も止むことであろう。だが、実際にはそのようなことは実現したためしがない。第一節の冒頭で述べたとおり、「哲学の理念」「哲学の尺度」が何か、このこと自身すでに哲学の世界においては争いの種だからである。結局のところ、論争に継ぐ論争に終始するほかない。かく言う、唯一の哲学の理念を標榜した御両人シェリングやヘーゲルにしてからが、イェーナでの蜜月時代を経て[14]、一八〇七年に刊行された『精神現象学』以後は決裂するに至る（この点、後述）。ともあれ、それまではとりわけ『哲学批評雑誌』という共同編集による批評雑誌刊行中（最終巻は第二巻第三冊で一八〇三年六月）は、彼ら共通の立場が批評の尺度、拠点とされた。これはシェリングが彼単独で編集する雑誌『思弁的自然学雑誌』第二巻第二冊（一八〇一年）に掲載した自身の論文「わが哲学体系の叙述」で打ち立てた同一哲学の立場にほかならなかった[15]。この論文の第一節において、シェリングはあらゆる対立を超克した最高の理念を「絶対理性」と呼び、これを、主観と客観との間に何の区別もないこと、すなわち「主客総無差別」と定義していた[16]。「私が『理性』と呼ぶものは絶対理性すなわち主客総無差別と考えられるかぎりの理性である」（IV 114）。この定義に対して付された注解では、このような理性の立場が「思惟する者を捨てる」ことによって初めて成立することが強調される。「理性を絶対的と考えるためには、……思惟する者が捨てられねばならない。この捨象をなす者に対しては、理性はたいていの人が思い浮かべるような主観的なものであることを直ちに止めるし、いやそれどころか、理性そのものはもはや客観的なものとは考えられない。けだし、客観・思考物は思惟する者との対立のうちでのみ可能となるからであり、思惟する者がここでは完全に捨てられているからである」（ebd.）。

ここでは、あらゆる反省の立場、あらゆる対立の立場が退けられている。全対立を克服した最高の原理、これこそ「理性が端的に一者であり、端的に自己自身に等しい」「絶対的同一性」の原理にほかならない（IV 116f.）[17]。『差異書』でヘーゲルは、フィヒテの哲学原理とシェリングの哲学原理とを比較して、「同一性の原理がシェリングの全体系の絶対的原理である。哲学と体系とは合致している。同一性は部分においてはおろか結果においても失われはしない」（II 94［98］）[18]ことを確認して後、「フィヒテの体系では、同一性は主観的な主客にまで構成されたにすぎない」（ebd.）とフィヒテを批判し、シェリングの体系の要諦を次のようにパラフレーズしている。「これ〔フィヒテの体系〕には、その補完として客観的な主客を必要とする」。両者合して初めて、絶対者が「両者を否定する総合すなわち両者の無差別点として、両者を包含し、両者を生み出し、両者から自己を生み出す」（ebd.）と。シェリング自身の自己理解においても、「客観的な主客」を提示したものが彼の自然哲学に相当し、両者を結合したものが彼の同一哲学にほかならなかった。

3　若きシェリングに対するヤコービの影響

従来、若きシェリングの思想形成はフィヒテ知識学との連関からのみ捉えられがちであったが、近年ようやくそれ以外の連関にも眼が向けられるようになってきた[19]。ここでは、それらのうちヤコービとの連関に注目しておこう（久保陽一の的確な整理に依拠しつつ）。周知のとおり、ヤコービは『スピノザ書簡』（一七八五、八九年）においてスピノザの思想を独自に解釈しつつ、その汎神論と合理的決定論には反対し、それに対して人格神を護持する有神論かつ非合理な直接知・信仰の立場を対置した。しかしながら、ヤコービは自身の立場のうちに「彼によって解釈されたスピノザの思想を入り込ませた」[20]。彼は同『書簡』で、スピノザの神概念における「現存在の内なる存在」「無限」「統一性」といった特性に注目している。通常フィヒテの影響ばかりが強調される『自我論』（一七九五年）も、ヤコービの影響ぬきに理解できないシェリングの初期著作の一つである。彼はこの著作執筆期にヘーゲルに宛てて次のように告白していた。「正統派の神概念はもはやぼくたちにも関係ない。——ぼくの答えはこうだ。ぼくたちは人格神的存在者以上のものに至り着く。ぼくはこの間にスピノザ主義者になった」[21]と（一七九五年二月十四日付）。ここにも鮮明に表明されているように、シェリングは確かに超越神を否定し、スピノザ的内在神を受け入れる点でヤコービとは立場を異にしてはいた。しかしながら、彼はフィヒテ経由の絶対自我を根本原理とする『自我論』における、その「絶対自我」概念のうちに「無限」「統一性」「内在原因」というスピノザの神概念に特有の諸特性を読み込んでもいた[22]。これは明らかにシェリング自我論への、スピノザの神概念のヤコービ的解釈の導入を意味していた。総じて初期においては、シェリングはヤコービに同調的だったのであり、対立が目立ってくるのは同一哲学期である。その機縁となったのはおそらくヤコービによるシェリングの『超越論的観念論の体系』に対する書評であろう。さらに一八〇一年秋に、ヤコービは「理性を悟性にもたらす批判論の企て」という論文を書いており、これがシェリングの不興をかったようである。シェリングはシュレーゲルを介してシュライアーマッハーにヤコービへの批判文を『哲学批評雑誌』に寄稿するよう依頼したのだが、これが実現せず、ためにヘーゲルが「信仰と知識」（一八〇二年七月）を書き、そこで厳しいヤコービ批判を行うことになる。[23] 一種の代理戦争である。興味深いことには、このようにヤコービに対して戦端が開かれるに先立って、『哲学批評雑誌』創刊号（一八〇二年一月）の「序説」にすでに、シェリングの同一哲学の根本原理と思しきものが、カントやフィヒテの哲学と異なるものであるという指摘とともに、ヤコービ哲学とも根本的に異なるものであることが明記されていた。その弁によれば、ヘーゲルも共有する絶対者の哲学（＝同一哲学）は「絶対者の理念」を打ち立てることによって、フィヒテの知識学とヤコービの信仰哲学双方を超克するものとなっていた。当「序説」の該当箇所（II, 181f. [35f.]）より引用する。

これ〔制限の救済〕によって絶対者は最高の理念に高められる。……最近における最も哲学的な現象〔カントの批判哲学〕が知識の内部で絶対者にただ接近するだけの哲学〔フィヒテの知識学〕や、絶対者そのもののうちにある哲学〔ヤコービの信仰哲学〕が対立状態を抜け出なかったように、内部と外部、此岸と彼岸の固定した両極性を克服しなかったとしても、また、こうすると二元論における対立をはなはだしく抽象化することになり、われわれの反省文化の領域から哲学を連れ出せなかったのだが、それでも対立の最高の抽象という形式はきわめて重要な意味をもっており、抽象が進めば進むほど、この最先端から真の哲学への移行を容易にする。なぜなら、樹立される絶対者の理念は元来それ自身理念とか当為とか無限の要請という形式にまとわりついている対立を退けるからである。

4　哲学の通俗化は可能か

『哲学批評雑誌』創刊号「序説」すなわち「創刊の辞」において、われわれのテーマ設定からしてなお一層興味深いのは、フィヒテ、ヤコービ両面批判を含む「絶対者の理念」に関する記述に続いて、哲学と常識との関係の問題が取り上げられている点である。絶対者の哲学、言い換えると、同一哲学の意義を理解するためには、われわれは一方のフィヒテ、ヤコービといった当代を代表する思想家たちに対する対抗という観点からそれを見るだけでは不十分であり、なお他方の常識の立場から抜け出せない民衆、広範な一般読者に対する対抗という観点をも視野に収めて、それを評価しなければならない。この観点から件の「序説」の次の文言（II, 182［36］）を読んでみよう。

これ〔対立を退ける絶対的理念を立てる哲学〕とは反対に、それとは別の支配的な手法には短所しかない。この手法は、哲学的諸理念を現れるや否や民衆化（populär）したばかりか、何が何でも通俗化（gemein）しようしたからである。哲学は本性上秘教的なものであり、そもそも賤民（Pöbel）のために作られてはいないし、賤民向けに加工することもできない。哲学の哲学たる所以は哲学が分別（Verstand）と逆であり、人類の地域的時代的制限と解される常識（der gesunde Menschenverstand）と正反対だという点にこそある。常識との関係では哲学の世界はまるで逆立ちした世界なのである。

「賤民 Pöbel」とはまた強烈な差別用語を用いたものである。この語はかつてはバロック詩人がマイスタージンガーにぶつけた蔑称であった。このような一種の貴族主義・選民主義はシェリングにこそふさわしく、この点で「序説」への彼の寄与は疑うべくもないように思われるが、それはともかくとして、最後に指摘されているとおり、常識と哲学とは正反対の関係にある。常識にとっては、哲学は非常識の極みでしかない。あらゆる対立を超越して、白を黒、黒を白と言いくるめるのが哲学だからである。もっとも、何でもありの哲学の世界には常識の肩をもつ哲学すら存在する。その一つが「スコットランド常識哲学」である。「序説」の執筆者たち、とりわけヘーゲルはこの哲学を早い時期から知っていた。この点については後に見る（第三節4と5）。ここでは、そこでのさらなる発言に眼を向けることにしよう。同じ「序説」のなかで、アレクサンダー大王とアリストテレスとのやりとりに言及した後「哲学は確かに民衆が哲学に向上する可能性は認識していなければならないが、自分を民衆のところにまで貶めることはできない」（ebd.）ことが指摘されている。

ここで、かつて（紀元前三五二年）齢七十五歳に達していた老プラトンが他人によって自説の解説がなされることを拒否したどころか、自身の著書の存在することすら否定していたことを想起してよいかもしれない（『第七書簡』）。われわれはふつう躊躇せずプラトンの思想について語るが、プラトンによって対話篇というスタイルで書かれたテクストの発言者は彼自身ではなく、彼の師ソクラテスである。この点を厳密に取れば、そこに記されていることのどこまでがソクラテスの思想で、どこまでがプラトンの思想なのか、問題が残る。[24] またプラトンは、解説がなされるにしても、本人がそれを行うにこしたことはないということを認めながら、これをも拒否した。解説を行ったところで、見当はずれの軽蔑か、思い上がりを引き出すのが関の山で、それが役立つことなど一般の人々にはありえないと彼は考えたからである。(25) 哲学とその解説の問題に対する最も痛烈な反応がここには見られる。『哲学批評雑誌』創刊号「序説」で挙げられているアレクサンダー大王とアリストテレスのやりとり——師の哲学を通俗化してほしくないという弟子の要望に対して、師が「自分の哲学は出版されているともされていないとも言えると弁解した」(ebd.) ——などは、プラトンの場合とは反対のケースであり、事はさほど深刻ではない。

ともあれ、彼らが先のように発言せざるをえなかったのは、その折、彼らが一般読者層を意識しないわけにはいかなったからであろう。すでに触れたとおり、当時、代表的な批評紙であった『イェーナ公衆図書新聞』の予約購読者がとっくに二千人を超えていた御時世である。彼らはこのような世をはかなんでいる。

ところが、自由と平等の現代、自分の手に負えないものは何一つ知ろうとせず、自分はすべてに向いている、すべては自分にお誂え向きだと考える大量の読者が発生した時代にあっては、自分を超えているように見えるものにまで向上できない常識人がその代わりに自分に合うようにそれを存分に通俗化するという運命を最美のものも最善のものも免れなかった。そして、平易化ということがある種の価値をもつと認められる仕事にのし上がってきた。人間精神を改善する努力のうちで、こういう運命に陥らなかったものは一つもない。芸術や哲学の理念は一瞥しただけで済まされ、すぐさま事柄が

説教壇や綱要書や官報読者の自家用必需品に合うように加工される始末である。(II, 182f. [36f.])

時折、昔の文章であるにもかかわらず、さながら現代・当今そのものを描き出しているのではないかという錯覚に襲われるような文章があるものである。右に引用した文章もそうした文章の一つと言ってよかろう。ともあれ、今度はヘーゲル研究の今という見地に立ってみると、否が応でも次の点が筆者の目についてくる。

5　常識はどのように哲学を受け止めるか（クルーク批評）

研究というものはえてして先行研究をなぞりがちである。それゆえ同じテーマ・問題が繰り返し論じられることになる。そのためかえって研究され尽くしたかに見える研究領域、たとえばヘーゲル研究のような蓄積の多大な研究領域においてさえ、死角に入って日の目を見ないような問題領域が残存することにもなる。ヘーゲル研究の場合、それが常識の問題、より厳密に言えば、初期ヘーゲルの思想形成における「スコットランド常識哲学」受容の問題である。[26] 先に断っておいたとおり、この点ついては後に考察する。ここではとりあえず、ヘーゲルによるこの問題領域へのこだわりぶりを見ておくことにしよう。「序説」すなわち「創刊の辞」の執筆者の一人として、そこでも常識問題に言及したヘーゲルは同じ『哲学批評雑誌』創刊号にクルーク批評を掲載している。それは「常識はどのように哲学を受け止めるか――クルーク氏の著作に即して」と題されていた。当時ヴィッテンベルク大学の私講師であったクルーク[27]は、カント、フィヒテ、シェリングの哲学を常識によって理解可能なものにしようと努力していたのだった。先の引用文中に「平易化ということがある種の価値をもつと認められる仕事にのし上がってきた」という文言が見られたが、たとえばクルークの仕事はその一例ということになろう。

彼はこの頃、立て続けに三つの著作を出版している。(1)『知識学に関する書簡』(一八〇〇年)、(2)『最近の観念論に関する書簡』(同年)、(3)『哲学の新オルガノンの構想』(一八〇一年)。(1)ではフィヒテの知識学を、(2)ではシェリングの超越論的観念論および同一哲学を批判し、(3)で「超越論的総合主義」と称する自身の哲学を提示している。このようなクルークの三つの著作に対して、ヘーゲルは逐一批評を加えている。

(1)第一の著作の根本特徴は「公正にして無味乾燥というすこぶる高慢な調子、手法の退屈さが全編を貫いている」(II, 190 [49]) ことであると、ヘーゲルはこれをこきおろしているが、常識について言及するのは第二の著作に関する批評においてである。

(2)シェリングの同一哲学が哲学の無前提を主張しながら、絶対的同一性を前提としており、「これは矛盾している」(II, 193 [52]) というクルークによる批判に対して、ヘーゲルは「このような矛盾こそ、常識(der gemeine Verstand)[28]が哲学のなかにいつも嗅ぎつけるであろう矛盾にほかならない」(ebd.) と反論している。ヘーゲルによれば、このような常識の立場は「絶対者を有限者と同じランクに置き、有限者に対してなされる要求を絶対者にまで拡張する」(ebd.) ものでしかない。ここでは、常識の立場が有限者の立場・対立を固定する悟性の立場に留まるものでしかない点が端的に指摘されている。

(3)ところで、クルーク自身も第三の著作では、常識の立場ではおよそ到達不可能に見える「実在と観念との根源的な超越論的総合」(II, 199 [58])を主張することになる。しかしながら、その論拠たるや、やはり常識の立場に置かれていた。彼はそれをわれわれの意識、ただし経験的意識に求めている。すなわち、われわれ誰しも経験する意識のうちにそうした総合が存在すると見なすわけである。ヘーゲルに言わせれば、クルークの総合主義にあっては「存在と思惟とが経験的意識において理解し難い仕方で一つにされている」(II, 203 [62])。そこでは、経験的意識という常識的事実が異質なものを詰め込む「壺Krug」と化している。ヘーゲルは、創刊号での「彙報」同様、クルーク(Krug)の考えを、駄洒落を駆使しつつ笑いものにしている。「ラインホルトの水、カントの気の抜けたビール、ベルリン主義という名の啓蒙シロップ、その他の成分が何らかの偶然によって事実として詰まっている壺(Krug)を思い浮かべてみよ」(II, 202f. [61])。これがクルークの総合主義だというわけである。実際ヘーゲルも引用するとおり、クルーク自身も次のように言っていた。「もし私が私の意識の事実を正しく把握し、分かりやすく叙述しただけで、この世のいかなる哲学者といえども、私が樹立した諸原理を拒むことはできないであろう。懐疑論者ですらそれらを認めざるをえないであろう」(II, 206 [65])と。

興味深いことに、ここでは常識が懐疑を向こうに回して自己の正当性を主張している。懐疑vs常識という対立の基本構図をわれわれはここに認めることができる。実はこの基本構図はすでにスコットランド啓蒙のうちにも認められたものであった。懐疑vs常識という対立の基本構図についてわれわれの理解を深めるために、次いでこの問題を見ることにしよう。

三　スコットランド常識哲学とヘーゲル

1　スコットランド啓蒙

大ブリテン島の北部に位置するスコットランドは同島の南西部に位置するウェールズ同様、イングランドと地続きながら、かつては独立した王国であり、独立した王朝さらには議会また文化を有していた。言語に関しても今日ですらスコティッシュとイングリッシュにはかなりの違いがあるほどである。周知のとおり「グレートブリテンおよび北アイルランド連合王国」(United Kingdom of Great Britain and Nothern Ireland)というのが今日のイギリスの正式な名称だが、スコットランドがイングランドと合邦したのは十八世紀初頭の一七〇九年(エディンバラでヒュームが生まれる二年前)のことであった。その原因については今日でも様々に議論がなされているが、その一つは名誉革命以後のスコットランドの経済環境の変化、とりわけ一六九〇年代の経済的苦境にあったと見られている。むろん王国内の強硬な反対を押し切っての「合邦」だった。スコットランドの貿易の自由をイングランドに保障してもらうという実(富)を取って面子(自主独立)を捨てるものでしかなかったからである。スコットランドの教会、法、教育等の伝統的な制度は温存されたものの、スコットランド議会はイングランド議会に統合され、議席数(庶民院)も、総議席五百十三中、スコットランド側が要求した五十(一七〇六年四月の合同委員会)は妥協の結果四十五となった(一七〇七年五月発行の合邦条約第二二条)(29)。「合邦」後も暴動を含めた反対運動

（ジャコバイトの反体制運動・復帰運動）[30]をかいくぐり、アンデンティティ問題に辛吟しながら、スコットランドは経済的には潤い、五〇年代ともなると、「合邦」後の世代のなかからスコットランド啓蒙を担う思想家たちを輩出する。『道徳と自然宗教の原理』（五一年）のケイムズ、『道徳原理の研究』（同年）・『政治論集』（五二年）・『イギリス史』（五四年）のヒューム（「輪転機から死産した」と彼も慨嘆せざるをえなかった『人間本性論』は三九－四〇年）、『道徳哲学体系』（五五年）のハチスン。そうして六〇年代に入っては『人間精神の研究』（六四年）のリード、『宗教のための常識の訴え』（六六年）のオズワルド、『市民社会史論』（六七年）のファーガスン[31]、『経済の原理』（同年）のスチュアート[32]、さらに七〇年代には『真理論』（七〇年）のビーティ、『言語起源論』（七三年）のモンボドー、『国富論』（七六年）のスミスなどなど[33]。

2　常識は哲学を軽蔑する（リードの常識哲学）

これらのうちスコットランドの常識哲学の担い手たちは、カントもその名を挙げるとおり（『プロレゴーメナ』八三年）、リード、オズワルド、ビーティである[34]。とりあえず、リードの主張するところを見ておこう[35]。まずはその根本精神から。それは、端的には「哲学を軽蔑し、その案内を拒否する」ことにあった（p. 18）。したがって「常識は哲学を固守せず、その助けも必要としないが、他方で哲学は常識の諸原理以外にその根を持たない。哲学はそれらから成長し、それらから滋養を引き出す」（p. 19）。

一般には、リードの（フルタイトルで言えば）『常識の原理に基づく人間精神の研究』に端を発しているとされるスコットランド常識哲学[36]は、当初バークリの観念論やヒュームの懐疑主義に対する反論として提起された。常識の最たるものは「外界に事物が実在する」という存在信憑《しんぴょう》であろう。しかるに「クロインのバークリ主教」はデカルト、マールブランシュ、ロックの説を徹底することによって物質界の存在を否定し、精神と観念の存在のみを認めた（p. 19）。「『人間本性論』の著者」すなわちヒュームは、バークリと同じ原理を全範囲にまで及ぼし、観念と印象のみを残した（p. 20）。周知のとおり、ヒュームは因果律の必然性をも疑って、これを、原因と結果とがつねに連なっていることを繰り返し経験する（「恒常的随伴」）という観念の連合、すなわちわれわれの単なる「習慣」にすぎないものと見なし、また人格の同一性をも疑って、これも因果関係の場合と同じく「習慣的な観念の連合」に帰着させた(37)。このような懐疑主義的帰結にもかかわらず、リードは「『人間本性論』の著者は弁護を要するほど懐疑的とは思えない」と言う。「彼が自分自身の哲学に同意できたのは孤独・独居の時だけだった」からである。リードに言わせれば、「社交生活はまるで日光のように懐疑主義の闇と霧を晴らしたのであり、おかげで彼は常識の支配に服することになったのだ」（*ibid.*）ということになる。ヒューム自身、懐疑主義的帰結は帰結として、実際においてはピュロニズムのような過度な懐疑主義には反対で、むしろ常識の枠を堅持しており(38)、この点で、リードの評価はヒュームの基本的態度と一致していた。リードは序論でのこのような批評のみならず、本論では、バークリやヒュームがロックから受け取った「観念説 theory of ideas」に対して、理論的な吟味を試みている。この試みは、以下に見るように、カントに似た「超越論的議論(39)」になってさえいる。

件の「観念説」において前提とされていたものは「思考のあらゆる対象は印象もしくは観念である」（p. 33）という点と、「信念もしくは知識は単純把握の結合と比較によって得られる」（p. 29）ということであった。ここに「単純把握 simple apprehension」とは「感覚と記憶が単純で原始的で精神の機能とは完全に区別されている」(*ibid.*)ということである。ところで、われわれが事物を認識するとはどういうことか。リードによれば、「観念説」の説くように、それは感覚による受容のみでは不可能である。それには必ず「自然で原始的な判断」(*ibid.*)が伴っているからである。彼によれば、感覚は知覚とは正確に対応していないのである。彼の挙げている例に即して言えば、「通りで馬車が通っている」ということを認識するのは、われわれがまずその音を聞き、馬車を想像し、それが通っていることを確信するというのではなく、「ある種の音は精神に対して、通りで馬車が通っていることを直ちに示唆する」(p. 38)のである。われわれは「ある種の音」を聞いているのではなく、直接「馬車の音」を聞いている、すなわち単なる感覚とは異なって、知覚は判断を伴っているのである。

いまトマス・リードの常識哲学の要点のみを見た[40]。リードのそれをはじめスコットランド常識哲学は、その勃興と同時にドイツに受容される。ヘーゲルの常識に対する熱心な反応もこの受容あってのことである。この点を確認するために、スコットランド常識哲学のドイツ受容を一瞥しておこう。

3　スコットランド常識哲学のドイツにおける受容

十八世紀前半、ドイツの大学教育の中心を担ったクリスチャン・ヴォルフの死（一七五四年）は「啓蒙の認識論的危機[41]」を招来した。クルージウスがヴォルフにとって代わるかに見え、メンデルスゾーンもこれを危惧したが、実際にはそうならなかった。当時カントやメンデルスゾーンたちはイギリス経験論とドイツ合理主義（ヴォルフ哲学）とを総合しようと努力していたのだった。[42] M・キューンの見解に従えば、この頃ドイツの思想界は五つのグループに分かれていた。ベルリン啓蒙主義、ゲッティンゲンの常識学派、感覚主義者、批判的経験論者、反啓蒙主義である。[43]

スコットランド常識哲学は、これらのうちゲッティンゲンのフェーダーやマイナースによって受け入れられ、[44] それによって彼らは「ゲッティンゲンの常識学派」と呼ばれることになったわけである。常識哲学の最初期の紹介は六四年にライプツィヒの『学術新聞（新）』（六月十四日）に掲載されたリードの『人間精神の研究』に言及した記事なのだが、常識哲学関連の最初の書評（オズワルドの『常識の訴え』第一巻に関するものだった）はフェーダーやマイナースが論陣を張った『ゲッティンゲン学報』（六九年三月六日）においてだった。[45] この時点ではまだビーティの『真理論』も、オズワルドの『常識の訴え』の第二巻も出ていない。これらについても、むろん出版まもなくそれぞれ『ゲッティンゲン学報』で批評がなされた（七一年一月二八日、七三年三月二二日）。[46]

以上のように一瞥しただけでも、スコットランド常識哲学のドイツにおける受容はその勃興と同時期になされたことが分かる。またこのほか翻訳に眼を向ければ、後に見る『懐疑主義の歴史と精神』を著したシュトイトリンの言葉を借りて言えば、ドイツ人は何でも彼でも模倣するのが好きだから、先進スコットランド啓蒙の論作も次々にドイツ語に翻訳あるいは抄訳される。刊行の順序はエディンバラでのそれとは反対で、最初にビーティの『真理論』（七二年）、次いでオズワルドの『常識の訴え』（七四年）、[47] そうしてリードの『人間精神の研究』（八二年）。後にはリードの第二作の抄訳さえ出される（八八年）。

表１　スコットランド常識哲学とそのドイツ受容

Schottische Common Sense Philosophie

1764 : Reid, Thomas, *An Inquiry into the Human Mind on the Principles of Commen Sense*, Edinburgh 1764

1766 : Oswald, James, *An Appeal to Common Sense in Behalf of Religion*, 2 Vols. Edinburgh 1766, 1772.

1770 : Beattie, James, *An Essay on the Nature and Immutability of Truth in Opposition to Sophistry and Scepticism,* Edinburgh 1770. (Feders Rez. In : *Göttingische Anzeigen* ［=*G. A.*］ 1771)

1785 : Reid, Thomas, *Essays on the Intellectual Powers of Man,* Edinburgh 1785.

1788 : Ders., *Essays on the Active Powers of the Human Mind,* Edinburgh 1788.

Rezeption in Deutschland (**Rezensionen und Übersetzungen**)

1764 : Der erste Notiz zu Reids *Inquiry*. In : *Neue Zeitung*, 14. Juni, Leipzig.

1769 : Rezension zu Oswalds *Appeal*. In : *G. A.*, 6. März.

1772 : Beattie, *Versuch über die Natur und Unveränderlichkeit der Wahrheit im Gegensatz der Klügelei und Zweifelsucht,* Kopenhagen und Leipzig 1772. (Herders Rez. In : *Frankfurter gelerte Anzeigen* 1772)

1774 : Oswald, *Appelation an den gemeinen Menschenverstand zum Vorteil der Religion*, 2 Bde., Leipzig 1774. (Rez. In : *G. A.* 1774 / 75)

1782 : Reid, *Untersuchung über den menschlichen Geist nach den Grundsätzen des gemeinen Menschenverstandes,* Leipzig 1782.

1788 : Reid, Auszüge aus Thomas Reid's Essays on the intellectual powers of man ; mit Anmerkungen. In : *Philosophische Bibliothek,* hrsg. von J. G. H. Feder und Chr. Meiners, Erstes Band, Göttingen 1788.

Rezeption in Deutschland (**Schriften**)

1770 : Feder, *Logik und Metaphysik nebst der philosophischen Geschichte im Gundrisse*, 2. Aufl., Göttingen und Gotha 1770.

1772 : Meiners, *Revision der Philosopie,* Göttingen 1772.

1774 : Lossius, Physische Ursachen des Wahren, Gotha 1774.

1775 : Tetens, *Über die allgemeine speculativische Philosophie,* Bützow und Wismar 1775.

1776 : Eberhard, *Allgemeine Theorie des Denkens und Empfindens,* Berlin (2. A. 1786).

—— : Ders., *Philosophische Versuche über die menschliche Natur und ihre Entwicklung*, 2Bde., Leipzig 1776/77.

—— : Lossius, *Unterricht der gemeinen Vernunft*, 2Bde., Gotha 1776/77.

1786 : Meiners, *Grundriß der Seelenlehre,* Lemgo 1786.

Herder, Hamman, Mendelssohn, Jacobi usw.

むろん、翻訳、抄訳のみならず、常識哲学を標榜する、あるいはそれと関連の深い著書を著す思想家たちが輩出する。**表1**に先に言及した書評紙やいま挙げた訳書の表題とともにこれらの著書の表題も掲げておいたので、著者名のみを記すと以下のとおりである。すなわち、フェーダーとマイナース、あるいはガルベ、またロッシウスとテーテンス、エーバーハルト、さらにハーマンとヘルダーとヤコービ、そうしてカント、その上さらにアーベルとニートハンマー等である。[48] カントが『プロレゴーメナ』の「序言」でスコットランド常識哲学を批評したのは受容史では後半に属する八三年。ヘーゲルが盛んに「常識」を取り上げ議論するのはその終わりがけ、次世紀初頭であるが、ヘーゲルとの関係で注目すべき人物はアーベルとニートハンマーである。

4　ヘーゲルとスコットランド常識哲学

ヘーゲルがテュービンゲン神学院入学前にシュトゥットガルトのカールス校で学んだ教師アーベル[49]は当時スコットランド常識哲学のドイツへの紹介者の一人だった。七六年には、彼は『哲学的テーゼ』*Theses philosophicae* を刊行し、そこで「真の哲学はたとえばリードや多くのイギリス人たちの主張する常識の哲学（die Philosophie des gesunden Menschenverstandes）である」ことを謳っていた。[50] その後彼はテュービンゲン大学に教授として赴任している。ちなみに当時ラテン語で「スペキメン」（specimen）と呼ばれた（今日ではゼメスターアーバイトに相当する）テュービンゲン神学院の学生たちのリポートの題目が今日なお記録として遺っており、それによると、アーベルに提出されたスペキメンのうちには、常識哲学に関するものが含まれていた。九一年提出の「われわれの表象に存在する外的事物の現実性に関する常識の概念(der Begriff des gemeinen Verstandes)が卓越した古代や現代の哲学者たちの見解といかに関係するかという問題の探求」[51]がそれである。ヘーゲルもむろんスペキメンをいくつも提出しており、興味深いことにそのうちの一つは常識哲学に関するものであった。先のものが提出された前年九〇年提出の「表象の客観性と主観性に関する常識の判断(das Urtheil des gemeinen Menschenverstandes)について」である。同年に提出されたものとして「哲学史研究について」があり[52]、この時期すでに常識哲学のみならず、哲学史にも彼が眼を向けていたことは注目に値する。彼が講壇で哲学史を講義した最初はイェーナでの一八〇五―〇六年の冬学期のことだったが、残念ながらその折の講義原稿は今日なお発見されていない[53]。時期として『精神現象学』の執筆期と重なっているだけに、これは大変残念なことである。問題含みの後年のベルリン講義を見るとすれば[54]、そこで彼はヒュームの懐疑主義に対する敵対者としてスコットランド常識哲学を位置づけるとともに、ドイツにおける敵対者としてカントを挙げ、両者を対等に並べている(XX, 281)。以上の点を鑑みても、またわが国の哲学史でほとんど問題にされないスコットランド常識哲学に対する哲学史での的確な扱い方を見ても、ヘーゲルはこの哲学に深くかかわった一人と見なされるべきであろう。

5　ニートハンマーの「常識論文」とヘーゲル『差異書』の「常識」節

『差異書』の「思弁と常識の関係」と題された節は、そのタイトルだけからでも明らかに常識哲学が主題とされていることが分かるが、K・フィーヴェークも推測するとおり、テュービンゲン神学院の先輩であったニートハンマー[55]との交流に端を発するものであったと考えられる。タイトルもそっくりである。ニートハンマーはヘーゲルより数年も先立って、「哲学に対する常識の要求について」と題する論文を書き、それを自身の編集する『哲学雑誌』*Philosophisches Journal* の創刊号（第一巻第一冊、一七九五年）に掲載していた[56]。しかも巻頭論文として。巻頭に掲げられたこの論文の冒頭の文句は次のようなものであった。

分別（der Verstand）は特定の限界も他の概念や概念体系全体との特定の連関も洞察しないで、その概念を直接ただの感情（das Gefühl）によって立て、用いる限りで、常識（der gemeine Verstand）[57]と呼ばれるのが常である。語のこのような意味においては、常識は哲学から何も期待しようとはしない。常識が個々に知る概念に関して哲学が一般的なものを求めること以外は。……拒否しようのないことは常識がこの点で不確実で盲目的な彷徨の代わりにその概念の確実な使用に到達し、常識は常識でその道を確たる歩みによって進むために哲学の導きを全く必要としないということである[58]。（S.1f.）

引用最後の文言などはリードの「哲学を軽蔑し、その案内を拒否する」という彼の常識哲学の根本精神に合致した記述となっている。もっとも、ニートハンマーは常識哲学の立場を全面的に支持しようというわけではない。冒頭部分も含め、彼はまず初めに常識哲学の基本的立場を紹介する。彼によれば常識哲学は常識が下す判断の普遍妥当性の確信に関して「学問的確信」を根拠とするのではなく、「ある感情 ein Gefühl」すなわち「その確信の直接的意識」に依拠しているにすぎない（S. 2f.）。そのため、この立場は「疑わしい」ものとして懐疑主義からの批判を免れない（S. 5）。懐疑主義が常識を攻撃するのは、「この直接的意識は錯覚に陥るであろう」からであり、「私に普遍的必然的と思われる判断が私の主観の偶然的個人的性状によってのみなされているかもしれない」からである（S. 10）。つまり、それは「主観的」でしかないのである（S. 15）。結論から言えば、ニートハンマーはカントの超越論哲学の立場に立って両者を調停しようとしている。彼によれば、確信によっても懐疑によっても不可能な普遍妥当性の証明はアプリオリな総合判断（S. 23）、「全批判の基礎をなす『経験あり』という事実」（S. 24）、「批判が経験の可能性の唯一の必然的条件として立てる人間精神の根源的法則」（S. 27）によってのみ可能となると見なされる。ニートハンマーの「常識論文」に特徴的なことは常識と懐疑の双方を超えた第三の立場が「思弁」の立場として規定されていることである。彼は言う。「両者のどちらも思弁の関心を満足させない」。「思弁的理性の関心を満足させ、課された問題を実際に解くとされる哲学こそが、意識の対立したあり方を合一しなければならない」（S. 40）と。

以上のようなニートハンマーの「常識論文」を念頭に置けば、ヘーゲルの『差異書』の一節「思弁と常識の関係」中の言葉遣い、問題の定式化がニートハンマーのそれに倣ってなされていることが手に取るように分かる。ヘーゲルはこの節の冒頭でまず「いわゆる常識の知っている理性が人間にとって正しい立場であり、人間はそこから出発し、そこに帰る」（II, 31［27］）と指摘し、さらにニートハンマー同様「感情 Gefühl」という語を用いつつ常識の一面性を強調する。「だが現に人間がその真理にこのような信頼を寄せるのは、その際、絶対者が感情のうちで人間に寄り添い、感情だけがその立場に意義を与えるからである。常識のそのような真理が単独で受け取られ、ただ悟性的に認識一般として孤立させられるや、これらの真理は傾《かし》ぎ、半面の真理として現れる」(ebd.)。

常識には全体性を捉える力がないため「思弁の行為」を理解できない。「思弁は常識を理解するものの、常識は思弁の行為を理解しない」(II, 31〔28〕)のである。彼の出世作『精神現象学』が登場するまでにはなお数年の歳月を待たねばならないが、その成立にとって、彼がイェーナ時代初期に盛んに論じた常識に関する議論、とりわけ常識と思弁との関係に関する議論が決定的に重要であり、基礎ともなったことは間違いなかろう。『精神現象学』に綴られることになる豊富な内容は別問題として、単純化して言えば、常識が自身の思い込みを発揮することによって自己矛盾に陥るという常識の自己撞着の着想が成立したことによって、「意識経験学」としてのヘーゲルの『精神現象学』の執筆も可能となったと言ってよかろう。そこでは、常識はそれぞれの段階(感覚、知覚、悟性、自己意識、理性、精神、宗教)において思い思いの道を歩みつつ、その都度自己矛盾に陥ることによって、より高次の段階に上って行き、ついには思弁の境地(「絶対知」)に到達するというわけである。ただしその際、思弁の境地にある哲学者は、後に見るとおり、何一つ手出しをせず、意識の歩みをただ見物するだけである。『現象学』にあっては、トマス・リードの主張に似て、思弁もしくは哲学はまさしく常識に根をおろし、それに養われることによって哲学となっている(なお、以下においても『精神現象学』をしばしば『現象学』と略記する)。

話を先へ進めすぎた。『差異書』に話を戻そう。

四　常識と思弁——ヘーゲル『差異書』「思弁と常識の関係」

1　シェリングの同一哲学とヘーゲルの同一性テーゼ

イェーナに移る（一八〇一年一月）少し前（前年の十一月二日）フランクフルトにてヘーゲルはシェリングに宛てた手紙のなかに次のような一節を認《したた》めている。「君の大成功をぼくは驚きと喜びをもって眺めてきた。へりくだってそれを称えるのでもなければ君と張り合おうというのでもないことを許してくれたまえ。中を取って言えば、ぼくたちが友人として再会できることをぼくは期待している。人間の下位の欲求から始まったぼくの学問形成においてぼくは学問へ駆り立てられざるをえなかった。そして青年時代の理想は反省へと、同時にまた体系へと転化せざるをえなかった(59)」。

二人の微妙な関係を浮き彫りにするような文面である。周知のとおり、一八〇一年にヘーゲルは教授資格論文・就職論文として『惑星軌道論(60)』を提出することによってイェーナ大学の私講師になった。これは五歳も年少の同窓生シェリングの計らいによるものであった。この頃シェリングはすでに神話論等数々の論文、また自我論や自然哲学に関する著書を立て続けに刊行し、二十三歳の若さで員外教授ながらイェーナ大学に招聘される(61)という活躍ぶりを見せていた。当時無名のヘーゲルは友人の大成功に歩調を合わせて、フィヒテ哲学とシェリング哲学との差異を論じた小著を世に送り出す。これが彼の処女作となったものであり、タイトルもその通りのものだった。題して『フィヒテの哲学体系とシェリングの哲学体系の差異』（イェーナ、一八〇一年）である。われわれはここで、先にそこから引用した当処女作（略して『差異書』）のなかの「思弁と常識の関係」と題された節に注目しよう。この節は従来のヘーゲル研究における常識哲学の無視によってほとんど眼が向けられてこなかった箇所である。節のタイトルにあるとおり、ここでは思弁との関連における常識の問題が主題化されていた。

シェリングは「最近の哲学文献概観」第二論文（一七九七年）において、無限と有限との関係は因果律によっては捉えられないという洞察から全哲学が始まることを指摘し、「これを洞察しなければわれわれは哲学しようなどと思いすらしない」（I, 368）と「哲学する欲求 **ein Bedürfniß zu philosophieren**」について語っていた[62]。ヘーゲルも彼のデビュー作『差異書』（一八〇一年）を「哲学の欲求 **Bedürfniß der Philosophie**」に関する考察から始めている[63]。それによれば「分裂こそ哲学の欲求の源泉である」（II, 20 [15]）。というのも「固定された諸対立を廃棄することこそが理性の唯一の関心」だからである（II, 21 [17]）。このような関心から、ヘーゲルは彼独自の絶対者の根本規定を提示する。それが、かの「同一性と非同一性の同一性」（II, 96 [100]）のテーゼにほかならなかった。ここには「哲学の欲求の源泉」である「分裂」の契機がしっかりと埋め込まれている。しかしながら、彼も指摘するとおり、同一性と分裂もしくは分離とは相互に対立するほかない。だが、このように考えざるをえないのは、われわれが悟性による反省の立場に立っているからである。反省は意識の立場にほかならず、悟性は反省が意識したものを固定する。ここに対立が立ち現れる。さらにまた対立を退けなければ同一性が成り立たないと考えるのも、悟性による反省の立場にすぎない。確かに同一と非同一とが同一だというのは、たとえば「犬と犬でないものとが犬だ」と言うのと同様に論理学の根本原則である矛盾律に抵触している。だが、ヘーゲルはこのような形式論理が通用する範囲を悟性・反省の領域に限定し、理性を、それを超える高次の領域に属するものと見なす。

興味深いことに、彼がイェーナ大学に職を得るために就職論文とともに討論のために提示した「就職テーゼ」[64]によれば（十二あるうちの第一テーゼ）、矛盾がむしろ積極的なものとして真理の基準とされている。曰く「矛盾が真理の規則であり、無矛盾が虚偽の規則である。**Contradictio est regula vera, non contradictio falsi.**」（II, 533）このように矛盾を排除する、言い換えれば、同一律に基づくトートロジー（同語反復）を基調とする形式論理は、ヘーゲルにとっては、真理に到達できない論理でしかない。このような彼の考え方は、イェーナ大学に赴任する直前に、すなわちフランクフルトでの家庭教師時代の最後において到達した「結合と非結合との結合」（I, 422）という「生命」の理念（「一八〇〇年の体系断片」）に由来している。この思想の特徴は、それが宗教の境位において初めて成立するものだという点にあった[65]。

人間が有限者から無限者へと高揚するのではなく——というのも、これだとただの反省の産物となってしまい、そのようなものとして分離が絶対視されるから——そうではなく、人間が有限な生命から無限な生命へと高揚するのが宗教である。無限な生命を精神と名づけることができるが、それは抽象的な多様との対立においてである。けだし、精神とはその形態としての多様との対立のなかでの多

様の生ける統一だからである。(I, 421)

このような多様の生ける統一としての生命もしくは精神は、そのようなものとして、ヘーゲルにとって、絶対者を根本的に規定するものでもあった。ところで、すこぶる興味深い点は、このような規定を継承した『差異書』(一八〇一年十月)の「同一性と非同一性の同一性」のテーゼがシェリングの「叙述(同一性体系)」(一八〇一年年五月)における絶対者の捉え方をも超える射程を有するものとなっていることである。シェリングにあっては、「主客の全き無差別」としての「絶対理性」すなわち絶対者は知的直観によってのみ捉えられる。だが、そこで捉えられているのは、差別・差異なき絶対的同一性のみであり、差異は量的な差異以外にはありえず、質的な差異として同一性と並び立つことはありえない。同一性に差異が入り込むと矛盾律を犯すことになるからである。(66) むろん、ヘーゲルにとっても絶対的同一性が把握されるのは知的直観によってのみであるが、それはなお無意識の境地においてであり、差異が差異として意識されるのは反省が働くことによってである。ヘーゲルにあっては、このように知的直観と反省の総合としての思弁の立場が確立している。(67)

2 『差異書』と『精神現象学』における常識と思弁

言うまでもなく、思弁の立場と常識の立場とは異なる。ならば、両者はどのように関係するのであろうか。実はこの問題を主題化したのがヘーゲルのデビュー作『差異書』中「思弁と常識の関係」と題された節にほかならなかった。常識は悟性と理性との二分法からすれば悟性・分別（der Verstand）に属する。それはドイツ語でもたいていは der gemeine Verstand もしくは der gesunde Menschenverstand などと表記される。すでに触れたとおり、前者はニートハンマー「常識論文」での用法であり、後者はアーベル『哲学的テーゼ』の用法であったが、ヘーゲルが『差異書』において「常識」として用いている語は後者である。ただし、彼はこの語のみを一貫して用い続けたわけではなく、実際には様々な語を用いている。この点についてはすぐ後に改めて問題にすることにして、ここでの課題に戻ることにしよう。ここは『差異書』「常識」節の内容を紹介すべき場所である。

そこでは「常識」は「思弁」に対立するものとして取り上げられている。それは、ヘーゲルによって、「常識」が反省の域を出ないものと見なされたからである。彼は言う。「常識が自己を表現するのはおそらく反省するためであろうが、常識の表現は意識にとっても絶対的総体性への関係を含まない」（II, 31 [28]）と。これに対し、絶対的総体性すなわち「絶対者との既知の関係のなかで実在性と真理」を把握するのは思弁なのである。「思弁は常識を理解するものの、常識は思弁の行為を理解しない」（ebd.）。思弁と常識とがこのような関係にあるとして、常識が思弁の境地に上ってゆく過程を叙述してゆけば、それは後の彼の出世作『精神現象学』（一八〇七年）における意識経験の過程の叙述となろう。ここでは常識が自然的意識の立場つまり für es に当たり、思弁が哲学者の境地つまり für uns に当たる。周知のとおり、『現象学』（「序説」）では両者の関係は次のように考えられることになる。「概念と対象、物差しと吟味されるものとが意識そのもののうちにあるというこの側面から言えば、われわれによる手出し

(eine Zutat) は余計なものとなるばかりでなく、われわれは両者を比較して本来の吟味を行う労苦さえ免れる。意識が自分自身を吟味するのだから、この側面から言っても、残るはただ高みの見物(das reine Zusehen)のみである」(III, 77 [87])。[68]

意識自身による自己吟味と哲学者によるその見物という、この構想が『現象学』の個々の叙述のなかでどこまで貫かれているか、実際に貫かれているか否か[69]はともかくとして、ヘーゲルの出世作『現象学』特有のこの構想が、イェーナ初期以来の常識と思弁との関係の彼によるあくなき追求に由来することは間違いない。このような観点から、今俎上に載せている『差異書』「常識」節の最後のパラグラフを読んでおこう。当パラグラフの文言中に『現象学』での「手出し」と「見物」という道具立てに似たものを探すとすれば、それは、「夜」と「昼」という比喩として登場していると見なしてよかろう。そうしてそこでは、思弁は常識に対して「高みの見物」を決め込むのではなく、「意識を無化する」という仕方で明らかに「手出し」していることをわれわれは目撃するであろう。つまり、常識は(『現象学』のように)自己矛盾に陥って没落するのではなく、思弁の無理強いによって深みに投げ込まれるのである。

常識にとっては思弁の無化する側面だけが現れるとしても、この無化作用でさえ、常識にはその全範囲において現れはしない。常識は、この範囲を把握できるのであれば、思弁を自分の敵対者とは見なさないことになろう。というのも、思弁は意識と無意識の最高の総合のなかで意識そのものの無化をも要求し、理性はこれによって、絶対的同一性の反省、知識、自己自身をも自己自身の深淵へと沈めるからである。ただの反省と理屈をこねる悟性というこの夜のなかで、これは生命にとっては昼にほかならないのだが、そこで両者（常識と思弁）は出会うことができるのである。(II, 35)

ここで、『差異書』以外にも、イェーナ期の論評や著作に「常識」という語が頻繁に登場することを強調しておこう。たとえば「懐疑主義論文」（一八〇二年）。そこでは、ヘーゲルは **der gemeine Menschenverstand** という語を用いているが、彼はこれをある箇所では、**oder** という語でつないで **das gemeine Bewußtsein** と言い換えている (II, 240)。筆者の判断では、後の語は **oder**（「すなわち」）を介して前の語と併記されているのだから、前の語と同義であり、したがって「常識」と訳してよい語と思われる。[70] あるいは、イェーナ期のもう一つの重要な論文「信仰と知識」（同年）では、**der gesunde Menschenverstand** や **der gemeine Verstand** の語が用いられている (II, 298)。そうしてまたイェーナ期の最後を飾る彼の出世作となった著作『精神現象学』（一八〇七年）の「序言」では、**der gesunde Menschenverstand** や **der gemeine Menschenverstand** が用いられている (III, 63-65.)[71]。筆者に言わせれば、以上いずれの語も英語 **common sense** のドイツ語表記のヴァリエーションにすぎず、日本語にする場合「常識」の一語で通してよいものばかりである。ちなみに、後年の『エンツュクロペディー』（一八三〇年）の用例（第六一節補遺）では、**gesunder Menschenverstand** の語が記されて後、直ちにその語源である英語 **common sense** が併記され、さらにその直訳である **Gemeinsinn** が添えられている。[72] 然るに、従来の邦訳では、これらの語は様々に訳し分けられている。ドイツ語の文章作法の一つが、同一表現を避け、できるだけ表現にヴァリエーションをもたせるというものであることが省みられて然るべきだし、表面的な言葉尻、表現の綾に惑わされないだけの歴史研究が必要である。従来の訳語の選定においては、これらの語の使用が「スコットランド常識哲学」のドイツ受容と関連しているという認識は完全に欠落している。(73) 基本的な歴史認識の欠落に歩調を合わせるかのように、言葉尻が違いさえすれば必ず訳し分ける、違った訳語を与えるというわが国の奇妙な翻訳厳格主義・悪習が横行している。この双方がヘーゲルにおける「常識」問題という問題領域へのわれわれの取り組み、歴史認識を活かした取り組みを阻んできたと言わざるをえない。

すでに確認したとおり、当時のドイツ思想界はいく重にも層をなしてスコットランドの常識哲学を受容していた。ヘーゲルもこの流れに棹差していたのである。先に見たヘーゲルの諸論評、諸著作の用例を見ただけでも、われわれは当時「常識」なるものが「思弁（哲学）」と拮抗する形で哲学界を席巻していた様を垣間見ることができるであろう。当時の哲学界には様々な立場の相違、対立が存在した。すなわち経験論と合理論、実在論と観念論、独断論と批判主義等々。筆者の見るところでは、これらの対立に勝るとも劣らない、いや根底的とさえ言ってよい対立が存在した。それが常識と懐疑との対立である。それぞれの立場を歴史的に見れば、一方で常識の立場はスコットランドの常識哲学に淵源しており、他方で懐疑の立場は古代ギリシアの懐疑主義にまで遡ることができるものである。スコットランド常識哲学についてはすでに紹介した。次いで紹介すべきは懐疑主義のルーツであるが、これは後回しにして、以下では、ヘーゲルが活躍し始めた頃のドイツにおける懐疑主義の動向を見ておこう。

3　ラインホルトの根元哲学

カントの第一の批判書『純粋理性批判』（一七八一年）刊行後の一七八六年から八七年にかけて、ラインホルトは雑誌『ドイツメルクーア』*Teutscher Merkur* に「カント哲学に関する書簡」と題する論文を連載した。彼はそこでカントの批判書の核心が神の存在や特性は理論的根拠から導出できず、道徳的な認識根拠からのみ導出可能であることを説いたことにあると看破した。すると間もなく（八八年）、カントが第二の批判書『実践理性批判』を出して宗教を道徳から基礎づけるに至る。ラインホルトによる把握がカントの意向と正確に合致していたため、ラインホルトはカントの解釈者として有名になり、一七八七年にイェーナ大学に招聘される。彼はイェーナで立て続けにカントの批判哲学の試みを唯一の根源的原理から体系的に基礎づける「根源哲学 **Elementarphilosophie**」を説く諸著作『人間の表象能力の新理論の試み』（八七年）や『従来の哲学の誤解を是正する論考』第一巻（九〇年、以下『論考』）さらには『哲学知の基礎について——厳密な学としての哲学の可能性について』（九一年、以下『基礎論』）や先の『論考』の第二巻（九四年）を刊行する。これによってイェーナ大学はカント哲学のメッカとなる。

九一年の『基礎論』の弁によれば、カントによる哲学知の基礎づけは「普遍的（包括的）」でない（S. 129）[74]。なぜなら、第一批判は「感性的自然の形而上学」を、第二批判は「道徳の形而上学」を基礎づけたにすぎず（ebd.）、これらを超える形而上学を基礎づけているわけではなく、カントは結局のところ両者を統合しえていない。ラインホルトにとっては、批判の基礎は「表象能力の学」によってのみ与えられる（S. 75）。哲学知を根源的に基礎づけるもの、それが彼の「意識律」にほかならなかった。「意識律」とは、『論考』の定式化によれば、「意識のうちでは表象は主観によって主観と客観とから区別されるとともに両者に関係づけられる」(S. 167f.)、『基礎論』の定式化によれば、「表象は意識のうちで主観によって客観と主観とから区別されるとともに両者に関係づけられる」(S. 78) というものであった。[75]

4　シュルツェとフィヒテによるラインホルト批判 (『エーネジデムス』とその批評)

ラインホルトの『基礎論』が出た翌年の九二年、これを強烈に批判する著作が現れる。匿名の著作『エーネジデムスもしくはラインホルト教授によってイェーナで提供された根元哲学の基礎について』である。著者はシュルツェで、彼は後に (一八〇一年) 二巻本の批判哲学・超越論哲学を論駁する『理論哲学の批判』を出すことになるが、これを批判した論文がヘーゲルの「懐疑主義論文」である。前作に対しては、フィヒテが書評を書いて、それが『イェーナ公衆図書新聞』に掲載される。彼はそこでエーネジデムスに同調して「全哲学の頂点に立てられる意識律は経験的自己観察に基づけられており、たださる抽象を言い表すにすぎない」と意識律を批判する。[76] また、彼は書評 (「エーネジデムス批評」) のなかで「意識律」に代えて「知的直観」を哲学の原理に据えるべきことを主張して、シェリングに決定的な影響を与える。[77]

「エーネジデムス」を名のるシュルツェはラインホルトの「意識律」に対して次のように批判していた。[78]「意識律」はそもそも矛盾律を前提せざるをえないがゆえに、哲学の第一原理ではありえないし (S. 53)、[79]「意識律」で用いられる「区別する」とか「関係する」とかの用語が何を意味しているかも曖味である（S. 58）。また「意識律」はけっして「普遍的に妥当する命題」ではありえない（S. 58）。直観のように、それを構成する三要素（主観、客観、表象）がそろって現れないような意識のあり方もあるからである。その上に根元哲学が表象の原因として「表象能力」を認めているのも独断的でしかない（S. 79）。すでに指摘したように、フィヒテも同調するとおり、ラインホルトの「意識律」は総じてきわめて抽象的なものにすぎない。それは「経験から自由に」発見されたものではけっしてなく（S. 70ff.）、結局のところ経験から抽象されたものにすぎないのである。[80]

匿名の著作のタイトルともなった「エーネジデムス」とは、次節で言及する古代ギリシアにおいて懐疑主義の祖ピュロンの教えを復興したアイネシデモスのことである。当著作の著者シュルツェは、近代において古代の懐疑主義者の名を騙《かた》ることによって懐疑主義の精神の復興を企てようとしたことは間違いない。彼は懐疑主義の立場を宗教界における「プロテスタント」になぞらえ、「懐疑哲学の本質」を「人間理性に固有の行動様式」のうちに見、「懐疑哲学が……まさに人間の思考様式における最も重要で有益な革命によって生じた」（S. 25）と見なしている。[81]

五　古代の懐疑主義と近代の懐疑主義

1　古代懐疑主義

シュルツェであれ、ヒュームであれ、近代の懐疑家たちはすべて古代懐疑主義の洗礼を受けていた。

彼らに強烈な衝撃を与えた古代懐疑主義とはどのようなものだったのであろうか。古代懐疑主義はその祖とされるピュロン（紀元前四世紀）から、そのほぼ終局に位置するセクストス（二世紀）まで約五百年もの長い歴史をもっている。おおよそ一致したところでは、この歴史は次の四つの段階に区別できる。(1)ピュロンと初期懐疑主義、(2)アカデメイア派の懐疑主義、(3)新懐疑主義、(4)経験的懐疑主義。[82]

以下順次それぞれの特徴を見るとしよう。

(1)ピュロンと初期懐疑主義（前四世紀－前三世紀）

古代ギリシアの懐疑主義はエリスのピュロン（前三六五年頃－前二七五年頃）に始まるとされるが、彼はソクラテス同様、何も書き遺さなかった。このため彼の言行は弟子のティモンによる記録に拠るほかないが、これも今日ではその断片しか残存していない。弟子が師の言行を尊敬をこめて集め後世に伝えようとし、かつ実際に伝承された例の一つとしてわれわれに親しいものはおそらく孔子の『論語』であろう。周知のとおり、ここには師たる孔子の言行録が収められており、わが国においてもこれが長らく徳育の教科書として用いられ続けた。だが今日この伝統はすっかり失われている。『論語』が国民の徳育の教科書にふさわしいかどうかは別問題として、手本となるべく規範――内容のみならず文章としても――をもちえなくなってしまった今日のわが国における人心の荒廃は眼を覆うばかりである。今日ないがしろにされている教養はなくもがなの単なる付け足しなのではけっしてない。[83]

いきおい話題がそれてしまった。話を元へ戻そう。ドイツにおける哲学史に眼を向けて言えば、そのようなものとしてヘーゲルやヘーゲルの弟子たちのそれが著名だが、それ以前にいくつも哲学史が書かれていた[84]。そこにはピュロンやティモンのことも記されており、たとえばそれらのうちテンネマンの『哲学史』（一七七九年）などは、単にセクストスのみに依存するのではなく、ディオゲネス・ラエルティオスやエウセビオスやキケロなどの証言を丹念に拾いつつ、ピュロンに対して満腔の尊敬をこめて、その人物像、言行を入念に描き出している。キケロはピュロンの徒がソクラテスの信奉者だったという証言を遺していた。テンネマンはこの証言を取り上げつつも（II, 171）[85]、それとは異なったピュロン自身のある側面を強調している。彼がしばしば「人間は所詮木の葉の如きもの」というホメロスの詩句を引いたということをである（II, 173）。テンネマンの記述とその出典指示に誘われて、ディオゲネス・ラエルティオス『哲学者列伝』の該当箇所（第九巻六七節）を見てみると、そこには次のように記されている。「彼〔ピュロン〕が誰よりもいちばんに心を寄せていたのはデモクリトスであったが、その次にはホメロスにも心を寄せていて、ホメロスには感嘆しながら、『木々の葉の世々のさまこそ、人びとの世々の姿なれ』というホメロスの詩句をたえず口にしていたのだと」（p. 156）[86]。

また続く節では次のようなことが記されているが、これにはヘーゲルも興味を抱いたものと見え、「懐疑主義論文」中に彼はこれを記すことになる。しかもそれをアタラクシアーの実例として。「ある航海中に、彼と一緒に船に乗り合わせた者たちが嵐のために顔色を失っていたときに、彼自身は平静さを保ちながら、船の中にいた子豚が（無心に）餌を食べつづけているのを指し示して、賢者はこんなふうに心の乱されない状態（アタラクシアー）に自分をおかなければならないと言って、乗客を元気づけた、というのである」(p. 157)。

ピュロンが活躍した時代は同時にヘレニズム時代を代表するエピクロス派やストア派が登場してくる時代でもある。「エピキュリアン」と言えば、それは快楽主義者のことを意味するが、快楽主義とは実はこの語が予想させる内容とは反対に真の快楽を損なう過度の快楽を戒めるものであった。これによって安心立命が得られるというわけである。またストア派の道徳の根本は節制(「自然に一致した生き方」)にあり、かつ自身に課された運命に抗うのではなく、運命を受け入れること(「運命愛」)によって自身の安心立命を得ようとするものであった。興味深いことに、このように懐疑派であれ、エピクロス派であれ、ストア派であれ、目指すところは共通して安心立命にあったのだから、究極目標は同じだったのであり、ただそれに至る方途がそれぞれ異なっていたということになる。

ただピュロンの弟子のティモン(前三二五年頃-前二三五年頃)は随分特異で、およそ節制とは無縁な生活ぶりだったようである。彼は酒飲みで金持ちだったという報告が遺っている。彼の性格の特徴の一つは「揶揄の趣味、辛辣皮肉の精神」であった。彼はホメロスに始まり、ピュタゴラス、パルメニデス、プラトン等を経てアリストテレスに至るあらゆる哲学者たちを嘲笑している。むろん同時代のエピクロスもストア派も彼の舌鋒の餌食となった。[87]

(2) アカデメイア派の懐疑主義(前三世紀-前一世紀)

懐疑主義はもともとソクラテスの無知の知の懐疑主義的側面を引き継ぐものであり、かつ弟子のプラトン初期の対話篇さらには中期の対話篇『テアイテトス』や『パルメニデス』などには濃厚に懐疑主義が息づいており、彼の創設した学園アカデメイアが懐疑主義の牙城となったとしても不思議ではない。アカデメイアの歴史は大きく新旧二段階に分かれるが、新アカデメイアの祖とされる学頭アルケシラオス（前三一五年頃－前二四〇年頃）は右に挙げたプラトンの懐疑的な対話篇を拠点としつつストア派と論戦を交えている。彼は華麗な説教家、巧みな問答家として名を馳せたようである。また、ピュロン的懐疑いわゆるピュロニズムの論鋒拠点を「判断保留《エポケー》」と名づけたのも彼だとされている。「判断保留」とは、どのような言明であれ、たとえば「すべては疑いうる」という言明でさえ、何事かを主張しているため、これさえも一つの独断でしかないとして、何事も言明しないというピュロニズムの基本姿勢を指しているが、始祖ピュロンが何一つ書き遺さなかったということ、このことがすでに懐疑主義の根本精神を彼自身が身をもって体現していたと解することもできる。

ともあれ、新アカデメイアの学頭アルケシラオスの論敵はストア派の創始者ゼノンであったが、これに対してはその派最大の哲学者とされたクリュシッポス（前二八〇年頃－前二〇七年）が反論し、それに対してさらにアカデメイアのカルネアデス（前二一九年頃－前一二九年）が応答した。アカデメイア派の懐疑主義と呼ばれる彼らの論法の一つは、プラトンが彼の初期対話篇でソクラテスの論法として描いた、人の主張を捕らえては、それに逐一疑問を呈する対人論法であった(88)。これはむろん人の確信を揺るがすものにほかならなかった。何の確信ももたずに人はいかに生き行動すればよいのであろうか。この問いに対してカルネアデスは「蓋然性」という指針を立てる。感覚の不確実性がその論拠とされたが、正義の問題に関しても時と所において異なることがその論拠として挙げられた。また自分が難破しているかといって、弱いものがしがみついている板切れを奪って自分だけ助かってよいかどうかというジレンマを提起したのも彼だった。[89]

後の新アカデメイアの学頭ラリサのピロン（前一四五年頃－前八〇年頃）は認識レベルでの懐疑を認めつつも、実践面での真実への接近可能性を認めるに至り、敵対していた他派、ストア派との区別が曖昧となり、ストア派との論戦は幕を閉じることになる。[90]

(3) 新懐疑主義（前一世紀－一世紀）

こうして新アカデミア派が衰退し始めた頃、アイネシデモスが登場する。彼の生没年は定かでなく、キケロとほぼ同時代の人であろうと推定されている。[91] 懐疑主義における彼の最大の功績はその祖ピュロンの精神に立ち帰ることによって懐疑主義に息を吹き込み、それを蘇らせたことにある。時代的にはピュロンもしくはピュロニズムがアカデメイア派の懐疑主義に先立つものでありながら、アカデメイア派のそれをよりラディカルにしたものという位置づけが与えられることになるのはこのような事情による。懐疑の仕方を十個の方式にまとめ上げたのも彼だとされる。この十の方式はアグリッパのものとされる五つの方式によってさらに強化されるに至るのだが、アグリッパについて知られていることはこれのみである。[92]

(4) 経験的懐疑主義（二世紀）

古代懐疑主義の最後の時期の特徴は過去の懐疑的な議論を体系化したことにある。またその担い手たちが医者であったことから、彼らの医術の実践において「経験」が主要な役割を果したために、この時期の懐疑主義は経験的懐疑主義と呼ばれる。コスのフィリノスが経験主義的学説を創立したのは前二五〇年頃だった。彼はヒュポクラテスに由来する伝統的医学（例の四体液説）を根拠のない仮説として退けて、医術的実践によって獲得される経験を重んじた。その後の後継者の一人がかのセクストスである。彼については、その活動時期は二世紀末頃と推定されるが、正確な生没年も出身地や活動場所さえ不明である。[93]ただ、彼が「セクストス・エンペイリコス（経験家のセクストス）」と呼ばれるのは彼がフィリノスの系統に属する医者であったためである。彼は独創的な思想家であったわけではないが、古代懐疑主義の様々な説を集大成した。彼の名はこの功績によってわれわれの記憶に深く刻み込まれることになる。

2　古代懐疑主義における懐疑の方式

古代懐疑主義がどのようなものであったか。これまでその中身についてわずかしか触れてこなかったが、古代懐疑主義紹介の最後に懐疑主義の方式を見ておこう。ヘーゲルも彼の「懐疑主義論文」のなかで、古代懐疑主義の本質を特徴づけるために注目したのもこれであった。ヘーゲルも注目した懐疑主義の方式とは、先に言及したアイネシデモスによって定式化された十の方式およびアグリッパによって強化された五つの方式のことである。以下これらを見ておこう。まずは十の方式から。

著書『ピュロニズム概要』（以下、『概要』と略記）によって古代懐疑主義を集大成したセクストスによれば（同書第一巻第十四章三六―三七節）、十の方式とは次のようなものであった。「判断保留がそこから導出されてくると思われる諸方式（トロポス）の数は、比較的初期の懐疑派のあいだで通常十個が伝えられているが、それを彼らはまた、同義語として『議論』（ロゴス）とか『型』（テュポス）とも呼んでいる。十の方式とは、第一に動物相互の違いに基づく方式、第二に人間同士の相違に基づく方式、第三に感覚器官の異なる構造に基づく方式、第四に情況に基づく方式、第五に置かれ方と隔たりと場所に基づく方式、第六に混入に基づく方式、第七に存在する事物の量と調合に基づく方式、第八に相対性に基づく方式、第九に、頻繁に遭遇するか稀にしか遭遇しないかに基づく方式、第十に、生き方と習慣と法律と神話を信じることと、独断論者の想定に基づく方式である」（pp. 25–26）[94]。

アグリッパの方式の観点を持ち込んだセクストスによる三分類に即して言えば（『概要』第十四章三六―三七節）、(1)判断する側・主体の相違に応じて判断が異なってくること（第一方式―第四方式）はわれわれもしばしば経験することだし、(2)判断される側・対象に場面を移しても（第七、十方式）また(3)両者の組み合わせにおいても（第五、六、八、九方式）同様のことが言えるであろう。これら三種に分類できる方式は総じて第八の方式である相対性に帰着する（**図1**参照）[95]。すなわち十の方式の言わんとするところはどのような判断も結局のところ相対的なものにすぎないということなのである。有名な「判断保留《エポケー》」もこのような見識に由来する。セクストスによると、十の方式の役割は「対立 ἀντίθεσις《アンチテシス》」の提示を容易にし、そこから「判断保留 ἐποχή《エポケー》」をもたらすことにあった。「対立させられるところの事物や

図1　十の方式の「系統図」

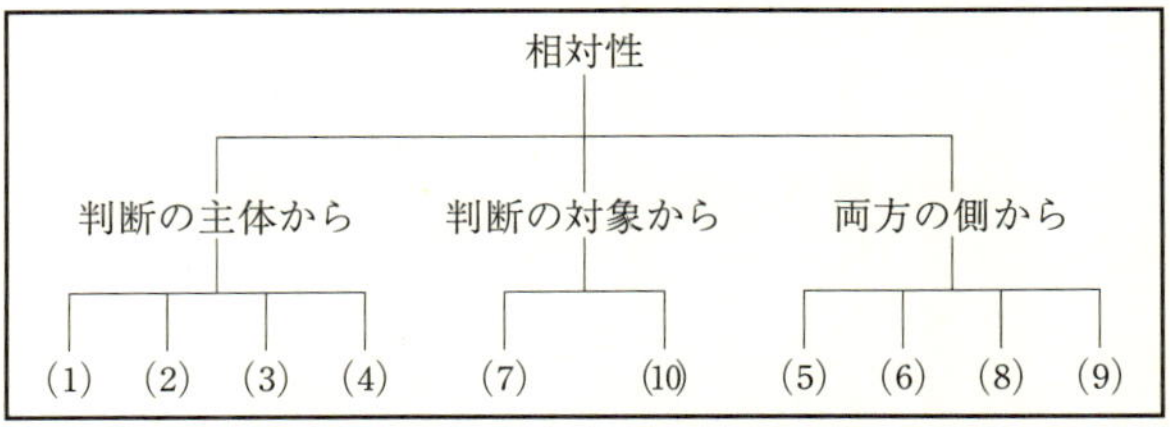

出所：J. アナス／J. バーンズ，邦訳『懐疑主義の方式』p. 44。

言説における同等な力（ἰσοσθένεια《イソステネイアー》）のゆえに、われわれは判断保留に至る」（『概要』第一巻八節）のである。ここに「対立」とは現れの対立であって、ある事物がAとして現れるとともにBとしても現れ、これらが両立不可能な性状を示す場合に現れの対立が生じる。もとより現れは多様であって、この多様性は物事が現れる主体、物事が現れる際の背景、環境等によるが[96]、両者が合わさると多様性の度は益々高まる。こうした現れの対立と多様はすべて、事物の相対性の方向を指していると見なさざるをえないであろう。

　十の方式のうち「最高類としての方式」に位置づけられた「相対性の方式」（p. 26）は、アグリッパのものとされる五つの方式では第三の方式として登場する。五つの方式とはセクストス（『概要』第一巻第十五章一六四節）によれば以下のとおりである。「比較的新しい時代の懐疑派は、判断保留の方式として次の五つを伝えている。第一は、反目を論拠とする方式、第二は、無限遡行に投げ込む方式、第三は、相対性を論拠とする方式、第四は、仮説による方式、第五は、相互依存の方式である」（p. 78）。五つの方式の個々の内容については、ヘーゲルの「懐疑主義論文」について考察する箇所で見ることにして、話を先に進める。

3　近代におけるピュロニズムの復興

以上、セクストス・エンペイリコスの伝える古代懐疑主義における十の方式と五の方式という二種類の懐疑方式を見た。次いでこうした懐疑方式の報告をも含むセクストスによる古代懐疑主義の集大成の近代に対する影響を見ることにしよう。すでに言及したように、セクストスは懐疑主義の最後の時代に属する人物であった。彼の集大成『ピュロニズム概要』（＝『概要』）の哲学史上の重要性は古代原子論とともにルネサンス期西欧においてそれが再発見され復興し、近代哲学の形成に決定的な役割を果たしたことである。「この著作は急速に注目を浴び、時代を支配する哲学書となった。セクストスと古代懐疑主義の再発見が、続く三百年の間の哲学の進路を決定した」[97]とさえ言われるほどである。当『概要』はまず一五六二年にパリの出版家エチエンヌによってラテン語訳として刊行された。次いで三十年後の一五九二年に反宗教改革派のエルヴェが『学者論駁』のラテン語訳を加えて、エチエンヌ訳『概要』とともに刊行する。このエルヴェ版は一六〇一年に再刊されることになるが、ギリシア語原文の出現にはなお二十年の歳月を要した（一六二一年、シュエ兄弟による）[98]。

セクストスの集成がこの時期およびこの時期の思想家たちに与えた影響の大きさはデカルトあるいはガッサンディやメルセンヌ、またモンテーニュやパスカルそしてベール等の名を挙げるだけでも推し量ることは容易であろう[99]。いわゆるデカルトの方法的懐疑も徹底的な懐疑の遂行としてのピュロンの懐疑を逆手にとって、自身の求める確実な真理、唯一絶対の真理（Cogito, ergo sum.「われ思う、ゆえにわれ在り」）を導き出すためのものであった[100]。

あるいは時代を少々下って、カントを「独断のまどろみ」から目覚めさせたスコットランドのヒュームの懐疑主義もむろんピュロンの懐疑と無縁ではなかった。[101]『概要』の翻訳としては、最初のラテン語訳に次いで英語訳が最も早く、その刊行年は一五九〇年か一五九一年である。[102]ともあれ、カントはギリシア語に精通していなかったにせよ、ラテン語はホラティウスの詩を老人になってからでも諳んじていたほどでありながら、ピュロンの『概要』に接した形跡がない。彼の主著の根幹の一つをなすアンチノミー――テーゼとその反対のアンチテーゼとが両立し対立する――はまさしく古代懐疑主義と比定すれば「イソステミー（対等の主張が並び立つこと）」そのものであるにもかかわらず、[103]ピュロニズムそのものとの直接的な連関も認められない。周知のとおり、彼の主著『純粋理性批判』では自身のアンチノミー論を核とする「弁証論」の先駆者としては、エレアのゼノンの名を挙げるのみである（B 530）。[104]彼は「懐疑主義」と彼自身の「懐疑的方法」とを峻別していた（B 535）。[105]これ自身またピュロン派の「判断《エポ》保留《ケー》」に類似の方法であるにもかかわらず。カントは七〇年代にはソクラテスを懐疑主義の先駆者と見なし、かつピュロンにも言及しているが、[106]古代懐疑主義に関する主たる情報源は、カントの場合、どうやらブルッカーの『哲学史』第一巻（一七四二年）[107]のようである。

　ヘーゲルともなると、古代懐疑主義への興味とその研究はオリジナルのギリシア語原典となる。テュービンゲン神学院を卒業した後フランクフルトで家庭教師をしていた折、彼はセクストスのギリシア語原典を購入している。[108]彼が学んだテュービンゲン神学院は先に触れたスコットランド啓蒙の受容のみならず、古代懐疑主義の受容においても先進的であった。後にシェリングが批判することになるテュービンゲンの神学者シュトルの弟子で、当地にて最初にカント哲学を講じたフラットはヤコービのヒューム論に拠りつつ、懐疑の問題をセクストスやヒューム、そして「P派 Parthey P」すなわちピュロン派と結びつけて論じていたし、論理学、形而上学教授プルケも古代哲学の専門家としてピュロンおよびセクストスに導かれた神の存在への疑義の根拠について書いてさえいた。ヘーゲルは、シェリングやヘルダリンとともに両者の著作に親しんでいたばかりでなく、講義を聴いてもいた(109)。ただ懐疑主義、特に古代懐疑主義に対するシンパシーが最も強かったのはヘーゲルだった。三人とも皆、古代ギリシアに対する憧憬と尊敬の念は強く、深くそれに入れ込んでいたが、それぞれ性格の相違に応じた相違を見せていた。たとえば、それはプラトンのどの対話篇に興味を抱いたかによっても明らかである。ヘルダリンは美のイデアが論じられた『パイドロス』の注釈を書こうとしたのに対して、シェリングは宇宙について論じられた『ティマイオス』の注釈を実際に書いた(110)。ヘーゲルがプラトンの傑作と見なしたのは、これらではなく、イデア論批判が遂行された『パルメニデス』であった。この対話篇はすでに指摘したとおり、懐疑主義的色彩の濃い対話篇にほかならなかった。このように懐疑主義に傾倒していたヘーゲルはイェーナに赴任して間もなく懐疑主義に関する論文を執筆し、シェリングと共同で編集した例の『哲学批評雑誌』にそれを掲載する。この論文に関する考察に立ち入る前に、それに先立って当時における懐疑主義受容の問題を見ておこう。

4 「時代の病」としての懐疑主義（シュトイトリン『懐疑主義の歴史と精神』）

ドイツにおける懐疑主義の隆盛に一役買ったものが先にわれわれの注目した匿名の書『エーネジデムス』にほかならなかった。それに対するフィヒテの反応についてもすでに見た。これだけならば、われわれが「懐疑主義時代の到来」というような言い方をするのは大げさすぎるということになるであろうが、こう言いたくなるような書物が出現する。『エーネジデムス』の三年後の九四年に出る二巻本の大著『懐疑主義の歴史と精神』である。[111]「懐疑主義は時代の病になり始めており……いくつかの身分に広がり、その影響が大きく出始めている」[112]（I, S. III）。著者シュトイトリンは、当書の「まえがき」冒頭にこのように書きつけている。彼は自身の時代を「革命」の時代と見なしているが（「哲学における最近の革命」）、彼によれば、そのきっかけを作ったのが懐疑主義にほかならなかった（ebd.）。彼が「懐疑主義の歴史」を書こうと思い立ったのは、一つには懐疑主義の流行にもかかわらず、「懐疑主義とは何かを正しく知る人が少ない」という一般的な情況のためであり（ebd.）、いま一つには、彼自身の事情のためでもあった。彼はすでにライプニッツ、ヴォルフ哲学の精神に基づいて哲学書を書いていたのだが、その後、セクストスとヒュームの著作に偶然触れ、「極度に不快な状態」に陥り、自身の平静さと倫理観を揺さぶられるという窮地に追い込まれることになったのだった（I, S. IV-V）。このことは、たとえば著作のタイトルにも盛り込まれている。この著作のフルタイトルは「特に道徳と宗教を顧慮した懐疑主義の歴史と精神」であった。彼が件の歴史を書くに至った彼自身にとっての理由はこうした倫理的危機を乗り越えるためであったが、興味深いことには、こうした危機に際して、その克服に特に役立ったのがカントの著作だったと彼は告白している。「私はそれらのうちに私の抱いた懐疑の多くが解決され、私が以前曖昧に考えていた多くのことが解明されていることに気づいた」(I, S. V) と。

シュトイトリンは懐疑主義の「歴史」を綴るに先立って、総論に相当する懐疑主義の「精神」に関して約百五十ページにわたって延々と論じている。それは「歴史」として後に記述する懐疑家たちについて順々にコメントを加えるスタイルで書かれているが、ここでは彼の著作の直前に出たシュルツェの『エーネジデムス』に対するコメントだけを見ておこう。彼はシュルツェを「新エーネジデムス」と呼んで、直ちに「古エーネジデムスとは似て非なるもの」(I, 21) と続け、シュルツェの懐疑主義テーゼを引用する。シュルツェの懐疑主義テーゼとは、「すなわち哲学のうちでは物自体とその特性に関しても、人間の認識力の限界に関しても、争うことのできない確実で普遍妥当な諸原理に従っては何も形成されなかった」(Reinhold, S. 26)、これである。シュトイトリンが「新エーネジデムス」に不満なのは、その懐疑が不徹底なものでしかなかったからである。彼はこの新参者に対して次のように不満をぶつけている。「彼の懐疑は哲学のなかで知ると主張したことのみに限定されており、人間の理解の他の部分には……何一つかかわらない」(I, 22) と。この批判的コメントの後に、彼は直ちにセクストス(=ピュロン)の「判断保留《エポケー》」を取り上げて、これが「懐疑主義の本質的特徴」であること、またこれが「懐疑主義の真の精神」であることを強調している (ebd.)。ヘーゲルは後に(一八〇二年)シュルツェの第二の著作『理論哲学の批判』(一八〇一年)に対する書評を書く。今日われわれが「懐疑主義論文」と呼び習わしているものがそれである。そこでの基本の発想もシュトイトリンに同じであり、近代の懐疑主義(シュルツェの懐疑）よりも古代の懐疑主義（とりわけピュロンの懐疑）のほうが優れているとするものであった。

5　シュトイトリンの懐疑主義の歴史

さて、シュトイトリンの綴る「懐疑主義の歴史」に眼を向けよう。それは六つの時代に分けられていた。第一の時代は古代懐疑主義の祖とされるピュロン以前（「準備期」）のエレア派からエピクロス派までを扱っているが、むろんこのなかにはソクラテス、プラトン、アリストテレスが含まれている。第二の時代が「ピュロンからセクストスまで」を扱っており、これがいわゆる古代懐疑主義の時代に相当する。その概略についてはすでに述べた。第三の時代が「セクストスからモンテーニュ」、第四の時代が「モンテーニュからラモトゥ」、第五の時代が「ラモトゥ・ルバイエからヒューム」、そうして最後の第六の時代「ヒュームからカントならびにプラットナーまで」が来る。二巻本で綴られた長大な歴史の全体を紹介する紙幅はむろんない。ここでは最後の時代のなかからヴォルフ以後の箇所を若干紹介しておこう。そこにはわれわれが懐疑主義について考えさせられるだけでなく、哲学史についても考えさせられる有益な叙述がなされているからである。

すでに指摘したとおり、十八世紀前半はドイツでは概ねヴォルフの哲学が支配していた。シュトイトリンはヴォルフの哲学を「独断論」と見なし、「ヴォルフの独断論」が支配していた当時の「ドイツにおいて哲学に大きな変化を生み出し、ヴォルフの独断論の見方を弱めた」ものとして、次の二つの事情を挙げている。一つは「イギリスとフランスの新しい哲学者たちの著作の研究」であり、いま一つは

「プロイセンの王位における哲学王の出現」である（II, S. 261）[113]。われわれが日頃馴染んでいる哲学史はたいてい歴史と言うよりは列伝かあるいはただの学説の羅列でしかないが、われわれはシュトイトリンの「哲学史」――彼は「懐疑主義の歴史」が同時に「哲学史」でもあることを強調していた（I, S. VII）――のうちに文字通りの「哲学史」「歴史」を見ることができる。上の二つはありきたりの哲学史ではただのエピソードとしてしか扱われないが、ここではそうではない。彼は次の点に注目するからである。まずは「最初の事情」すなわち「イギリスとフランスの新しい哲学者たちの著作の研究」から。――「最初の事情はドイツの哲学者たちに独断的形而上学に対する多くの論難を知らせ、哲学における大衆性という考えを生み出し、ドイツの物まね精神を呼び覚ました」（II, S. 261）。だがおかげで折衷や様々な説が並び立ち、「哲学は益々安定を欠き浅薄になり、学問の完全さから益々遠ざかった」。彼に言わせれば、入念な「哲学史」研究が必要となるのもこのためにほかならない（ebd.）。次いで第二の事情「プロイセンの王位における哲学王の出現」――「フリードリヒ大王は自分の回りに多くの外国の哲学者たちを集めた。彼らが……不信仰と懐疑主義を喧伝したのだった」（II, S. 262）。

(1)ダルジャンの『常識の哲学』

シュトイトリンはフリードリヒ大王が集めたお抱え外人哲学者たちのうち特にダルジャン（D'Argens）の著書を取り上げている。その名も『常識の哲学』[114]である（しかも二巻からなる）。シュトイトリンが皮肉をこめて解説するには、「この哲学は浅薄な大衆性によって書かれているのだが、大衆性がすべてだったご婦人の部屋とパートナー（Cavaliere）向きですらない。この哲学は博識満載なのだから」（II, 262）。その博識とは特に歴史や論理学あるいは自然学、形而上学、占星術に及ぶものであり、ダルジャンはそれらの「不確実さ」をなじっている（II, S. 262）。彼の「常識の哲学」とは一種の懐疑主義にほかならなかった。ただし「そもそも彼の懐疑主義は人間の認識一般よりはむしろ学者の通常の越権と諸学問に向けられたものだった」（ebd.）。学問や学者をもの笑いにして大衆の喝采を得ようという、下心見え見えの「懐疑主義」ということか。

(2) ドイツでの懐疑主義の傾向（テーテンスとカント）

以下、さらに「ドイツでの懐疑主義の傾向」がシュトイトリンの懐疑主義史の俎上に載せられるが、それらはわれわれがすでにドイツにおける常識哲学の受容史に注目した際に挙げた名と多くは重なっている。常識と懐疑とは反対の立場であるはずだが、優れた思想家が反対の立場に対する理解力に優れていることの、これは証左と言ってよかろう。ここで取り上げられているのはロッシウス、プラットナー、ランベルト、フェーダー、テーテンス等である。ここでは特に受容史を書いたM・キューンも独立の章を提供しているテーテンスを見ておこう。シュトイトリンもテーテンスに注目しており、その注目点は人間の認識能力と全人間本性を深く基礎づけようとする際に、テーテンス（『人間本性とその発展に関する哲学的試み』全二巻、一七七七年）が「ヒュームの諸理念を鋭い洞察力によって吟味している」という点である（II, 266）。シュトイトリンは「原因性概念のヒュームによる説明を彼〔テーテンス〕が正しく論駁した」として、その論駁内容を次のように説明している。「原因性は原因性という概念を生み出すわけではない。われわれは原因性ということで、結合ばかりではなく、一方の他方への依存をも考えるからである。われわれが諸理念をわれわれのうちで、ある必然的帰結のうちに見ることを、またこれが元来、原因的結合に関するわれわれの考えであることを彼は指摘したのである」（ebd.）と。シュトイトリンの説明によれば、結局のところ、テーテンスが主張したことは「原因性の概念はある種の観念連合から抽象され、その連合においてわれわれは単なる帰結と結合以上のものに気づく」（II, 267）ということであった。

テーテンスについて述べた後、シュトイトリンは彼の歴史叙述をいよいよカントに移す。彼が言うには、カントの『純粋理性批判』（一七八一年）は「全哲学に徹底的で有益な変革を約束した」のだが、かなりの間「無視され極端に誤解された書物」でしかなかった（II, 269）。彼はその理由を、この書の難解さばかりでなく、「ある種の哲学的な差別意識とカントがまさしくそれに対抗しようとした哲学における浅薄さへの引き裂かれた好み」のうちにも見ている（II, 270）。むろん、シュトイトリンはカントによって「突如、哲学における革命が開始された」（ebd.）ことを歓迎する。「以前から思考力の在る者、考える頭脳のうちにはライプニッツ、ヴォルフ、ロックの説に対する懐疑が成立していた」（ebd.）からである。彼が見るところはこうである。「この新しい哲学は短期間のうちにあらゆる学問に対してほとんど不思議な影響を発揮し、学問はおろか、全くかもしくは少なくとも形而上学的な学問に献身しなかった諸身分のうちに味方と追従者を獲得した。これは前代未聞の徹底的な哲学的探求精神をドイツに活発化したし、新しい理念と展望の数え切れないほどの豊かさを含んでいるので、この素材のわずかな部分のみが仕上げられていると見なすことができ、認識のもっと新しい芽をそこから発展させることができる」(II, S. 270)。

シュトイトリンはこの時代を評して、表現が晦渋だし時代の秩序は不愉快だとしながらも、「真理に対する精神力と関心」「哲学の改革者、特に現代における才能と特典」すなわちラインホルト、シュルツェ、シュミートたちに期待を寄せている(II, S. 272)。以上のような発言もしくは証言はカントの批判哲学出現に対する当時の反応を生々しく伝えるものとして貴重である。シュトイトリンはさらにカント批判哲学の学問論的な根本性格を解説するのだが、それはわれわれにとっても馴染みのものである。これについての紹介は割愛する。後論との関連で、最後に『エーネジデムス』に対する再コメントを簡単に見ておこう。

シュトイトリンは「『エーネジデムス』の著者が、ヒュームの懐疑主義は理性批判によってけっして論駁されなかったことを証明しようとした」点に注目している(II, S. 288)。この著者シュルツェは彼の異議を「カント説の心棒」すなわち「心的気質から必然的な総合判断を導出すること」に向けるの(ebd.)。彼が主張するには、「『純粋理性批判』において人間の心的気質が必然的な総合判断の実在根拠だと偽証される。そうしてそこからわれわれはみずから表象能力のみを必然的な総合判断の根拠と考えうるということから、心的気質が現実にその判断の根拠でもなければならないという結論が引き出される」(II, S. 299)。シュルツェは一八〇一年にどちらも七百ページを超える二巻本の大著『理論哲学の批

表2　懐疑主義の流れ

Skeptizismus in der Antike

Pyrrhon (360-270 B. C.) ; Timon (320-230 B. C.) ; Archesiraos (315-241 B. C.) ; Carneades (213-129 B. C.) ; Ainesidemos (100-40 B. C.) ; Agrippa (? -33) ; Sextos Empeirikos (c. 160-210) : *Πυρρωνειαι ὑποτυπωσει.*

Skeptizismus in der Neuzeit

1562 : Sextus Empiricus, *Pyrrhoniarum hypotyposeun libli III*
Montaigne (1533-92) ; Descartes (1596-1650) ; P. Bayle (1647-1706) ; Hume (1711-76)

Skeptizismus und Deutscher Idealismus

1718 : Sextus : *Sexti Empirici opera Graece et Latine.* Ed. et toti opera notas additit J. A. Fabricius.

1758 : Ploucquet : *Disputatio de Epoche Pyrrhonis.*

1771 : Hamann : Nachtgedanken eines Zweiflers. In : *Königsbergische Zeitung,* Beyl. zum 53. St. 5. Julius 1771 und zum 55. St. 12. Julius 1771.

1787 : Jacobi : *David Hume über den Glauben oder Idealismus und Realismus. Ein Gespräch.* Breslau.

1790-92 : Jakob : *Über die menschliche Natur* [D. Hume : *A Treatise of Human Nature,* 1739-40]. Aus dem Englischen nebst kritischen Versuchen zur Beurteilung dieses Werkes, 3 Bde.

1791 : Eberhard : *Vergleichung des Skepticismus und des kritischen Idealismus.*

1792 : [Schulze] : *Aenesidemus* [...]. *Nebst einer Vertheidigung des Scepticismus gegen die Anmassungen der Vernunftkritik.* Helmstädt.

1793 : Tennemann : *David Humes Untersuchung über den menschlichen Verstand* (*Philosophical Essays of Human Understanding,* 1748). Übers. von M. W. G. Tennemann.
Creuzer, : *Skeptische Betrachtungen über die Freyheit des Willens mit Hinsicht auf die neuesten Theorien über dieselbe.*

1794 : Fichte, J. G. : Rezension zu *Aenesidemus* [...]. In : *Jen. Allgemeine Literatur-Zeitung,* St. 47-49.
Stäudlin : *Geschichte und Geist des Skepticismus vorzüglich in Rücksicht auf Moral und Religion.*

1795 : Zeender : *De notione et generibus Scepticismi et hodierna praesertim ejus ratione.*

1797 : Schelling : *Ideen zu einer Philosophie der Natur.*

1800 : Ders. : *System des transzendentalen Idealismus.*

1801 : Schulze : *Kritik der theoretischen Philosophie.*

1802 : Schelling : Fernere Darstellunggen aus dem System der Philosphie. In : *Neue Zeitschrift für speculative Physik,* hg. von Schelling, I, 1.
Hegel, G. W. F. : Verhältnis des Skeptizismus zur Philosophie. Darstellung seiner verschiedenen Modifikationen und Vergleichung des neuesten mit dem alten. In : *Kritisches Journal der Philosophie,* hg. von Schelling / Hegel, I, 2.

1803 : [Schulze] : Aphorismen über das Absolute [...]. In : *Neues Museum der Philosophie,* hg. von F. Bouterwek. I, 2.

1804 : Berg : *Sextus oder über die absolute Erkenntnis von Schelling.*

1805 : Schulze : Die Hauptmomente der skeptischen Denkart über die menschliche Erkenntniß. In : *Neues Museum der Philosophie,* hg. von F. Bouterwek. III, 2.

1807 : Hegel : *Phänomenologie dee Geistes.*

判』において、彼流の懐疑主義の立場から当時の代表的な哲学体系を批判するに至る。今度は実名で。シュトイトリンの著書の出た七年後、シュルツェが例の匿名の最初の著書を出して九年後のことである。この頃のドイツにおける懐疑主義の動向を概観できるよう、一覧表（**表2**）にまとめておいた。参照されたい。

六　古代の懐疑主義と最近の懐疑主義
――シュルツェの『理論哲学の批判』とヘーゲルの「懐疑主義論文」

1　否認できない確実性としての「意識の事実」

「シュルツェ氏がカント哲学とりわけ表象能力の理論〔ラインホルト〕において獲得してきた形式に対抗してセンセーショナルに登場してから八年経った」（II, 213 [6]）[115]――これが、シュルツェの第二の著作『理論哲学の批判』（一八〇一年）に対するヘーゲルの書評すなわちかの「懐疑主義論文」（一八〇二年）の冒頭の文句である。ただし、ここに「八年経った」とあるのはヘーゲルの計算違いで、すでに言及したとおり、実際には九年が経過している。ともあれ、ヘーゲルは先の文言に続けて次のように言う。「いまや彼は理論哲学全体を彼の懐疑主義によって炎のなかに投げ込み、その土台までも焼け尽くさんとして包囲している」（ebd.）と。それでは、この第二の著作におけるシュルツェの懐疑主義とはいったいどのようなものだったのであろうか。

ヘーゲルの見るところ、それは中途半端なものでしかなかった。シュルツェは彼の標榜する懐疑主義とは裏腹に疑いようのないある「事実」を認めているからである。ある「事実」とは、彼にとって「意識の事実」にほかならなかった[116]。彼は言う（第一巻第一部第三章）。「この学問〔哲学〕においては、最高で無制約な根拠が見出されうるものの実在は確実でなければならないし、疑わしいものであってはならない。われわれの意識の全範囲において現存するものとして与えられているものの実在こそ、完璧に否認しようのない確実性である」（S. 51）[117]と。

かつてラインホルトの根元哲学に対して鋭い批判を加えていた「エーネジデムス」はいったいどこへ行ってしまったのであろうか。彼は「意識の事実」の意義を強調して、それを「あらゆる思弁が関係せざるをえない否定できない現実」（ebd.）だとさえ主張するのだが、この主張はどう見ても懐疑主義的帰結には見えない[118]。しかしながら、ヘーゲルも指摘するとおり、この意識の立場は「われわれの意識の外側に存在するとされる事物を認識しようとする思弁哲学」に対する懐疑としての役割を果たすものにほかならない。けだし、事物の意識内在主義の立場は意識外在主義の立場（思弁哲学）とは相容れず、これを独断論として否定するからである（II, 220［14］）。しかもそれは、このような否定的な側面のみならず、肯定的側面をも併せもつとされる。というのも、それは「意識を踏み超えない哲学」（II, 221［15］）だからである。シュルツェが言うには、意識の内に事物が現前することは疑いようがない。「意識を疑おうとすることはそもそも絶対に不可能である。疑うことは意識なしにはありえないからである」（ebd.）。

2　シュルツェ懐疑主義における非同一性の原理

このようなわけで、「意識の事実」を金科玉条とするシュルツェの懐疑主義、「最近の懐疑主義」のなすこととして残されているのは、ただ「意識の事実について多弁を弄し、あれこれ考え分類すること」(II, 250 [54]) だけである。そこでは理性においては同一であった思惟と存在は分離され、両者の対立が悟性によって固定される。この「絶対的になった悟性」これが「この独断的懐疑主義の基礎をなす」(II, 251 [55])。この懐疑主義を際立たせるもう一つの特徴は、いざとなると肝心の哲学、懐疑を離れて経験心理学に逃げ込んでしまう点である。思惟と存在、概念と事物、表象と対象との一致の可能性を、結局のところそれは「現前と非現前、現実の直観と想起という心理学的区別に帰着させようとする」(II, 256 [62])。すなわち「否認できない確実性が付与されている主客の同一性が垣間見られるや否や、どのようにしてか不明のまま、この同一性は直ちに再び経験心理学に置き換えられることになる。同一性が間髪入れずに心理学的意義に逆戻りしてしまうのは、哲学を批判する際や懐疑的議論を行うなかで、同一性が完全に忘れ去られ、主観と客観、概念と事物との非同一性にとって代わられるためである」(II, 256 [63])。

当然のこととして、われわれが先に確認した「意識の事実」の原理とシュルツェ懐疑主義の根本原理となる、この「主客非同一」の原理とは相容れないものであることをヘーゲルは忘れず指摘している (II, 254 [60])。然るに、このような齟齬には無頓着のまま、シュルツェは彼の『理論哲学の批判』において、このような経験心理学的な「非同一性」の原理に基づいてロックの体系（感覚的実在論）、ライプニッツの体系（合理的実在論）、カントの体系（超越論的観念論）を批判的に吟味する。第一巻はこれらの体系を順次祖述し、最後に懐疑主義に関する記述によって閉じられる。量的にその大半を占めるカントの箇所（一七二ページから五八二ページすなわち総ページ七二六ページ中四一〇ページ分）について特記しておけば、それはもっぱら『純粋理性批判』の逐条的な祖述となっている[119]。第二巻は同じ原理に基づいて、先の三つの体系が批判される。ロック批判が七ページから九〇ページまで、ライプニッツ批判が九一ページから一二五ページまで、そうしてカント批判には六百ページが費やされている（II, 260 [68]）。なお、第三巻で、カント以降の観念論を扱うという予告がなされはしたが、これは予告のみに終わっている。

3　ヘーゲルの古代懐疑主義理解

経験心理学的な「非同一性」の原理に基づいて当代の代表的な哲学体系を懐疑主義的に総批判するシュルツェの懐疑主義は、古代の懐疑主義と比較した場合、どのような特徴をもつことになるであろうか。ヘーゲルが「懐疑主義論文」で明らかにしようとしている最重要課題は、この比較によって、この最近の懐疑主義の限界を暴き出し、これとは決定的に異なる真の懐疑主義の姿を浮き彫りにすることにあった。すでに指摘したとおり、ヘーゲルは古代懐疑主義の懐疑的方式を知悉していた。彼はそれが盛り込まれたテクストをギリシア語の原典で読んでいたのである。イェーナ大学に招聘される前、フランクフルトで家庭教師をしていた折の勘定書から、彼がこの頃セクストスのテクスト『ピュロニズム概要』を買ったことが分かっている[120]。

『哲学批評雑誌』第一巻第二冊（一八〇二年三月）に掲載された「懐疑主義論文」の正確なタイトルは

「懐疑主義と哲学との関係――その様々な形態の叙述ならびに最近のそれと古代のそれとの比較」である。当論文は、本節の最初に指摘したとおり、シュルツェの『理論哲学の批判』に対する書評として執筆されたものなのだが、タイトルが示唆するとおり、単なる書評の域をはるかに超えて、彼自前の一編の論文となっている。書評にもかかわらず、われわれがそれを「懐疑主義論文」と呼ぶのはこのためである。彼は『差異書』のなかの一節では、「思弁と常識の関係」を主題化していたが、ここでは「懐疑主義と哲学との関係」を主題化している。懐疑主義には実は様々な形態があり、ここではそれらが叙述され、その上で最近の懐疑主義（シュルツェの懐疑主義）と古代の懐疑主義とが比較される。事柄を整理するために、ヘーゲルの念頭にあったと思われる懐疑主義の布置・分類に注目しておくのが、これから考察して行く上で便利である。それは**表3**のようなものであった（大きくは三つ、細かくは四つに分かたれる）。

表3　懐疑主義の分類

A．哲学と一致する懐疑主義
B．哲学から分離する懐疑主義
a．哲学に敵対しない
b．哲学に敵対する
C．独断論に陥る懐疑主義

　ヘーゲルの考えによれば、これらのうち、古代懐疑主義はBに相当し、先に見た十の方式を基準とする初期懐疑主義がそのaに、五つの方式を基準とする後期懐疑主義がそのbに相当する[121]。まずは前者Baから考察するとしよう。ヘーゲルは「懐疑主義論文」に十の方式を引用し、われわれも見たとおり（第五節2）、さらにこれらが三種類に分類できることをも指摘した後に、この方式の意義について次のようにコメントしている。「これらの方式の内容が示していることは、いかにこれらが哲学に敵対する傾向と無縁であるか、また、いかにこれらがもっぱら常識（der gemeine Menschenverstand）の独断論に立ち向

かうものであるかということである。方式のどれ一つとして理性とその認識にかかわるのではなく、すべてが徹頭徹尾有限者、有限者の認識、悟性にかかわっている」(II, 240［40］)。

常識哲学、常識の問題にこれまで格別注目してきたわれわれにとって興味深いことには、ヘーゲルによって古代懐疑主義の十個の懐疑方式が「もっぱら常識の独断論に立ち向かう」ものとして理解されていることである。先に「常識」という語のドイツ語の用例を見ておいたが、その典型として挙げたのが、この箇所を含めた前後の数箇所である。そこに「常識」を指示する語が **das gemeine Bewußtsein** と表現を代えつつ頻出する。「この懐疑主義は哲学を全然攻撃しておらず、また哲学的な仕方ではなく大衆的な仕方で常識（**der gemeine Menschenverstand oder das gemeine Bewußtsein**）を攻撃している」(ebd.)。「かの懐疑的諸方式はそれ〔常識〕に対してそのような確信が不安定なことを常識（**das gemeine Bewußtsein**）に納得のゆく仕方で示す」(II, 240［41］)。ここには紛れもなくヘーゲルの常識問題に対するこだわりが色濃く出ている。彼にとって、懐疑主義問題とは常識批判の問題にほかならなかった。「懐疑主義論文」に関する従来の研究では打ち捨てられ無視され続けてきたが、われわれはヘーゲルがここで「思弁哲学の生得的誤謬」を発見したことを誇るシュルツェの懐疑主義の登場が「哲学好きの大衆」に大歓迎されて、その思弁離れの正当化に利用されることを大層危惧していたこと（II, 217［10f.］）、これを見逃してはならない。われわれが本章の考察の冒頭で見たとおり、ヘーゲルは『哲学批評雑誌』第一巻第二冊（一八〇二年三月）の「彙報」で、シュルツェの『理論哲学の批判』の登場を、あらゆる哲学論争に終止符を打つ「民衆の救世主」出現の如くに扱う傾向に断固抗議すべく強い警告を発していた。

ただ、先に引用した文言中以外にさらに重要なことは、十の方式が理性に及ぶものでないことが強調されている点である。ヘーゲルはこの点で十の方式を五つの方式と区別している。彼の考えによれば、理性にかかわるのは五つの方式のほうである。ヘーゲルは両者を関連づけて、十の方式が五つの方式に高まるための前段階と位置づける。彼は言う。十の方式に基づく「懐疑主義は哲学に至る初歩と見なすことができる」(ebd.) と。その理由は、「哲学の始まりとは、まさしく常識 (das gemeine Bewußtsein) が与える真理を越える高揚、より高次への真理に対する予感に違いないからである」(ebd.)。ヘーゲルのこのような発言に誘われつつ、哲学入門についてあれこれ考えを巡らせる筆者の立場から言えば、われわれの常識のいい加減さをいろんな角度から気づかせてくれる古代ギリシアにおける懐疑主義の十の方式は、格好の入門の場をわれわれに提供してくれるものと言ってよかろう。ところが、いざ五つの方式となると厄介である。様相が一変する。それらが常識を絶した理性的真理にかかわるとされるからである。ヘーゲルは、それらが「アンチノミー」を形成するものであるがゆえに「理性的」であると見なしている (II, 246 [49])。言うまでもなく、彼はここでカントの『純粋理性批判』の「弁証論」におけるアンチノミー論を念頭に置いているものと思われる。だが、カント自身はと言うと、すでに指摘したとおり、『概要』に接した形跡がない。彼はアンチノミー論を核とする「弁証論」の先駆としてエレアのゼノンを挙げていた (B 530)。そのルーツ、先駆が何であれ、カントのそれは古代懐疑主義の諸方式同様、学問、哲学を破壊しかねない威力をもつものであった。

先に掲げた分類表に即して言えば、五つの方式はＢｂすなわち哲学から分離する懐疑主義のうち、哲学に敵対するものに相当するとヘーゲルによって考えられている。彼は言う。「この五つの方式の意図するところは、最初の十の方式の傾向とは全く異なっており、これらはもっぱら後期懐疑主義の哲学に対する敵対傾向にかかわっている」(II, 245 [47]) と。ヘーゲルは、この「後期懐疑主義の哲学に対する敵対傾向」に直面して、五つの方式が「反省概念のみを含んでいる」(ebd.) という解釈を施し、かつ敵対の矛先を哲学のみならず独断論にも向けるという窮余の策を講ずる。彼は、これによって、両者は「全く正反対の意義をもつ」(ebd.) ことになると考える。すなわち「五つの方式は独断論に敵対して用いられると、必然的アンチノミーのうち、独断論によって主張された一方に他方を併置する理性に属する側を体現し、哲学に敵対して用いられると、これとは反対に反省に属する側を体現する。その方式は独断論に対しては成功するに違いないが、哲学を前にしては自己崩壊し、おのずと独断的になるほかない」(ebd.)。

「うまく行きすぎている」と言えばそれまでだが、ヘーゲルは何としても懐疑の矛先が哲学に向けられて、それが破壊されることを阻止しなければならなかった。有難いことにすでに彼の先輩ニートハンマー(「常識論文」)が常識と懐疑の双方を超えた第三の立場として思弁の立場を設定していたし、五歳年少ながら彼をイェーナに呼び寄せた盟友シェリングがあらゆる対立を超越した理性の立場(同一哲学)を確立していた。当時の彼の哲学の立場はこうした思弁の立場、理性の立場であった[122]。ヘーゲルはこの立場から五個の懐疑方式すべてに対して応戦している。「反目」すなわち反論を論拠とする第一の方式については、彼はこれを「差異の方式」と解釈し、「理性は永遠であり、至る所で自分自身に等しい」ことを指摘して、「不等」を主張する「差異の方式」を悟性のレベルに割り当てる。そうしてさらに、彼は、理性がこのようなものとして「それ自身関係にほかならない」がゆえに「他者と必然的に関係づけられる」第三の方式（われわれの先の引用では「相対性の方式」）を免れるとする。また、この「関係そのもの」としての理性の立場はそのままで、どのような立論をも循環論証に巻き込む第五の方式（「相互依存の方式」）を退けている。「互いに根拠づけあう」ことによって循環に巻き込まれるのは理性でなく悟性である。「理性は関係そのものであるから、そのような循環に陥らない」。「同様に、理性は、反対者を同等の権利で証明なしに前提できるような第四の方式言うところの無証明の前提ではない。というのも、理性は反対者をもたないからである。理性は互いに反対者である有限者双方を自分のうちに含んでいる」。このように「理性にとっては、他者に対立する他者は存在しないのだから」先の二つの方式（第四と第五の方式）のみならず「無限進行の第二の方式〔「無限遡行に投げ込む方式」〕も除去される」（II, 246f.［49f.］）。

先に五つの方式が「反省概念」を含むとされたのは、いま見たことからも分かるように、それらを対立にまみれざるをえない悟性のレベルに位置づけることを意味していた。このことはまた同時に、これらの方式が対立から抜け出せない独断論に向けられてこそ威力を発揮することをも意味していた。ヘーゲルは言う。「独断論の本質は対立にまといつかれる有限者（たとえば純粋直観や純粋客観もしくは二元論のなかでの同一性に対立する二元性等）を絶対者として措定することのうちにある」（II, 245［47］）と。ヘーゲルにおいて独断論という語によって含意される射程範囲は広い。懐疑主義を表看板とするシュルツェの理論哲学批判でさえ、その根本においては独断論に通じていると見るのがヘーゲルである。[123]

4　真の懐疑主義（プラトン）と似非懐疑主義（シュルツェ）

先に掲げた懐疑主義の分類表に従って言えば、いまようやく一つの懐疑主義に関する考察を終えたところである。まだ二つの懐疑主義が残っている。最後に、この考察に取り掛かろう。この考察のなかでわれわれは古代懐疑主義（B）を間に挟んで哲学と一体である懐疑主義（A）――プラトンの懐疑主義――と独断論に堕する懐疑主義（C）――シュルツェの懐疑主義――とが相対面する様を目の当たりにするであろう。

ヘーゲルが懐疑主義を評価する根本的な立場は「あらゆる真の哲学と懐疑主義そのものは最内奥において一体だ」（II, 227［23］）ということである。この立場を彼は次のようにも言い換えている。すなわち「懐疑主義でも独断論でもなく、両者とも同じであるような哲学がある」（ebd.）と。彼に言わせれば、このような洞察を欠く限り「懐疑主義の歴史や解説や新版はどれも無に帰する」（ebd.）[124]。シュルツェに欠けているのは懐疑主義を認識するための肝心な点、すなわち「懐疑主義と哲学との関係であって、独断論との関係などではない。……それは総じて哲学そのものの概念である」（ebd.）。

ヘーゲルがプラトンの対話篇中とりわけ『パルメニデス』を高く評価していたことをすでに指摘しておいた。彼にとって「懐疑主義と哲学との関係」を論じるここでも手本として仰がれているのは、この対話篇にほかならなかった。「プラトン哲学のなかで『パルメニデス』をおいて他に真の懐疑主義の完全で独自の記録、体系は見られようか」（II, 228［24］）と、このことを彼は強調している。それが「知識の全領域を包括し、破壊するからである」（ebd.）。周知のとおり、『パルメニデス』とは、プラトン中期の対話篇であり、ここで彼は自身がそれまでに立ててきた哲学の中心説、イデア論を批判したものであった。ヘーゲルの確認に従って言えば、それは「事物を多様、部分からなる全体、生成と消滅、多、類似等として認識し、客観性を主張する知性の真理を疑うのではなく、そのような認識の全真理を全面的に否定する」（ebd.）ものである。もっとも、すでに古代においてプラトンが懐疑主義者なのか、それとも独断論者なのかは論争の的となっていた。古代の哲学者たちの評伝を著した、かのディオゲネス・ラエルティオスもこの点に言及していた（『哲学者列伝』第三巻五一節）。

ヘーゲルもこの点に注目しつつ、この論争についての記録が今日では失われているため、セクストスの『ピュロニズム概要』第一巻二二二節に注目する。そこではプラトンは独断論者と見なされていた。セクストスはそれを当論争において懐疑派の領袖だったアイネシデモスとメノドトスの見解として紹介している。すなわち彼らによって「プラトンは独断論者とされる」と（II, 234〔32〕）。その理由として挙げられていたものは「イデア、摂理、悪徳の生に勝る徳の生について〔語る〕場合、もしそれらを存在するものと見なしているならば彼は独断的だし、あるいは、もしより確かなもの（πιθανωτέροις《ピタノテロイス》）に同意しているならば確信不確信という点に関して何らかのものを他方よりも勝ると見なすことによって、彼は懐疑的性格から逸脱していることになる」（ebd.）というものだった。

ヘーゲルはイデアの実在性を主張するプラトンの哲学すなわち「プラトン主義」をセクストスに倣って「理性の自己認識」詳しくは「理性が自己を自己自身によって認識する」と規定し、セクストスがこれを否定している点に注目する。彼はプラトンにおける「理性の自己認識」を知らないわけではないが、これを『パルメニデス』における例の全体と部分に関する議論と類似の議論を持ち出して骨抜きにする。すなわちこの議論によって「理性が全くの主観に逆転されてしまう」(II, 236 [35])。あるいはまた、彼は「理性を一定の場所で生ずる現象に引き下げる」ことによって「理性の自己認識」を否定する。けだし、理性がどの場所を占めるか(頭か胸か等々)「この点に関して独断的哲学者たちの見解が一致しない、つまり理性は自己自身を捉えない」(ebd.)というわけである。

このように「理性の自己認識」を主張するプラトン主義に対抗して展開されたセクストスの懐疑主義に対するヘーゲルの評価は興味深い。彼はそこにむしろプラトン哲学とのある一致を認め、それを高く評価しようとする。「この懐疑主義〔セクストスの懐疑主義〕は、哲学すなわち同時に懐疑主義を自分のうちに含んでいる哲学から身をもぎ離し孤立したにせよ、独断論と(アカデメイア派という名のもとでの)哲学との区別ならびにこの哲学と懐疑主義との大きな一致を理解していた」(II, 237 [36f.])というように。ちなみに、セクストスによれば、当時の哲学は三派に分かれていた。独断論哲学とアカデメイア派哲学と懐疑派哲学とである(『概要』第一章四節)。ヘーゲルの位置づけはむろんこの分類を下敷きにしている。彼はこの三派に対してアカデメイア派哲学の源流としてプラトン哲学すなわち真の哲学を置き、その上で懐疑主義哲学とアカデメイア派哲学との共通点を見ようとしたということになる。

ともあれ、問題は古代懐疑主義と近代懐疑主義との比較、後者の判定である。ヘーゲルはいま見たような判定に続いて、近代の懐疑主義に対して決定的な一撃を加える。「これに引き替え近代の懐疑主義はこのこと〔哲学との関係〕については何も知らない」(ebd.)と。ヘーゲルの見解によれば、古代の真の懐疑主義すなわちプラトンの『パルメニデス』のうちに端的に認められる懐疑主義と独断論の双方をうちに含む哲学（A）と対比すれば、古代の懐疑主義（B）はその否定的な側面を強調するものであるのに対して、近代の懐疑主義、ここではシュルツェの懐疑主義（C）は、事もあろうに独断論と手を結ぶに至っているというのである。彼の言うところを聴くことにしよう。

この懐疑主義〔セクストスの懐疑主義〕は確かに哲学のように肯定的側面をもつことはなく、知識との関係においては純粋な否定性を主張してはいたが、哲学に対して敵対はしなかった。……哲学が独断論に化したことに伴って懐疑主義が哲学に敵対することになったのは、それが哲学と世間一般に共通する変貌と同じ歩調を取っていたことを示しており、ついに近代になって懐疑主義は独断論と手を結び、両者にとっては意識の事実が否認できない確実性を有し、現世のうちに真理があるというまでに堕落するに至ったのである。（II, 237f.〔37〕）

ヘーゲルはこのように述べて、さらに古代懐疑主義の例の懐疑の方式すべてを詳細に吟味した上で、古代の懐疑主義と近代の懐疑主義との相違を再び、だが要約的に特徴づける。そこで相違点として挙げられるのは「常識（das gemeine Bewußtsein）という独断論に対抗する懐疑主義の最も高貴な側面」（II, 249〔54〕）である。ここに「常識という独断論」とは、まさしくすでに見たスコットランド常識哲学の衣鉢を継ぐものにほかならないが、この独断論は外界の実在性を信ずるという常識の信憑を「意識の事実」というもう一つの信憑に持ち込んで、その信憑性を主張するものである。そこでは「この意識の事実について屁理屈をこね、この事実を反省的に処理したり分類したりすると、この懐疑主義も学問となり、それは経験心理学であったり、事実に対して適用される分析的な思惟を介せば、どんな理性的疑いにも超然とした多くの諸学となったりする。意識の事実に否認できない確実性と真理を置くこのような野蛮さに対して、初期の懐疑主義も、唯物論も、はたまた最たる常識（das gemeinste Menschenverstand）ですら、……責任はなかったのである。このような野蛮さは最近に至るまで哲学においては前代未聞である」（II, 250［54］）。

5　シュルツェによる反批判（「懐疑的思考法の主要契機」）

『理論哲学の批判』においてシュルツェがこのように「意識の事実」を確実な拠点として諸学を展開したために、彼は『哲学批評雑誌』に論陣を張る少壮哲学徒の批判の矢面に立つことになった。しかもその批判たるや「過剰なまでに論争的[125]」なものだった。えてしてわれわれは今日のわれわれにとってのビッグネームの側からのみ事柄を眺めがちである。だがこれはそもそも大変な時代錯誤でしかない。なぜなら当時はシュルツェの方こそビッグネームだったのであり、ヘーゲルはなお無名の少壮哲学徒にすぎなかったのだから。またわれわれの見方は事柄そのものとしても事の反面いやそれ以下を眺めたことにしかならない。事の当然の成り行きとして、批判に対しては反批判、反論が付きものだからである。実際のところ、ブーターヴェークが編集する雑誌『哲学と文学の新博物館』*Neues Museum der Phi-*

losophie und der Literatur に掲載されたもの（「絶対者に関するアフォリスメン」同誌の第一巻第二冊、一八〇三年）をはじめとして、他の批評紙（たとえば『ライプツィヒ図書新聞』一八〇五年二月）等にも匿名の批判文が出、世を賑わせている。『哲学批評雑誌』の共編者であったシェリングに対するものも含めて。先に掲げた匿名批判文「絶対者に関するアフォリスメン」の筆者が当の本人シュルツェ自身であることが今日判明している。彼は一八〇五年には、ブーターヴェーク編の同じ雑誌（第三巻第二冊）に第二の論考「人間認識に関する懐疑的思考法の主要契機」を寄せている。

前者では特に絶対者を無と規定することの可否が論じられており、後者では独断論と懐疑主義の対立の歴史に即しつつ、タイトルにあるとおり「人間認識に関する懐疑的思考法」を重視した議論がなされており、シェリングの同一哲学に対する批判もそのなかに盛り込まれている。シュルツェの理解するところによれば、絶対的観念論（＝同一哲学）を成立させる知的直観は「あらゆる懐疑主義的疑い」を克服する役割を果たすものとして（III–2, 38）[126]、また「内に秘めたあらゆる奇跡を伴う絶対者の本質によって捉えられる光」（III–2, 46）[127]のようなものとして設定されているが、彼がシェリングを批判して言うには、知的直観すなわちこの「世界を見通す目」は、「夢も見ない熟睡のなかで」活動するものでしかない（ebd.）。「意識を欠いた状態である夜のなかで絶対的観念論者は哲学せざるをえない。だが、「夜中一切のうちに一切を見る」とか「自己を絶対者と同等と見なす」などと彼がどうして思えるか説明すべきであったろう。目覚めたままかの夜の奇跡について何がしか説明することを彼がどうして心得ているかということは依然として謎である」（III–2, 46f.）。

後年（ほぼ百年後）フロイトがわれわれの意識の深層に達する通路を夢に求めたこと（『夢判断』一九〇〇年）はあまりに有名である。[128]だがこのような通路さえ塞がれているとすれば、われわれはどうすればよいのだろうか。「如何ともしがたい」――こう答えるほかない。シェルツェはシェリングの知的直観をこのように通路なき「謎」と見なしたのだった。

シュルツェによるシェリングおよびヘーゲルに対する反批判をテーマとした論考を著したK・R・マイストは、先の文章を引用しつつ、シュルツェのシェリング批判がヘーゲルにシェリングから距離を取らせ、かつシュルツェのシェリング批判を『精神現象学』に活かしていることを指摘している。[129]興味深い指摘である。

次いで本節の考察の最後として、再び「懐疑主義論文」そのものに戻って、その意義とりわけ後年の『精神現象学』に対する意義に関するまとめを行っておこう。

6 「懐疑主義論文」の『精神現象学』に対する意義

樋口善郎が「懐疑主義論文」に関する見事な論文を書いている（「ヘーゲルと懐疑主義」）。[130]当論文は、ヘーゲルのテクストのセクストスやシュルツェのテクストとの関連への目配りはむろんのこと、本節では割愛したヘーゲルの『哲学史講義』における懐疑主義に関する発言を織り込むなど個々の論述の周到さもさることながら、「懐疑主義論文」が『現象学』に対してもつ意義に関して絶妙なまとめを行っている。この絶妙なまとめの要点を紹介することで、本節のまとめに代えたい。

「懐疑主義論文」の『精神現象学』に対する意義を樋口は三つのモチーフのもとに見ている。第一に、常識・意識批判としてのシュルツェ批判、懐疑主義（十の方式）のモチーフ、第二に、懐疑主義（五つの方式）の有限性批判としての有効性のモチーフ、第三に、真の哲学における否定（懐疑）、肯定（理性）の二側面のモチーフ。

まず、第一のモチーフは、シュルツェ批判や十の方式を巡る議論のなかで現われた常識・意識批判のモチーフである。これは、例えば、『現象学』のなかで顕著に表われている。意識そのものを否定するのではなく、意識の現われをそのまま認めながら、それを内部崩壊に導いていく手法は懐疑主義に共通している。(131)

第二のモチーフは、五つの方式を巡る議論において見出されたように、懐疑主義が有限性批判に有効であるというモチーフである。……『現象学』の「緒論（＝序説）」では、現象学のなかで意識が歩んでいく道程が「徹底的に遂行される懐疑主義（＝自己を貫徹する懐疑主義）」「現象的意識の全範囲に立ち向かう懐疑主義」と言われている。これは、第一のモチーフで述べたような意識批判をあらわしているのみならず、意識という有限性の立場を全面的に否定することを意味している。『現象学』においては、意識の立場が同時に有限性の立場であるために、このような二重のモチーフが働いているというように言うこともできるであろう。(132)

そして、『現象学』は哲学への準備段階をなすのである。ところが、更に、『現象学』は、同時に「学の体系第一部」として一つの学である以上、この準備段階には、理性が前提されている。これが真の懐疑主義を巡る議論で明らかとなった第三のモチーフである。／真の哲学には、有限性の否定という真の懐疑主義の側面と理性という肯定面とが含まれている。理性ということで考えられているのは、……永遠にして自己同一でありながら、一切の不等なものがそこから生み出されるもの、関係項を含み込むような関係そのものという絶対的なものである。こういう肯定面がありつつ、同時に有限的なものが否定的側面において否定され、その絶対的なものへと結びつくのである。こういう構造は、『現象学』において現われているが、更には学問的方法において顕著に見られる。(133)

ここで樋口のみならず大方の視野に収められていないものとして少々補足強調しておかねばならないことは、第三のモチーフを含めすべてのモチーフ形式の前提となっていたのがニートハンマーの思弁の立場とシェリングの理性の立場であったということである。ともあれ、「常識と懐疑」という本章で扱った主要テーマのなかでヘーゲル哲学を扱う際、筆者も機会があれば言及、引用しようと思っていたヘーゲルのテーゼがあり、それが『エンツュクロペディー』「予備概念」における「論理の三側面」中の例の第二の側面であった。樋口もまた当然のことながら、先のまとめに続けて三側面に言及するばかりでなく、第二の側面に対してヘーゲルが付加した注解をも引用している。三側面とは、すなわち「抽象的側面もしくは悟性的側面」「弁証法的側面もしくは否定的理性の側面」「思弁的側面もしくは肯定的理性の側面」（VIII, 168）である。第二の弁証法的側面に対する注解は次のとおり。「弁証法的なものが悟性によってそれだけで切り離され、特に学問的に明示されると、それは懐疑主義となる。懐疑主義は弁証法の成果として純然たる否定を含んでいる」（VIII, 172）。見られるとおり、懐疑主義こそ、ヘーゲルにとって、弁証法の魂そのものにほかならなかった。[134]

本節でわれわれの見た「懐疑主義論文」をはじめ、数々の論文、論争文を書きながら、「イェーナ時代」とわれわれが呼ぶこの時代、イェーナ大学での彼の講義題目からも明らかなように、ヘーゲルは独自の哲学体系を打ち立てようと腐心していた。[135] そうした努力のなかから、この時代の最後になって、ようやく彼の出世作となる『精神現象学』は生み出されることになる。

七　ヘーゲルとシェリングにおける常識と懐疑──『精神現象学』と同一哲学

1　『精神現象学』における常識と懐疑の扱われ方

「馬上、市中を巡察する皇帝──この世界霊魂（diese Weltseele）──をぼくは見ました」[136]。一八〇六年十月十三日、ニートハンマーに宛ててヘーゲルはこう書き送っている。この日イェーナはナポレオン率いるフランス軍に占領された。兵士たちが略奪を始めたため、ヘーゲルも避難を余儀なくされた。取るものも取りあえず、バンベルクへ送ることになっていた残りの原稿（「精神」章から「絶対知」章までの原稿）のみを懐に押し込んで。結果十月二十日になってようやく彼はこの原稿を送ることになる。『精神現象学』はしばしば指摘されるとおり「イェーナの戦闘の砲撃の轟く下で完成した」のである[137]。『現象学』の成立についてもう一つ特筆すべきことは、それが「ニートハンマーという先輩の厚い友情のもとで刊行可能となった」ということである。バンベルクのゲープハルト書店との契約では部数一千部、一ボーゲンにつき十八グルデン[138]、支払期限は書物が半分印刷された折にというものだった。だが実際は部数も七百五十部に削られ、支払いも最終原稿入手後ということになった。ヘーゲルは当時金銭難にあえいでいた。バンベルクで官職（地方行政顧問官）についていた先輩ニートハンマーに窮状を訴えたところ、彼は版元に十月十八日までに原稿を渡さなかった場合、彼が版の全部を買い取ると約束してくれた[139]。ヘーゲルは最終原稿（「序言」を除く「精神」章から「絶対知」章までの原稿）を二日遅れで版元に送ったことになる。

この著作のための原稿の執筆は一八〇五年五月に開始されたが、この著作『精神現象学』——最初の構想では『意識経験学』——の原稿は、このように分散して版元に送られて印刷され、一八〇七年四月に書物となった[140]。執筆順序としてはおそらく「序説 Einleitung」と本文の前半（「感覚的確信」章から「理性」章）が執筆され、次いで本文後半（「精神」章から「絶対知」章）が執筆され、最後に「序言 Vorrede」が書かれたものと推測される[141]。書物となった折のタイトルでは「学問の体系」とまず大書され、そうして著者名および著者紹介が続き、その下に「第一部　精神現象学」と記されている。要するに、『現象学』はヘーゲルの「体系第一部」ということになる。当初の構想では「体系第一部」として、序説と論理学を含むことになっていたのだが、序説がふくらんでそれだけで一冊の書物になってしまった。[142] なおこれのみに留まらず、後に学問体系として刊行した『エンツュクロペディー』（一八一七、二七、三〇年）では、彼は「精神現象学」を、第一部「論理学」、第二部「自然哲学」、第三部「精神哲学」という三部構成のうちの最後の第三部の中に縮小して組み込んだものだから、益々問題が複雑になった。『現象学』は「体系」の一部なのか、それとも体系への「導入」なのかという疑問が当然生じてくるからである。

この問題はヘーゲル哲学体系に関わるものだったが、著作としての『現象学』のテクストの構成そのものにも問題があった。それが章立てに明瞭に現れていた。章立てが二重になされているのである。一つはアルファベットで指示されている「A 意識」「B 自己意識」「C 理性」であり、いま一つはローマ数字で指示されている「I 感覚的確信」「II 知覚」「III 力と悟性」「IV 自己自身という確信の真理」「V 理性の確信と真理」「VI 精神」「VII 宗教」「VIII 絶対知」である。書き進めているうちに「理性」の部分がふくらんで、「精神」と「宗教」の章が独立の章となったのが実情であろうが、これによって認識論的な常識批判という当初の構想（「意識の諸形態の叙述」）の枠をはみ出して、歴史的な叙述（「世界の諸形態の叙述」）が付け加わることになった。これが後半部をなす。いま「付け加わる」と言ったが、追加分は分量的にはたとえば「精神」の章だけでも本文全体の三分の一を占める。読者の関心も「精神」章に集まることが多いように見受けられる（もう一つは「自己意識」章における「不幸な意識」）。

それぞれ論ずべき問題山積で、それぞれに論文どころか研究書、解説書が多数刊行されているほどだが、[143] 本書の最初の章の主題は従来の研究ではほとんど論じられなかった「常識と懐疑」の問題であり、本節で主題とすべきは『現象学』において「常識と懐疑」の問題がどのように扱われているかということである。これまですでに折に触れて言及してきたとおり、「常識」は『現象学』では「自然的意識」と呼ばれている。「自然的意識」を「常識」と読み替えて、「『現象学』では全編あげて常識批判が展開されている」と言えれば事は簡単なのだが、単純にそうとは言えず、それは正確に言えば、むしろ前半部の「理性」章までで、とりわけ濃厚なのは最初の「感覚的確信」や「知覚」に関する章である。[144]「精神」章以降は、この点では別個の叙述と見なすべきかもしれない。『現象学』は二重の目次が立てられていた。

ともあれ、われわれの主題に即して注目すべきは「序説」すなわち「意識経験学」という立場から試みられた『現象学』に関する予備的解説である。そこには、「自然的意識」（＝「常識」）に対する批判、吟味が一種の懐疑の遂行であること、しかも、その叙述の全体が「自己を貫徹する懐疑主義」にほかならないことが語られている。以下、この点を見て行こう。

2 「意識経験学」としての『精神現象学』

「序説 Einleitung」では最初、認識批判というものが真理に到達するものでないことが言葉を尽くして語られる。それは、ヘーゲルに言わせれば、真理を獲得するための手段や媒体の吟味でしかないからである（III, 68–70［75–78］）。その語り口調に注目して言うと、それが、彼がイェーナ初期に『哲学批評雑誌』で論争に明け暮れていた頃の論争的な文体に類似している点が興味深い。

「序説」は次いで「意識経験学」に関する叙述の仕方について予備的に解説される。学問が登場してくる場合、これはまだ登場したばかりだから、これを他の知識と並ぶ現象と見なしてはならないことがまず注意される。「学問はこのような見かけから解放されねばならないが、このことをなしうるのは、学問がこの見かけを論駁することによってのみである」(III, 71 [79])。ヘーゲルはここでかつて『差異書』において論じた「思弁と常識の関係」の問題に再び直面している。「見かけの論駁」とは学問(思弁)による常識批判にほかならないからである。彼は先の発言の後さらに言葉を続ける。「というのも、学問は真でない知識を事物に関する常識(eine gemeine Ansicht)[145]だと拒否して済ませることも、学問が常識とは全く別の認識であり、かの知識〔＝常識〕が学問にとって全くの無だと断言することもできなければ、かの知識そのもののうちでもっとましな知識の予感に訴えることもできないからである」(ebd.)。

ヘーゲルは、ここで彼の打ち建てようとする学問すなわち思弁哲学がシェリングの設定した道を進むものでもなければ、フィヒテの設定した道を進むものでもないことを暗示している。

3 常識と哲学の関係をめぐるシェリングとヘーゲル

ここでの「常識に関する断言」はシェリングの見解と関係し、また「もっとましな知識の予感」はフィヒテの見解と関係があると金子武蔵は彼の訳書に注記している。[146] ここではシェリングのみに注目しておこう。「学問が常識(金子訳では「凡俗の見解」)とは全く別の認識だ」という「断言」を、金子はシェリングのものと見なすのだが、金子はそうするだけで肝心の出典を明記していない。『現象学』の出た一八〇七年以前のシェリングのテクストのなかで「常識」に関する、もしくはそれに類するシェリングの発言はさほど多くない。筆者の眼に止まった限りでは、たとえば『超越論的観念論の体系』(一八〇〇年)と「哲学体系の詳述」(一八〇二年)にわずかに散見されるだけである。これらについては最後にもう一度改めて考察を加えるつもりだが、ここでは若干その準備的なコメントを加えつつ引用しておこう。

まずは当『体系』第二節。そこで、シェリングは自然哲学者の立場(客観の立場＝実在論)と超越論的哲学者の立場(主観の立場＝観念論)との対立を除去する手段を「絶対的懐疑主義」のうちに見、そうして、それと「人間の常識的な先入観」との関係について語っている。この点でこれは、われわれの主題に密接に関連する興味深い箇所である。「この除去手段は絶対的懐疑主義である。——これは半端な懐疑主義ではなく、断固たる懐疑主義(der durchgreifende Skeptizismus)である。半端な懐疑主義は人間の常識的な先入観(das gemeine Vorurtheil)にだけ向けられており、けっして根底を見ないものであり、断固たる懐疑主義は個々の先入観ではなく、あらゆる他のものがおのずと没落せざるをえない根本的な先入観に向けられる」(III, 343)。この箇所はシェリングの発言そのものとしても興味深いばかりでなく、間もなく見ることになる「自己を貫徹する懐疑主義」(der sich vollbringende Skeptizismus)とみずから『現象学』を規定したヘーゲルの自己規定との関連からもすこぶる興味深い。シェリングの発言はヘーゲルのそれに七年も先立っている。[147]

次いで「詳述」第一章中の文言。「絶対的認識ということで、われわれが何らかの点でそれを超える高次のものがないものだけを理解しようとするならば、誰しも、いや常識（der gemeine Verstand）でさえも（jeder, auch der gemeine Verstand）、そのような認識を所有していることをわれわれは認めざるをえないであろう。誰しも真理と信憑《しんぴょう》に関する何らかの究極最高の物差しをもっているからである。誰しもたとえば外的な感覚的事物の存在や自分自身の存在について確信する機会を与えられる度に無自覚ながら物差しをあてがうのである」（IV, 339）。ここでは、用語としてもはっきりと当時「常識」を指示した常套語 der gemeine Verstand が用いられているばかりか、それと「絶対的認識」との関係にまで話が及んでいる。これはヘーゲルが『差異書』で「思弁と常識の関係」の問題を扱った翌年にシェリングが同じ問題について発言したものである。ヘーゲルはその冒頭で「常識は人間にとって正しい立場である。人間はそこから出発し、そこに帰る」（II, 31［27］）と述べていた。

あるいはもう一つ、「詳述」第二章。「理解すべきことは、なぜ哲学が無能をことさら顧みる義務を負うのかということではなく、むしろ哲学への通路をきっぱり遮断し、常識（das gemeine Wissen）から哲学へと、道、歩道が通じないように〔哲学を〕全面的に常識から隔離することである」（IV, 362）。[148] ここでシェリングが強調しようとしていることは、彼の同一哲学が拠って立つ基本的な立場、「知的直観」の立場が「常識」の立場と隔絶したものだということである。この点については、後に詳しく考察するので、ここではこれ以上立ち入らない。ここでは、先に掲げたヘーゲルの「常識と哲学」に関連する発言が、いま引用した箇所とどうやら関係づけることができるであろうことを指摘すれば足りる。

4　「自己を貫徹する懐疑主義」としての『精神現象学』

話を先へ進めよう。「序説」を読み進めて行くと、ヘーゲルが『現象学』を一種の「懐疑主義」と規定する箇所にわれわれは行き着くであろう。われわれは「序説」における『現象学』の叙述の仕方に関するヘーゲルの予備的解説に眼を向けたが、そのなかで彼は（われわれにとっては常識に相当する）「自然的意識」の特徴について述べていた。本文での叙述にも少々触れつつ、その内容を見てみよう。

自然的意識の特徴は、たとえばその典型として本文の最初（第Ⅰ章）に登場する「感覚的確信」を持ち出して言えば、「それあり」あるいはより端的には「このものあり」という直接的な存在信憑《しんぴょう》のように自分の知識を「実在的知識」だと思い込むことである。だが「このものとは何か」という吟味を始めた途端にその信憑も揺るぎ出し、結局のところ個物の認識といえども「普遍」という一般概念が前提されていることが判明する（III, 82ff.［95ff.］）[149]。これによって自然的意識は、客観的にはあるいは哲学者としての「われわれ」の立場からすれば（für uns）、一歩、事柄の概念つまり真実に近づいたことになるが、主観的にはあるいは当の意識にとっては（für es）、「概念の実在化であるものがむしろ自己喪失と見なされる。というのも、意識はこの道中に自分の真理を失うからである」（III, 72［81］）。真理もしくは絶対知への歩みは意識にとっては自分の真理を失う自己喪失の道でしかない。ヘーゲルはそれゆえ、これを「懐疑の道」あるいはより強烈に「絶望の道」と特徴づける。これは一種の「懐疑主義」であるがゆえに、彼は『現象学』の叙述全体を「自己を貫徹する懐疑主義」（der sich vollbringende Skeptizismus）（ebd.）とも特徴づける。この特徴づけには、かつて「懐疑主義論文」で表明された彼の「古代懐疑主義」に対する熱い思いが色濃く投影されているように思われる。[150] この懐疑主義においては、どのような言説・主張も没落の憂き目を見るほかない。「いかなる言説にも、それと同等の言説が対置される παντὶ《パンティ》 λογῳ《ロゴー》 λόγος《ロゴス》 ἴσος《イソス》 ἀντίκειται《アンティケイタイ》」(II, 230) からである。古代懐疑主義、とりわけピュロニズムの真髄は、シュトイトリンも強調していたように「判断保留《エポケー》」にある。むろん『現象学』では「判断保留」が最終結果となるのではなく、ヘーゲルはこの点で異なった見解を提起することになるのだが、ただ懐疑主義の徹底という点に関して、彼はそれが「現象的意識の全範囲に立ち向かう懐疑主義」(III, 73 [82]) であることを強調している。『現象学』は、このようなものながら、古代懐疑主義、ピュロニズムとは、その結果において正反対のものである。それがむしろ「意識そのものを学問にまで形成する詳細な歴史」(ebd.) を叙述するものだからである。『現象学』に叙述される、この「意識の歴史」「意識の道程」は、このような意味で、懐疑主義を徹底することによって懐疑主義そのものを克服する道ともなっている。わざと行う懐疑――われわれが「方法的懐疑」と呼ぶ懐疑――によって、懐疑主義そのものを克服し、哲学の根本原理を発見したデカルトにも似て。

ヘーゲル自身、「序説」のなかで、後に本論の「自己意識」の章(第Ⅳ章)で扱う学問体系を樹立したストア派に対抗した古代懐疑主義についてもコメントしている。それは彼が試みる『現象学』の叙述が単に否定的側面をもつものではないことを強調するためのものである。彼は言う。「真実でない意識を真実でないと叙述することは単なる否定的な運動ではない」(ebd.) と。これを「単なる否定的運動」と見るのが古代における例の「懐疑主義」である。それは『現象学』の叙述においては「不完全な意識の形態のうちの一つ」にほかならない。「不完全な意識の形態のうちの一つに懐疑主義があり、これは結果のうちにつねにただの無だけを見、この無が明らかに結果として出てくる元のものの無であることを捨象する。だが、無はそれが出てくるものの無として受け取られると、実は真実の結果にほかならず、これによって、それ自身限定された無であり、ある内容をもつ。無もしくは空という抽象で終わる懐疑主義はここから先へ進めず、新たなものが現れるかどうか、またそれが何であるかを待望せざるをえないが、それは新たなものを同じ空虚な深淵へ投げ込むためでしかない」(III, 74 [82f.])。

『現象学』には『現象学』固有の方法があり、それが意識自身による意識の自己吟味という方法である。これによって、「いかなる言説にも、それと同等の言説が対置される」という「同等価値設定 Isosthenie」という懐疑主義の構造、仕掛けが内在化され、「判断保留《エポケー》」が回避される。「われわれは意識そのものが立て、知識にあてがう物差しをもっている。……〔言い換えると〕概念と対象、対他存在と対自存在とがわれわれが探求する知識そのものに属しており、われわれが物差しを持ち込んだり、われわれの思いつきや考えを使用するには及ばない。われわれはこれらを捨て去ることによって、あるがままの事柄を考察するに至るのである」(III, 77 [86f.])。

あまりにうまくできすぎているように思われるが、できすぎているのはこれだけではない。すでに引用した箇所を再び引用するが、そこでは哲学者は高みの見物を決め込むことすら可能である。「概念と対象、物差しと吟味されるものとが意識そのもののうちにあるというこの側面から言えば、われわれによる手出し(eine Zutat)は余計なものとなるばかりでなく、われわれは両者を比較して本来の吟味を行う労苦さえ免れる。意識が自分自身を吟味するのだから、この側面から言っても、残るはただ高みの見物（das reine Zusehen）のみである」（III, 77［87］）。このような発言を見るにつけ、「知的直観」による常識との決然たる決別、哲学の常識からの全面的隔離なしには成立しないシェリングの「同一哲学」とは異なって、常識の営みを営みとして全面的に認め、常識の没落を常識そのものに委ねる余裕すら生み出しているのがヘーゲルの「意識経験学」だと言わざるをえない。そこでは常識の歩む道がそのまま学問に向かう道となっている。彼自身、余裕綽々次のように言っている。「このような必然性によって学問そのものに到達するこの道からして、すでに学問であり、結局、内容からも意識経験学である」（III, 80［91］）と。

5　シェリングにおける常識と哲学

漁夫の利あるいは後知恵というものがあるとすれば、ヘーゲルはその恩恵に浴したのかもしれない。シェリングは二十五歳の若さで『超越論的観念論の体系』（一八〇〇年）という体系を構築し、さらに翌年、「わが体系」とさえ銘打つ「主客総無差別」としての「絶対理性」を根本原理とし、そこからあらゆる命題を導出する自前の体系（「同一性体系」）を世に問い（「わが哲学体系の叙述」）、さらに翌年にはそれを「詳述」する（「哲学体系の詳述」）。特に後者「同一性体系」が数年隔てて、しかも盟友であったヘーゲルによって手厳しく批判されるに至る（『現象学』「序言」）。曰く「一色に塗りつぶされた形式主義」（III, 21［15］）。曰く「すべての牛が黒い夜」（III, 22［16］）。曰く「ピストルから弾丸が飛び出したかのようにいきなり絶対知から始める熱狂[151]」(II, 31 [26])。

このような言辞に接することになったシェリングの不快のほどは想像するに余りある。周知のとおり、イェーナ招聘に尽力し、無署名にて、当代の面々と論争するための共同戦線まで張った(『哲学批評雑誌』)、その盟友とシェリングは結局これが元で決裂してしまう。本章の考察の最後に、シェリングの肩をもって次の点を指摘しておこう。筆者の想像するところによれば、彼が決裂にまで踏み切った理由は単にヘーゲルからこのような批判を浴びたことのみにあるのではなく、ヘーゲルの出世作『精神現象学』における今日われわれもなおそれに特有のものと見なしている数々の特徴的な発言の多くが、シェリングによって数年も前に打ち出されていた当のものにほかならなかったという点にあったのである。むろん、それらは単なる着想、トルソーに留まるものにすぎなかったにせよ。

まずはヘーゲルによる『現象学』に対する懐疑主義規定に眼を向けるとしよう。これとても遡れば、シェリングの『超越論的観念論の体系』第二節の次の発言——すでに引用した次の発言——に淵源するものと見なすことができるであろう。「超越論哲学にとって、主観が第一のもの、全実在の根拠、あらゆる他のものの唯一の説明原理だとすれば、超越論哲学は必然的に客観の実在性に対する全般的懐疑(der allgemeine Zweifel)から始まる」(III, 343)。

シェリングは、自身の超越論哲学すなわち観念論を、すでに「懐疑主義」——しかも「絶対的懐疑主義」もしくは「断固たる懐疑主義」と規定していた。われわれは日常生活のなかで様々な「常識的な先入観」を抱くけれども、それらの根底には根本的な先入観が横たわっている。この「あらゆる他のものがそこへと還元される根本先入観なるもの（das Eine Grundvorurtheil）とは『われわれの外部に事物が存在する』というもの……直接的確信（die unmittelbare Gewißheit）を要求する信憑（ein Fürwahrhalten）にほかならない」（ebd.）。ここにわれわれは「われわれの外部に事物が存在する」というわれわれにとっては――シェリングは「直接的意識」（ebd.）という語も用いており、この語を用いて言えば、「直接的意識」にとっては――最も確実と思われる存在信憑、根本的な先入観、言わば常識の最たるものが、最初の段階として、その上にさらなる段階が積み上がっている様をわれわれは想像することができる。そうしてまたわれわれはこれらが克服されて行く過程、これらの全先入観、全常識が最終的に払拭される最高の段階へと登りつめて行く過程をも想像することができる。常識が「感覚的確信」という最も素朴な存在信憑からスタートして、最後に「絶対知」という最高の段階、哲学者の境地にまで上りつめる道程を「意識経験学」として描き出したもの、これがヘーゲルの『精神現象学』にほかならなかった。見られるとおり、『現象学』に六年も先立って、単なる着想に留まるものとはいえ、シェリングは一八〇〇年の『体系』においてすでに『現象学』に似た構想を提示していた。確かにここ（『体系』第二節）では「絶対知」という言い方はなされておらず、「直接的良心（全知）」という語が用いられているにすぎないにせよ、『体系』が立ち向かった課題は『現象学』のそれと同じである。先入観、常識が抱く思い、シェリングのここでの表現に従って言えば「本性上、直接確実ではありえない命題」――これが「直接的良心（全知）」と同じものであること、「この同一性を明らかに示すことが、本来超越論哲学の仕事であろう」（III, 344）とされているからである。そうして、この超越論哲学の仕事、これこそ「懐疑主義」の遂行そのものにほかならなかった。シェリングは、すでにここ『体系』において自身の課題の遂行を、後にヘーゲルも行うように、「懐疑主義」の遂行になぞらえていた。この点でも『現象学』の出現はシェリングにとって不快な出来事であったに違いない。ヘーゲルによって『現象学』の道が「懐疑主義の道」と規定されたことは自身の着想の横取り、剽窃とさえ彼には思えたであろうから。

シェリングはすでに述べていた。自然哲学者の立場（客観の立場＝実在論）と超越論哲学者の立場（主観の立場＝観念論）との対立・相克を除去する手段は「絶対的懐疑主義」である、と。「この除去手段は絶対的懐疑主義である。――これは半端な懐疑主義ではなく、断固たる懐疑主義（der durchgreifende Skeptizismus）である。半端な懐疑主義は人間の常識的な先入観（das gemeine Vorurtheil）にだけ向けられており、けっして根底を見ないものであり、断固たる懐疑主義は個々の先入観ではなく、あらゆる他のものがおのずと没落せざるをえない根本的な先入観に向けられる」（III, 343）。

「詳述」では、「懐疑主義」は絶対知と絶対者との一致を説く第二章に登場する。そこでは「悪しき懐疑主義」と「真の懐疑主義」とが区別される。ここでシェリングが「悪しき懐疑主義」と呼ぶのは「批判主義」のことであって、これは反省によって生ずる矛盾を超えることができない。これができるのは反省に対抗する思弁のみであって、これが「真の懐疑主義」にほかならない（IV, 365）。

同一哲学を提示する論考として、当然のことながら、絶対者、絶対知、絶対的認識のオンパレードである「哲学体系の詳述」（一八〇一年）が、最初に同一哲学を提起した「わが哲学体系の叙述」（一八〇一年）と大いに異なる点は、その冒頭（第一章第一節）に「叙述」には見られなかった絶対知以前の低次の認識様式に関する議論が収められたことである。ここに、当然のことながら常識と絶対知との関連に関する議論が見出される。「絶対的認識ということで、われわれが何らかの点で絶対的認識を超える高次のものがないものだけを理解しようとするならば、誰しも、いや常識（der gemeine Verstand）でさえも、そのような認識を所有していることをわれわれは認めざるをえないであろう。誰しも真理と信憑に関する何らかの究極最高の物差しをもっているからである。誰しも、たとえば外的な感覚的事物の存在や自分自身の存在について確信する機会を与えられる度に無自覚ながら物差しをあてがうのである」（IV, 339）。

ここでシェリングは当のそれ自身無自覚ではあれ、常識のなかに絶対的認識に通ずるものを認めている。それでは、常識はどのようにして絶対的認識・絶対知に到達するのであろうか。シェリングの場合、三つの段階が想定されている。彼はここで「力動過程の一般的演繹」（一八〇〇年）という自然哲学論文で初めて用い、同一哲学を確立した例の論文「叙述」（一八〇一年）に引き継いだ「ポテンツ」概念を用いることになる。[152] すなわち「存在するすべてのものが一般に有限、無限、永遠という三つのポテンツに帰着するように、認識のあらゆる相違もただの有限な認識か、無限な認識か、永遠の認識かということに基づいている」（IV, 340）。存在の三段階に対応した認識の三段階は、たとえば第一の段階は「常識」であるのに対して、第二と第三の段階は「悟性認識」と「理性認識」（IV, 342）と呼ばれる。そうして具体的内容としては「悟性認識」の代表として数学における認識が取り上げられており、したがって「理性認識」は当然、哲学ということになるが、その内実は、同一哲学に特徴的であるように「知的直観」にあり、この点できわめてプラトンの思想に類似した認識の発展論となっている。[153]

周知のとおり、プラトンは『国家』篇の「線分の比喩」において、(1)「影」に対応する「影像知覚」、(2)「感覚的対象」に対応する「確信」、(3)「数学的対象（学問的対象）」に対応する「悟性的思考」、(4)「イデア（哲学的対象）」に対応する「知性的思惟」という対象と認識双方の四段階を設定していたが[154]、これらのうちの第一段階を除いた三段階がぴったりシェリングの三段階に対応している。また『第七書簡』では、最高の段階である哲学的知は互いに問答を重ねるうちに「そこから『突如として』言わば飛び火によって点ぜられた燈火にのように魂に生じる」ものとされた。これすなわち「知的直観」にほかならず、その対象は「ほかの学問のように言葉で語りえない」とされた[155]。「詳述」において、シェリングも「知的直観は教えられない」(IV, 361) ことを強調するが、ただそれは『国家』篇でも『第七書簡』でもなく、『プロタゴラス』篇に倣ったものであった。周知のとおり、プラトンはそこで「徳は教えられるか」という問題を論じていた。そうしてこの問題に対する答え、それは「徳は教えられない」というものであった (ebd.)。ともあれ、プラトンにとってもシェリングにとっても、知的直観は他のあらゆる認識とは隔絶したものにほかならなかった。「詳述」第二章——すでに記したとおり、この章は絶対知と絶対者とが同一であることを説く箇所である——において、シェリングは「知的直観は教えられない」ことを強調して後、すでに引用したとおり次のように言う。「理解すべきことは、なぜ哲学が無能をことさら顧みる義務を負うのかということではなく、むしろ哲学への通路をきっぱり遮断し、常識 (das gemeine Wissen) から哲学へと、道、歩道が通じないように〔哲学を〕全面的に常識から隔離することである」(IV, 362)。

6　ヘーゲルにおける常識と哲学

ここまで、シェリングの肩をもって考察を進めてきた。最後に再びヘーゲルに戻って両者を比較してみよう。ヘーゲルはおそらく右に引用した文言などを念頭に置きながら、後年（『現象学』「序説」）シェリングの同一哲学を、常識を拒否し、一人哲学（「知的直観」）に立て籠もり、「天才の霊感」を気取るものとして批判することになる。この時期、シェリングにも常識と哲学（思弁）との関係に関する考察がなかったわけではない。それが「詳述」第一章の前半部であった。しかしながら、これと『現象学』の「理性」章までの叙述を比較してみれば、後者の叙述の豊かさ、充実ぶりは前者を圧倒している。勝負にならない。「常識と思弁の関係」に関する考察を深くかつ執拗に行ったのはヘーゲルのほうだった。この点でヘーゲルに一日の長があった。イェーナ時代における彼のこの問題に関するこだわりはたとえばこの時代に終わりを告げる最後の著作の「序言」末尾に如実に現れている。ヘーゲルは、『現象学』の「序言」で、自身の哲学の要諦を縷々述べた後に、それを結ぶにあたって「常識と哲学との関係」の問題を取り上げ、自身の考えを開陳する。

哲学の道は「精神が知識に至る豊かにして深い教養の長い道程」（III, 63［66］）であり、これを叙述するのが『精神現象学』にほかならない。しかるに現状を見るに詩的な思考とありふれた常識とが歩みを同じくして哲学に対抗している。彼らは「無知にして形式も趣味も欠く粗野そのものであり、思考を抽象的命題にまとめ上げることも、多くの命題の連関にまとめ上げることもできない」にもかかわらず、自分たちの行っていることが「思考の自由と寛容なのだ、天才の霊感なのだと断言している」（ebd.）。

ヘーゲルはここで「思考の自由と寛容」を標榜する常識と並べて、「天才の霊感」を吹聴するロマン派、おそらくは雑誌『アテネーウム』[156]（一七九八－一八〇〇年）で論陣を張ったイェーナロマン派を代表するシュレーゲル兄弟たちを批判している。彼らは「概念的に思考できないことを直観的詩的に思考するものと取り違えて、なまじ思想によって台無しにされた想像力の勝手な抱き合わせを市場に供している」（III, 64［66］）と。この「抱き合わせ」たるや、ヘーゲルに言わせれば「魚とも肉ともつかぬ代物、詩とも哲学ともつかぬ代物」である[157]（ebd.）。

常識と哲学との関係に話を戻せば、常識にとって哲学ほど非常識なものはない。人々がしばしば不平を鳴らすとおり、哲学は訳の分からない屁理屈をこねるばかりであり、詭弁でしかない。ヘーゲルが言うには「『詭弁』というのは常識が学識豊かな理性に対して投げつけるきまり文句である。これは哲学に無知なるがゆえに、このような理性が『夢想』と決めつけられるのと同じである」（III, 64［67］）。

先の「常識＝詭弁・夢想」発言に続き、ヘーゲルは盟友にして有難い先輩ニートハンマーの、かつての常識論を想起しつつ言葉を重ねる。「常識は感情（das Gefühl）、内的神託に訴える」（III, 64f.［67f.］）ものである、と。すでに見たとおり、ニートハンマーの常識論によれば、常識哲学は常識が下す判断の普遍妥当性の確信に関して「学問的確信」を根拠とするのではなく、「ある感情」（ein Gefühl）すなわち「その確信の直接的意識」に依拠しているにすぎないとされていた[158]。ヘーゲルに言わせれば、そのようなわけで「常識家は意見の一致しない人は相手にしない……言い換えると人間性の根幹を蹂躙する。というのも、他人と一致するように迫るのが人間性の本性だからである」（ebd.）。普通のもの言いに見えて、その実こうした発言には、シェリングのように常識と哲学とを隔離させる一種の貴族主義、天才礼賛に対する拒絶の思いがすでに含まれていた。そうしてシェリングとは袂を分かって、常識と哲学との橋渡しをするもの、これこそ『精神現象学』という著作にほかならなかった。だからこそ彼は言う。「学問に通ずる王道について問われれば常識（der gesunde Menschenverstand）をあてにすることほど気楽な道はないと言えるし、また時代、哲学とともに前進したければ（『イェーナ公衆図書新聞』の予約購読者が二千人に達する御時世である）、哲学書に関する書評やその序言、最初の数節を読みさえすれば事足れり、これほど気楽な道はないと言える。……このような常識の道は部屋着でうろうろしているだけだが、永遠、神聖、無限といった高揚した感情ともなると高僧の僧衣をまとって大道を闊歩する。これはむしろ……深淵で独創的な理念、高度な思想の閃きたる天才の霊感である。……だが真の思想と学問的洞察は〔本書『現象学』で試みるような〕概念の労苦のなかでのみ獲得でき、概念だけが知識の普遍性を生み出すことができる。この普遍性は常識（der gemeine Menschenverstand）のありふれた（gemeine）曖昧さ貧弱さではなく、学識豊かで完全な認識であり、また天才の怠惰と自負で台無しにされつつある理性の素質の非常識な（ungemeine）普遍性でもなく、原産にまで育成された真理である。――このようなものにして初めて自己意識的な全理性の財産たりうる」（III, 65 [68f.]）。

この条《くだり》は「常識」に対しても「天才の霊感」に対しても、それらを前にしてひるむことなく、自身の骨の折れる「概念の労苦」の立場を高らかに掲げた紛れもないヘーゲルの哲学宣言である。かつて若きマルクス（『経哲草稿』）が『現象学』を称して「ヘーゲル哲学の生誕地」と言ったのも頷ける。このような宣言が可能となったのも、それはひとえに無名の少壮哲学徒がふんだんに懐疑主義の精神を吸い込んだことによる。ヘーゲル哲学は、これまで見てきたとおり、徹底した懐疑主義をかいくぐって成立した。これとは反対に、年少の友人にして思想的な先導者、一躍名を馳せた少壮天才哲学者シェリングのほうは「常識」に対しても、またその対極に位置する「懐疑主義」に対してもさほどこだわりをもっていなかった。「懐疑主義」に関して言えば、たとえば一八〇〇年の自然哲学論文「力動過程の一般的演繹」では、シェリングは次のように言っている。[159]「哲学のなかで懐疑に陥り、根底を洞察しないすべての人々に呼びかけたい。自然学に来たれ、真なるものを認識させよう！」（IV, 77）。デカルトのスローガン（「我に物質と運動を与えよ、さらば宇宙を構成してみせよう」）を文字った自信に満ち満ちたシェリングのこの宣言も、『現象学』出現後は神通力をすっかり失う。シェリング自身エアランゲン講義（一八二一年）ともなれば、本気で正真正銘懐疑的になり、自らを「無知」の隘路へ追い込み、「学問の沈黙」ということすら口にするに至る。はたしてこれはヘーゲル『現象学』出現のショックの大きさを物語るものであろうか。この問いを念頭に置きつつ、次章において『現象学』出現以後のシェリングの思想の変貌（『自由論』から『世界生成論』草稿を経てエアランゲン講義『学問本性論』に至る）を追跡することにしよう。

第二章　自由と脱自

ヘーゲル、シェリング、西田

序　ヘーゲルとの共同から決別、対決へ

一八〇一年に始まったイェーナにおけるシェリングとヘーゲル、二人の共同、とりわけ『哲学批評雑誌』の共同編集作業とその刊行は、すでに触れたとおり、一八〇三年のシェリングのヴュルツブルク大学への転任によって終わりを告げる。一方でヘーゲルは引き続きイェーナの地で繰り返し体系構想を練り直しつつ出世作『精神現象学』(一八〇七年刊)を完成し、他方シェリングは教授として新しく赴任した大学にてイェーナ大学で行ったのと同一テーマを手直しした仕方で講義するばかりでなく(一八〇三―〇四年冬学期の「芸術哲学」)、最初短い雑誌論文「わが哲学体系の叙述」として公表した同一哲学の体系を講義において詳論、敷衍する(一八〇四年夏学期のヴュルツブルク講義「全哲学の体系」)。この間、著作としては『哲学と宗教』(一八〇四年)が公刊される。(1) また新たに『学問としての医学年報』をマルクスとともに編集し刊行する。(2)

当『医学年報』が刊行された年一八〇六年の五月には、シェリングはミュンヘンに移住し(ミュンヘン・アカデミー会員)、彼のミュンヘン時代が始まるが(一八四一年のベルリン大学への招聘まで)、その間に一八二〇年から二七年に至るエアランゲン大学での教授時代が挟まっている。(3) 本章前半(第一―五節)の考察の目的は、この折の講義の一つに登場する脱自(4)もしくは無知の概念が、自身の同一哲学ともそれを批判したヘーゲル哲学とも異質な境地にシェリングを立たせるものであったことを明らかにすること

にある。その講義とはエアランゲン赴任直後（一八二〇－二一年冬学期）に行われた講義であり[5]、講義ノートから起こされたテクストのタイトルでは「普遍的哲学の概要 Initia philosophiae universae」である（以下『哲学概要』と略記）、息子（K. F. A. Schelling）編全集に収められたテクストのタイトルでは「学問としての哲学の本性について Ueber die Natur der Philosophie als Wissenschaft」（以下『哲学本性論』と略記）[6]。後者に対する編者の注記によれば「哲学体系に関する講義の一部」（IX, 209）とあることからも、これが彼の構想する新たな哲学体系の冒頭部分、彼の新たな哲学体系構築という課題への取り組みの原理的部分であったことが分かる。

本講義を理解する上で決定的に重要な出来事は何と言っても一八〇七年におけるヘーゲルによる『精神現象学』の刊行に伴う彼との決別であろう。前章最後に見たように、シェリングは自身の確立した同一哲学が数年隔てて盟友であったヘーゲルによって手厳しく批判されることになったのだった。だがヘーゲルは一八〇七年の『精神現象学』だけでなく一八一二年の『論理学』においてもそれを批判していた。シェリングによる一八二一年のエアランゲン講義はこうした一連の批判と密接な関係にあるように思われる。彼はそこで改めて人知の体系を構築するための基礎固めに取り組んでいる。結果を先取りして言えば、難儀なことにシェリングはそこで絶対的主体を学問の前提として捉えようとして「否認 **Verneinen**」という憂き目に合う。というのも絶対的主体は「定義不能、把握不能、無限」だったからである（**IX, 218f.**）。シェリングが置かれた情況はヘーゲルの場合と著しく異なっている。本章前半（第一－五節）の考察の目的は、再度強調しておけば両者の相違を見届け、その意義を見定めることにある。

一　体系と知識――『精神現象学』と『論理学』

1　『精神現象学』と『論理学』におけるシェリング批判

一八一二年すなわちシェリングがエアランゲンで講義を開始するおよそ十年前に、ヘーゲルは『論理学』第一巻のなかで「何から学問は始められねばならないか」という学問、知識の体系成立にとって決定的に重要な問いを投げかけていた。この問いかけを行った折、彼はこの困難な問いに答えることが時代の要求だと指摘している（GW XI, 33f.）[7]。このヘーゲルの指摘もシェリングによる体系構築の試みと無縁ではなかろう。この時点でもなおシェリングの哲学体系と言えるものは同一性体系でしかなかった。一八〇一年にシェリングが自分の哲学体系を叙述する際、その出発点に据えたものはすでに見たとおり「主客総無差別」であった。一八〇七年の『精神現象学』の「序言」のうちにはこうした考え方に対する批判と思しき次の文言が書き記されていた。「絶対者のうちでは一切は等しいということをただ一つの知識として、これを区別ある充実した認識あるいは充実を求め要求する認識に対立させ、絶対者を夜へと連れ出すのは認識における空虚という幼稚さである。よく言われるように『夜にはすべての牛は黒い』のである」（III, 22）。

海老沢善一の指摘にもあるとおり、ヘーゲルのこの批判は彼自身の意図としては直接シェリングに向けられたものではなく、彼の追随者たちに向けられたものであったし、「夜にはすべての牛は黒い」

という絶対者の性格規定もシェリング自身が「詳述」（IV, 403）のなかで絶対者の不十分な規定として否定的な意味を込めて使っていたものであった。(8) しかもその上、ヘーゲルは『精神現象学』の出版を知らせた手紙（一八〇七年五月一日）でシェリングにわざわざ断っていた。「君は序言でぼくが浅薄な連中に、特に君の形式や君の学問を使って不毛な形式主義に嵌まっている連中をかまいすぎたと思うかもしれない」（Br. I, 162）(9) と。だがこの断り・弁明は空振りに終わっている。シェリングはミュンヘンでこの手紙を受け取って半年も経ってからようやく（一八〇七年十一月二日）、今夏の用事や娯楽にかまけて「序言」しか読んでいないという短いそっけない返書を送るのだが、ヘーゲルの断り・弁明に対しては、君はそのつもりかもしれないにしても「この書物そのもののなかではその区別〔シェリングと追随者との区別〕がなされていない」と返答している。だが『現象学』「序言」に盛り込まれた「形式主義」に対するヘーゲルの批判がシェリング自身の同一哲学に向けられたものであれ、追随者たちによるその「乱用や口真似」に向けられたものであれ、ヘーゲルがそれを批判したからといって、「和解」の妨げになるものではなかった。本人とエピゴーネンとの違いは彼らの間ではすぐさま突き止めることのできるものであったからである。シェリングはこのように考えて、ヘーゲルに「和解」という助け舟を出す。ただその際「一点を除いて」という留保条件がつけられた。その一点は概念と直観との対立を認めるか否かにかかっていた。シェリングは返書に言う。「君が概念を直観に対立させていることをいまのいままで把握していないことをぼくは白状する。とはいうものの、君だって概念ということで以前君とぼくとで理念と呼んでいたもの以外のものを考えることはできないだろう。理念の本性とはまさしく一つの側面をもつということなのだから。理念が概念でありかつ直観であるのはこの同一の側面に関してのことなのだから」(Br. I, 194)。周知のとおり、この手紙のやりとりの後二人は決別する。これ以後文通も交渉も途絶えてしまう。後に偶然(二九年九月)保養地のカールスバートにて邂逅することを除いて(10)。

シェリングとヘーゲル最後の文通における両者の対立は微妙ではあったが決定的でもあった。両者の立場の相違は概念を直観に対立させるか、それとも両者を単一の理念の構成契機として統一的に捉えるかという点にあった。前章で見たとおり、ヘーゲルとしても『哲学批評雑誌』の共編者として、シェリングの同一哲学の枠内すなわちその絶対知の構想のもとで批評活動を行っていた。『現象学』においても、彼の意図としては、批判はシェリングの同一哲学そのもの・絶対知そのものではなく彼のエピゴーネンによるその乱用に向けられていた。しかしながら、両者は根本構想では一致しながら方法において決定的に異なってくる。それが「概念の運動」を強調する『現象学』の出現にほかならなかった。ヘーゲルはシェリングの「知的直観」に立脚する絶対知の構想のうちに「学問」を「学問」たらしめる「概念の運動」すなわち知識の成立の根拠づけの欠落を見て取ったのである。ヘーゲルは『現象学』刊行の五年後の著作『論理学』(第一巻)では、このことをあからさまに次のように述べるに至る。彼は「知的直観」を哲学の出発点とすることを拒否する。「このような客観的運動(知識の成立の叙述)がなければ純粋知、知的直観は恣意的な立場として現れる。……だが、この純粋自我が本質的な純粋知でなければならず、純粋知が自己上昇という絶対的行為によって個人的意識のうちに措定され、直接意識のうちに現存しない限り、哲学のこのような始まりから生ずるはずの長所も結局失われる」(GW XI, 39)。

2　存在と無

ヘーゲル『論理学』は、シェリングとの関連で言えば、彼の体系とは異なった自身の新たな体系を構築するための足場を提供しようとするものにほかならなかった。その足場をヘーゲルは「純粋知」と見なすのだが、これは、彼によれば『精神現象学』の成果として獲得されたものであった。『論理学』の叙述は『現象学』の叙述を前提するというわけである。[11] この点『論理学』第一巻冒頭では次のように述べられる。「精神の現象学あるいは現象する精神としての意識の学問から前提されることは究極的絶対的真理としての純粋知が存在するということである」(GW XI, 33)。そうして、この文言に続けて直ちにヘーゲルは論理学を「純粋学、その範囲、広がりにおける純粋知」(ebd.)と規定する。彼が強調するところによれば「このような統一に帰着した純粋知は他者とのあらゆる関係・媒介を廃棄したのであり、この知識は単純な直接性である」(ebd.)。このような直接知としての「純粋知」は、主客同一を説くシェリングの同一性・無差別の概念およびその認識のありようとしての「知的直観」の立場と大して違いがないように見える。だが、すでに見たとおり、ヘーゲルはシェリングの同一哲学を批判し、「知的直観」を退けている。ここで、前章で考察した知見を想起すれば、彼はすでに『差異書』(一八〇二年)において、シェリングの同一哲学を凌ぐ立場を築いていた。それが、かの「同一性と非同一性との同一性」の思想にほかならなかった。彼は『論理学』ではこれを、学問の「始まり Anfang」の分析を可能にする「反省」の立場として活用する。「単純な直接性はそれ自身、反省の表現であり、媒介するものとの区別と関係する。その真の表現においては、この単純な直接性は純粋存在もしくは存在一般である」(GW XI, 33)。「始まりは純粋無でなく、そこからあるものが出発すべき無である。それは同時にそのうちに存在を含んでいる。始まりはそれゆえ両者、存在と無を含んでおり、存在と無の統一である」(GW XI, 36)。「したがって、始まりの分析は存在と非存在との統一という概念――言い換えると、同一性と非同一性との同一性という概念――を与えた。この概念は絶対者の最も純粋な最初の定義と見なされえた」(GW XI, 37. 強調引用者)。

二　自由と悪――『自由論』

シェリングにとっても「何から学問は始められねばならないか」という問いは厄介な問いであった。学問の「始まり」は、彼にとって、常に絶対者(=永遠なる自由)にほかならなかった。だが絶対者に関する規定・表現は様々に変容した。初期の『自我論』では無制約者、『自然哲学体系初案』では絶対的活動、「わが哲学体系の叙述」(同一性体系)では絶対的理性、そうして中期の『自由論』では生、『世界生成論』では原存在者もしくは原生命、およびエアランゲン講義『哲学概要』では絶対的主体というように。中期の変容にはむろん『現象学』さらには『論理学』におけるヘーゲルの批判が介在している。ヘーゲルによる批判との関連を究明するために、以下、絶対者の規定を中心に、中期におけるその変遷を辿ることにしよう。

1 『自由論』の成立

ヘーゲルの『精神現象学』はすでに指摘したとおり「イェーナの戦闘の砲撃の轟くもとで完成した」のだったが、シェリングの『自由論』もミュンヘンの戦渦のもとで完成している。当著作は一八〇九年の二月上旬から四月上旬にかけての二か月余の間に執筆校正されたのだが、汎神論に関する議論（序論）の改稿中の三月初旬、シェリングは『暦』に「戦争の公算がますます大となる」と書き付けている。彼の予想どおり戦端は開かれ、フランス（ナポレオン）と手を結んでいたバイエルンにオーストリア軍が侵攻するに至る。四月十日のことである。『自由論』はその翌日に脱稿されたばかりでなく同月十六日のオーストリア軍によるミュンヘン占領の前日に校正刷りが版元に返送されている。このような成立の事情も手伝って、『自由論』を「政治哲学」として読もうとする新しい試みもなされている[12]。

ここで従来の『自由論』解釈について述べておけば、大方の認めるとおり、その一つの焦点は神智学的神秘思想の受容の問題ということになろう。シェリングは一八〇六年にミュンヘンに移住し、バーダーと親交を結ぶに至るが、二人の話題の中心となったのが「古《いにしえ》の神智学」であった[13]。シェリングはイェーナ時代に初期ロマン派のグループに加わっていたが、遅れてグループに加わった（一七九九年）ティークを介してベーメへの関心をすでに抱いており、その折（一八〇四年）入手した、すでにもっていた小版の全集とは別の全集によって、ミュンヘンにてベーメの神智学を学んだばかりでなく、当地移住時、父親にエーティンガーの神智学的諸著作を運んでもらっている[14]。他の機会に触れたとおり、シュヴァーベン出身のシェリングは早くからベンゲルやエーティンガーといったシュヴァーベン敬虔主義の思想家たちに親しんでいたのだった。[15] こうした素地がミュンヘン移住に伴って開始されたバーダーとの親交によって結実したということになる。[16] ベーメやエーティンガー、バーダーとの関連についての外的情況の紹介はこれくらいにし、その内容については以下折々に触れることにして、『自由論』に関する考察を始めるとしよう。まずは悪の問題から。

2　人間における悪の可能性

『自由論』において、シェリングは、神を「生 das Leben」と見なしている。彼は言う。「神的知性のうちには一つの体系があるが、神自身は体系ではなく、一つの生である。このうちにのみ、かの問い〔「神は悪を欲したか」という弁神論的問い〕への答えが含まれている」（VII, 399 [478]）と。[17]『自由論（人間的自由の本質に関する研究）』は、そのタイトルにあるように、人間的自由の本質を究明する論作である。だが、この究明は人間における悪の問題の究明なしにはなしえない。悪を行うことこそ人間の人間たる所以、人間的自由の本質をなすからである。このため、『自由論』では悪について様々なことが語られる。このことが『自由論』を魅力に富んだ論作たらしめている。[18] シェリングは『自由論』の探求全体を導く前提として「実在 Existenz」とその「根底 Grund」とを区別し、これらを根本原理として立てる（VII, 357 [427]）。われわれが先に注目した「生」の概念もこの区別に基づいて成立することになる。この区別は、比喩的に言えば、光と闇の原理、端的に言えば、善と悪の原理の区別を意味するが、神において両原理は分離していないのに対して、人間にあっては分離しているとされる。「人間の精神において両原理の同一性が神におけると同様に分解できないとすれば、〔神と人間との〕区別はないことになろう、すなわち精神・霊としての神は啓示できないであろう。神においては分離しない統一が人間においては分離するにちがいない。――そうして、これが善と悪との可能性である」（VII, 364〔435〕）。

カトリックの宗教的思想家、自然哲学者で、ミュンヘン時代、シェリングのよき思想的パートナーとなっていたバイエルンの人フランツ・バーダー[19]は神による統一を、ベーメに倣って[20]一つの中心を有する「円」および「有機的で活気づける生命の火」によって象徴し、人間における神からの離反を「自我性、個体性が……我欲とエゴイズム（発火した自我性）のタンタロス流憤怒となって円周・周辺で燃える」ことになぞらえている（VII, 366〔439〕）。このようなバーダー（ベーメ）の比喩を、シェリングは『自由論』に注として引用している。シェリングも後の箇所では、神を「中心」として、かつ「焼き尽くす火」として語っているが、神については後に触れることにし、ここでは人間に眼を向けるとすると、シェリングは人間に二つの中心を認めている。彼は言う。「人間のうちに闇の原理の全威力が存在すると同時に、人間のうちに光の原理の全威力が存在する。人間のうちに最深の奈落と最高の天空もしくは二つの中心が存在する」（VII, 363〔434〕）と。バーダーに倣って人間をたとえれば、それは中心を二つもつ円すなわち楕円になぞらえることができるであろう。

3　人間における生の不安と悪

マルクス流に言えば（『資本論』第一巻）楕円こそ現実的な運動ということになるが、なぜか楕円に収まっておれないのが人間というものである。楕円としての人間のうちには闇の原理と並んで光の原理が存在するにもかかわらず、人間はこの原理に踏み留まることができない。シェリングが後のキルケゴールやハイデガーの立論を髣髴させるような仕方で不安の概念を持ち出すのはこの場面においてである。「生そのものの不安が人間を駆り立てて創造された中心から逸らせる。中心は……焼き尽くす火だからである」(VII, 381 [456])。ここでの比喩は先に触れたバーダーの比喩に由来するものであろうが、彼に言わせれば「中心のうちで生きるには人間はあらゆる我執に死なねばならない」(ebd.)。後年のエアランゲン講義では、これが「脱自 Ekstase」として特徴づけられることになる。ともあれ、人間の意志は「清められるためには火のなかを通り過ぎなければならない。このような普遍的な必然性にもかかわらず、悪はつねに人間固有の選択である。悪はそのようなものとして根底が作り出せるものではなく、いかなる被造物も自分自身の罪によって堕ちるのである」(VII, 382 [456])。人間の悪への自然的傾向はけっして見逃されてはならない。「けだし、一旦被造物のうちで我意が目覚まされることによって登場した諸力の無秩序はすでに誕生の際に人間に分け与えられているからである」(VII, 381 [455])。人間は常に誕生の際と同じ無秩序に直面している。「奈落に落ちる自由 die abgründliche Freiheit」と特徴づけうる、この情況をシェリングは次のように表現している。「それゆえ根底の意志は必然的に超被造物としての自由に反発して、自由のうちに被造物への欲求を目覚ませる。それはちょうど高く切り立った頂きの上に立ってめまいに襲われる人に堕ちよとひそやかな声が呼びかけるかのようである」(ebd.)と。

だが、このような衝動こそ被造物の超被造物への高揚である。言い換えると「人間は自我性を基盤や器官となす代わりにむしろ支配的なものや全意志にまで高める」(VII, 389 [466])。つまり、我意が普遍意志に成り代わる。それゆえ悪とは「両原理の積極的裏返し・転倒」(VII, 366 [438]) 以外の何ものでもない。シェリングは両原理の積極的転倒、これを「唯一の正しい悪の概念」(ebd.) と見なす。これこそが、彼にとってアウグスティヌス以来の (近年ではライプニッツの唱える) 悪を単なる善の欠如と見なす欠如説を退ける真の悪の概念にほかならなかった。「可視的被造物中最も完全な被造物である人間だけが悪をなしうる」(VII, 367 [440]) のである。(22)

4 「逆立ちした神」としての人間と「人間的に受苦する神」

印象深いことには、シェリングはこのような真の悪概念に基づいて人間を「逆立ちした神」と特徴づけている。「両原理が不和のうちにある場合、神があるべき位置に別の精神が乗り移る。これぞすなわち逆立ちした神である」(VII, 390 [466]) と。この「逆立ちした神」という人間の根本規定に「人間的に受苦する神」という神の根本規定が対応している。シェリングは神の根本性格を神が受苦し生成する点に見出している。「なぜ完全なものが太初から存在しないのか。……なぜなら、神は一つの生であって単なる存在ではないからである。ところで、すべての生は運命をもち受苦と生成に服する。……太古のあらゆる秘教や霊的宗教に共通の人間的に受苦する神という概念がなければ歴史の全体は捉えられないままである」(VII, 403 [484])。見られるとおり、シェリングにとって神が生であることは神が生成することを意味する。神はこのようなものとして人間的に受苦するが、それはひとえに人間を許し救済するためである。この意味で、人類史とは救済史にほかならない。あるいは人間による神への背き・堕罪に始まり人間の救済に終わる歴史は、そこに神の愛が啓示されるためのものだと考えられるから、それはまた啓示の歴史でもある。「啓示の終わりは悪を追放することであり悪を全く実在しないものだと打ち明けることである」。そこでは死さえも克服され、「神が一切のうちの一切である Gott sei alles in Allem.」ということが明るみに出る。「というのも、精神・霊でさえまだ最高のものではないからである。精神は霊にすぎず愛の息・香りにすぎない。愛こそが最高のものである」（VII, 405f.［486f.］）。

H・J・ザントキューラーは自身の編集したシェリング入門書に自身の手になる「歴史哲学」に関する解説を寄せて、われわれも次節で主題化する『世界生成論』の歴史哲学について、それをキリスト教と関連づけて次のように述べている。「シェリングの言う〈歴史〉は救済史として読むことができるが、歴史は『継起的に自発自転する神の啓示』（VI, 57）として人間の歴史である。歴史は『世界生成論』では『原存在者の発展の歴史』『世界以前の時間』（WA, 10）から始まる。〈原存在者〉が自己を巻き込んでいるものを解いて自己を開く（sich ent-wickeln）ことができたということ、〈無底〉が〈根底〉になりえたということ、『時間の系譜』があるということ（WA, 75）は、人間的自由の歴史をおいてほかに外に示す（ex-plizieren）ことができない。これが、キリスト教は『卓越した歴史的宗教』である、『キリスト教がないところには歴史もない』とシェリングが再三にわたって強調できたコンテクストである」[23]。興味深いことには、ザントキューラーは『世界生成論』の歴史哲学をキリスト教と関連づける際に、それを時間論と結び付けるばかりだけでなく、ベーメ神智学の中心概念「無底」と「根底」とも結び付けている。両概念は『自由論』で初めて導入され、そこでの自由の体系構成・理論構成の支柱として活用されたものである。

5　無底と愛

『自由論』において「存在する神」から「生成する神」へと神概念が変容するに伴って理性概念もまた変容する。「主客の絶対的同一性」であった理性概念〔同一性体系〕がいまや「無底」〔自由論〕へと転換する。『自由論』の結論部で彼は理性について次のように語ることになる。「理性は人間においては、神秘家たちによれば、神における受動的な第一者・知恵の始まりであり、そこにあらゆる事物が集まり、より分けられ、単一でありながら、各々それなりに自由である。……それ〔理性〕は精神のような活動でもなければ、認識の両原理〔主客〕の絶対的同一性でもなく、無差別にして尺度、言わば真理の普遍的場所にして静所であって、そこで根源的知恵が感受される」(VII, 415〔499〕)。ここで、シェリングは同一性体系の場合とは異なって、「同一性」と「無差別」とを厳密に区別し、このような「無差別」としての理性を「無底 Ungrund」と名づける(VII, 406〔488〕)。この語は言うまでもなく、ベーメの神智学から借りてこられたものである。ベーメの神智学およびそこにおける「無底〔底無し〕」という語の含意については後の考察〔第七節2〕に譲ることにして、ここではそれに対するシェリングの規定のみを見ておけば、それは「あらゆる二元性に先立つ存在者」(VII, 406〔487〕)であり、そうであるがゆえに、それは「無差別」(VII, 407〔488〕)なのである。シェリングは、そのようなものとして「無底」には、

「実在と観念」であれ、「善と悪」であれ、どのような対立的な述語づけも不可能であることを強調している（ebd.）。彼によれば「無差別すなわち無底がなければ両原理の二元性もないであろう」（VII, 407 [489]）からである。「これは区別をむしろ措定し確証する」（ebd.）ものにほかならない。

このような議論をシェリングは「弁証法的論究」と特徴づけ、このような論究の後に次のような自説を開陳する。「実在するものであれ、根底であれ、その本質はあらゆる根底に先立つもの、すなわち端的に見られた絶対者・無底にほかならないであろうが、無底がそうしたものでありうるのは、それが等しい永遠なる始まりに別れ行くことによるほかなかろう」（VII, 407f. [489f.]）と。そうして、ここに登場するのが愛であり、これは、彼の説によれば人格概念と結び付くものである。「無底が分かれるのはひとえに生と愛の働きが存在し、こうして人格的実在[26]が存在するようになるためなのである」（VII, 408 [490]）。「精神の上には原初的な無底があり、これは……一言で言えば一切のうちにある一切たる愛である」（VII, 409 [491]）。

6　弁証法（『自由論』）から思弁的語り（『世界生成論』）へ

ところで、知恵のうちであらゆる事物をより分けるあるものはまた知性でもある。シェリングは言う。「ただ潜勢的に含まれているものを形にし現勢化するものこそ知性である。このことは分裂によってのみ、つまり学問と弁証法によってのみ生じうる」（VII, 414 [497]）。両者について彼は「これらのみが……捉えられたことのない体系をしっかりつかみ、永遠に認識させるであろう」（ebd.）と確信する。

『自由論』においては、いま見たとおり、弁証法は体系を可能にさせる原理として重視された。

しかしながら、弁証法の価値は『世界生成論』においては変貌を遂げる。『世界生成論』が普遍史を思弁的語りとして繰り返し形成しようとする企てだからである。すなわち、この企ての課題は「原存在者（Urwesen）の発展の歴史」（WA, 10）を叙述することにあった[27]。

ここで、『世界生成論』がどのような試みであるかを見るために、シェリングの思想の歩みを振り返っておこう。それは、古代哲学と近代哲学という異質な哲学が絡まり合う錯綜した歩みとなっていた。二つの系譜にふり分けた分かりやすい形で提示すれば、次のようになろう。彼の処女作は『悪の起源論』（一七九二年）であった。これは旧約聖書創世記第三章の堕罪の問題を扱ったものであったが、そこには神話論的アプローチが含まれていた。そこには彼による古代ギリシアやオリエントの神話への関心の強さが見て取れる[28]。その関心が雑誌デビュー論文『神話論』（一七九三年）に結実する[29]。そうしてさらに盟友ヘルダリンやヘーゲルたちと共通の「新しい神話」の待望論へと発展してゆく。『ドイツ観念論最古の体系綱領』（一七九六、九七年頃）や『超越論的観念論の体系』（一八〇〇年）最終章あるいは『芸術哲学』講義（一八〇二–〇三、一八〇三–〇四年）である[30]。中期の歴史哲学草稿『世界生成論』（一八一〇–一七年）はこの系譜に属する[31]。もう一つの系譜はカントの批判哲学・超越論哲学に棹差した知識の基礎づけ論である。これは『形式論』（一七九四年）や『自我論』（一七九五年）に始まり、『超越論的観念論の体系』（一八〇〇年）や「わが哲学体系の叙述」（一八〇一年）に発展する。後にわれわれが考察しなければならないエアランゲン講義『哲学本性論』（一八二一年）はこちらの系譜に属する。

古代ギリシアの叙事詩に盛り込まれた神話に匹敵するような神話、民族の詩をドイツにおいても詩作しようという願望、これがヘルダリンやヘーゲルとともにシェリングの抱いた「新しい神話」の理念であったが、ヘルダリンは詩人としてそれを模索しつつも、古代ギリシアにおけるような生ける神々を彼の時代に甦生できぬゆえに「何のために詩人か」という嘆きをもらさねばならなかったし（悲歌『パンと葡萄酒』）[32]、シェリングはシェリングで、自身が構築した自然哲学の神話化の可能性を探りながらも、結局それも古代の模倣に堕すほかなしとの判断から断念せざるをえなかった（『芸術哲学』講義）[33]。にもかかわらず、偉大な叙事詩に匹敵する歴史記述そのものに改めて取り組んだもの、それが『世界生成論』草稿にほかならなかった[34]。シェリングは、過去、現在、未来という壮大な歴史記述をプランとして掲げながら[35]、実際には過去のみに留まったものではあれ、いくつもの草稿を書き遺した[36]。これは、ヘシオドスのような文字どおりの叙事詩ではなく、概念語を駆使した散文としての歴史記述にすぎないにせよ、世界の生成を物語ろうとする試みとなっていた。「記憶されしものは物語られる」のである。シェリングが「歴史的弁証法的な詩的で物語的な新しいタイプの哲学を樹立」しようとしていたと言ってよかろう[37]。もっともこれは困難で微妙な試みであり、彼自身もこのことを自覚していた。彼の時代認識はヘルダリンに似てなお機熟さず、時来らずであり、このような時代においては「われわれは未だ語り手たりえず、探求者にすぎない」ことが告白されている（第三稿序説 VIII, 206）。

ともあれ、このようなものとしての「原存在者（Urwesen）の発展の歴史」という歴史記述においても、『自由論』同様、神は「生」と見なされており、その内実も「生成」と捉えられている。「ところで、生成と運動がなければ生はない、いやそれどころか神的生もなければ生たる限りの神そのものもない。神的生はむろん永遠の生成すなわち自由によって生成したのであり、なおつねに生成し、つねに生成するであろう生成である」(WA, 199)。このような意味で、シェリングは神の「生」を「永遠の始まり」と特徴づける(ebd.)。「逆立ちした神」としての人間もまたシェリングは『自由論』では「永遠の始まり」と規定していた。『自由論』で指摘されていたとおり、人間の叡智的行為は時間の外でなされるからである。「人間はたとえ時間のうちで生み出されるにせよ、創造の始まり(中心)のなかで創り出された。人間の生命が時間のうちで規定される行為はけっして時間に属するのではなくて、永遠に属する。……永遠的行為によって人間の生命は創造の始まりに達する。それゆえ、人間はそれによって創造行為の外部でも自由であり、それ自身、永遠の始まりである」(VII, 385f. [461])[38]。確かに叡智的行為の概念はカントのそれに由来するものではあるが、山口和子によって強調されているように、それが単に因果連関から独立しているばかりでなく神の意志からも独立しているという点で、シェリングの自由論はカントさらにはフィヒテの自我概念のラディカル化、総じて近代哲学の道徳的オプティミズムの決定的拒否となっている[39]。その端的なメルクマールとなりうるもの、それこそかの「奈落に落ちる自由」であろう。『自由論』で鋭く抉り出したこの概念をシェリングは当然『世界生成論』でもエアランゲン講義でも繰り返し持ち出している。さしあたりここでは第一草稿の記述を引用する。「なんぴとにも永遠性という無底が迫ってくる。それがひとの意識に上るとひとはそれを前にして愕然とする。かの深みから到来する行為を前にして理由を挙げることができない。行為はかくあるゆえにかくある。行為は端的であり、その限りで必然的である。底なきやむにやまれぬこの自由を前にして人はたじろぐ」(WA, 93)。これは、人間が「逆立ちした神」なるがゆえに覗き込まざるをえない底なしの深淵・奈落である。しかしながら、人間のうちにはこうした奈落のみならず、その対極もまた存在する。すでに見たとおり、シェリングも『自由論』で「人間のうちには最深の奈落と最高の天空という二つの中心がある」(VII, 363〔434〕)と語っていた。では、われわれを深みから引き出し、天へと上昇させるものはいったい何であろうか。この問いに対する解答を、シェリングはプラトン同様、人間の浄化もしくは解放のうちに求めている。「人間に関してはむろんあらゆる学問は想起である。永遠性に関してはそうではない。それはけっして過去になりえないのだから。人間だけが解放を必要とする。これによって人間の本質は再び自体的なものであり、最も純粋な神性の像である……」(WA, 16)。見られるとおり、解放は純粋性と関連づけられている。同じ草稿のなかでシェリングはエアランゲン講義における脱自の思想を髣髴させるように、人間における「純粋無垢 Lauterkeit, reine Frohheit」というあり方を「超神 Übergottheit」[40]の思想に関連づけて次のように述べている。

われわれは最高のものを主客の真の絶対的統一としてのみ語った。両者のどちらも二分できないが、力を二分できる。最高のものとは自己自身を知らない自己自身のうちなる喜悦であり、自己自身によって全く満たされており何も考えない放念した熱望であり、非在を楽しむ静寂なる内面性である。その本質とは慈しみ・愛・純粋無垢である。純粋無垢は人間においては真の人間性であり、神においては神性である。それゆえわれわれはあえて実在者のかの純粋無垢を、昔の人々の幾人かと同じように神の上に置こうとする。昔の人々の幾人かはすでに神を越えることについて語ったのだった。この点では最近の人々は違っていて、彼らはあべこべに熱心にこの秩序をひっくり返そうとした。純粋無垢は神ではなく、神が住まう近寄り難い輝きであり、純粋という焼き尽くすような鋭さであり、これに人間は実在の等しい純粋性によってのみ接近できる。というのは、純粋無垢は一切の存在をあたかも火のなかのように自己のうちで焼き尽くすのだから、なお存在に捕らえられているような人には近寄れないに違いない。(WA, 15f.)

シェリングはエアランゲン講義において超神の思想(ディオニュシウスの神秘神学・否定神学)を改めて取り上げる。この点については後に考察する(第四節3「脱自の思想小史」の(1))。また、興味深いことに、西田もこの思想に強い関心を寄せていた。その意義を明らかにすることも後の考察(第六節5「『自覚における直観と反省』の結論――中世神秘哲学」)の課題である。

三　体系と自由――『世界生成論』と『哲学本性論』

1　存在と時間

人間は、先の引用文にあるとおり、おのが純粋さによってのみ神に近づきうる。言い換えると、人間は自身の浄化によってのみ、かの「永遠なる自由」に近づきうる。『世界生成論』第一草稿（一八一〇－一一年）にあっては、「永遠なる自由」を、シェリングは「存在を超越するもの」ひいては「時間を超越するもの」と規定している。「存在を超えてのみ真の自由、永遠なる自由は住む。自由とは、永遠性もしくはあらゆる時間を超えるものという肯定的概念なのである」（WA, 14）と。同じ草稿における時間論――シェリングはこれを「時間の全き発生論（ganze Genealogie）」（WA, 75）と呼んでいる――によれば、「時間の本質・本来の力は永遠のうちにある。というのも、より純粋で太古の実在性は永遠と見なしうるというようなものではけっしてなく、むしろ永遠性そのものである。そのなかに時間の先行規定があるというようなものでもけっしてなく、永遠性は端的に時間を超越している。……永遠のうちにはすでに過去、現在、未来が隠された仕方で一者として措定されている」（ebd.）。「時間はあらゆる瞬間に全時間すなわち過去、現在、未来〔である〕。時間は過去から始まるのでもなければ、限界から始まるのでもなく、中心から始まり、あらゆる瞬間に永遠に等しい」（WA 80）。

むろん、このような時間論は「時間部分〔過去、現在、未来〕が交互に不断に流れる」（WA, 13）というような通俗的な時間経験に対立するものである。というのも、それは「時間の質的な差異に関する直接的経験をけっして理解できない」[41]からである。シェリングが彼の時間論の出発点に据えたものは、人間は哲学する者なのだから、常にはや「現世の限界を超えること」（WA, 112）を試みるという事実である。[42]『自由論』においてすでに強調されていたとおり、人間とは創造の同時代人なのである。『世界生成論』の第三稿に言う。「事物の源泉から創造され、それに等しく、人間の魂は創造という共通の学知をもつ。そこにあらゆる事物の明瞭さがある」（VIII, 200）と。

W・ヴィーラントは、第一草稿のある箇所（WA, 73-87）を「系譜章」と呼び、そこでシェリングが提起している問いを「そもそもいかにして時間は到来するか」と定式化しているが、時間の由来に関するこの問いに対して、シェリングは神智学的かつキリスト教的に答えている。永遠とは「それ自体、始まりの始まりにほかならず、未だ現実の始まりではない。……現実の始まりは絶対的自由からのみ到来しうる。かの閉じ篭った統一のうちにあって分裂を迫るものは愛である」（WA, 75）と。またシェリングは、過去、現在、未来という時間の三様相を父と子と霊という三位一体の神における人格性に対応させて解き明かしている。すなわち、彼にとって時間とは、このようなものとして神の啓示にほかならない（WA, 77）。このような三位一体論、啓示としての時間論にあっては、「始まりは〔単なる〕始まりではなく、つねに同時に永遠の始まりなのである」[43]（WA, 78）。

2　永遠なる自由と存在

『世界生成論』で展開したこのような思想を、シェリングはエアランゲン講義『哲学本性論』――筆記録のタイトルでは『哲学概要』――において体系的に展示しようとする。『哲学概要』第五講のテーゼに曰く。「全き学はかの永遠なる自由の進展する自己展示でなければならない」（Initia, 23）。ここでは、このことをシェリングは西田の思想を髣髴とさせる口吻で説明している。「われわれがそれ〔永遠なる自由〕を見るのではなく、それ自身が自己をわれわれを通して見るのである」と。そうしてシェリングは問う。「だがこのことはいかにして可能であるか」と。この問いに答えるために、彼はその例として「何の効用も顧慮しない芸術作品」を挙げている（ebd.）。このような例示もまた西田の「純粋経験」を想起させる。シェリングと西田との関連に関する考察は後の考察（第七節）に譲り、ここではなおシェリングによる自由の規定に注目することにしよう。「永遠なる自由」を、彼は「純粋な可能 das *reine* Können」と規定する。これは「あるものの可能ではなく、それ自身のための可能」であり、何ものをも前提としない可能、意図なき可能である」。このような可能が芸術作品における最高のものである（Initia, 23f. 強調シェリング、以下同様）。

(1) 「純粋可能」の概念は『哲学概要』第一四講から第一六講においては「永遠なる自由」のポテンツという意義をもつ[44]。ここでのポテンツ論は後期の諸著作にも引き継がれる。後期の用語を用いて言えば「神の第一ポテンツ」である〈純粋可能〉は、ここでは「存在を自ら引き寄せる可能」（Initia, 75）と規定される。この規定においては、可能が主体であり、存在が客体である。この意味において「永遠なる自由」は直接的な「存在可能」（Initia, 77）として規定される[45]。「存在を自ら引き寄せる可能」――端的に言えば「存在可能」の概念は、すでに『世界生成論』草稿においては、ユダヤ神秘主義における「神の収縮 Contraktion Gottes」の概念として登場していた[46]。「牽引のうちに始まりはある。すべての存在は収縮である」（WA I, 43）。ここエアランゲン講義『哲学概要』においては、この概念は再びユダヤ神秘主義の伝統に従って「存在の本質的な飢餓」（Initia, 77）として語られる。

(2) 「永遠なる自由」の第二ポテンツは「他になりえない存在必然（das Seinmüssende）」である。「かの第一のものとは他のものになりうる自由であり、第二のものとはあるがままに委ねられねばならない」(Initia, 79)。「永遠なる自由」とは絶対的意志にほかならないから、「かの第一の意志（存在の牽引）は自己的であり、第二の意志（存在の委任）は非自己的である」(Initia, 107)。M・ドゥルナーの注目すべき指摘によれば、「二つのポテンツのうちでは——存在可能と存在必然とは——対立する〈脱自〉の状態へと置き換えられている」[47]。可能は「存在に恍惚としている。可能は自己を存在へと放棄しており、またその逆でもある」(Initia, 96)。

(3) これら二つのポテンツは第三のポテンツのうちで合一される。第三のポテンツは「単なる可能でも単なる存在でもなく……主体と客体とが一者としてある一者」である(Initia, 98)。可能と存在とのこのような統一は、「存在の成立過程において元来望まれるものであり、それゆえ、シェリングはこの新たなポテンツを〈存在当為〉と名づける」[48]ことになる。『哲学概要』でのシェリングの規定では、「存在当為」は思慮深い意志、精神として特徴づけられる(Initia, 107, 93)。

ここで少し解説を加えておこう。ここで用いられている「ポテンツ」の概念は、前章の注(151)にも記したとおり、もともと冪乗を指示する数学用語なのだが、後にテュービンゲン大学の医学と哲学の教授となり、一八〇八年以降はバイエルン学術アカデミーの通信会員ともなるエッシェンマイヤーが学位論文「自然原理」(一七九六年)およびそのドイツ語版『自然形而上学に基づく諸命題』(一七九七年)において、物質の度合を無限大と無限小を両極とする「諸々のポテンツ Potenzen」によって一つのシステムとして示すことを試みていた。シェリングはこの用法を借用し、最初、自然学のカテゴリーの演繹を試みた「一般的演繹」（一八〇〇年）で自然哲学体系の構成概念として用い、同一哲学を確立した「叙述」（一八〇一年）でもそれを踏襲したばかりか、以後、中期から後期にかけても広く哲学全般の構成概念として活用することになる。むろん、ポテンツ概念がアリストテレス哲学における「エネルゲイア（現実態）」の対概念「デュナミス（潜勢態）」に相当することは、「ポテンツ」という語がそのラテン語表記（「ポーテンティア」）に倣ったものであることによって自明である。ここエアランゲン講義『哲学概要』での用例はその典型である。さらにわれわれが見過ごすことのできない点は、シェリングはここでポテンツ概念に可能、必然、当為という様相概念を組み合わせているという点である。これは一つにはカントのカテゴリー論に連なっている。すなわち、カントのカテゴリー論（『純粋理性批判』）において第三のカテゴリーが第一と第二のカテゴリーを総合するものとされていたのと同様に、シェリングのポテンツ論においても第三のポテンツが第一と第二のポテンツを合一、統合するものとされている。またいま一つはシェリングのポテンツ論がすべてに先立つ最も基礎的な存在論として神概念とも関連させられているため、そこに三位一体論も重ね合わされてもいる。すなわち、存在可能と存在必然と存在当為は父と子と霊に対応しているのである。しばしば指摘されるように、シェリングは論理学を書かなかったが、これは彼流論理学の核心部分と見なしてよかろう。しかもヘーゲル同様の、一種の存在神論（Onto-Theo-Logie）としての。これはおそらくシェリングにとって、存在と無と生成のトリアーデからなる理性の論理学（ヘーゲル）に取って代わるべき実在の論理学と考えられていたことであろう。

3 知識の運動としての判断

エアランゲン講義のもう一つのテクスト『哲学本性論』においては、このような存在神論は次のような判断論として展開される。そこでは知識の運動が「AはBである」という命題の運動として説明されている（IX, 231f.）。

(1)「AはBである」。――「最初の契機はすなわち絶対的主体が絶対的内性のうちに自己を見出す契機である＝A。これには知においてそれが絶対的外性すなわち無知である契機が対応している＝B」。

(2)「AはBになる」。――「絶対的主体はこの絶対的即自のなかでは維持されえず、必然的に外性へ移行する。言い換えると、Aは客体になる＝B。つまり二つ目の契機、AはBになる、である」。

(3)「BはAになる」。――シェリングはさらに次のように考える。この運動は一方向で終わるのではなく、逆方向に帰ってくる。この運動を彼は「反省」と名づける。「主体から客体への移行が客体から主体への移行によって反省される」（ebd.）。それゆえ、絶対的主体は「第三に契機のうちで再びBからAに帰ってき、再び主体のうちに立てられる。このような場合のみいまやBから再興されたAがある」。

『世界生成論』第一草稿における判断論によれば、知識のこのような運動は「永遠に循環する車輪」状態に陥る[49]。単称命題は主語、述語、コプラの三つの契機から合成される。W・ホグレーベはこれらを「代名詞的存在、述語的存在、命題的存在」と名づける[50]。彼の解明によれば、三つの契機の関係と機能は次のとおりである。「何らかのもの（代名詞的存在）の単なる自己存在と述語的契機（述語的存在）という単なる外在に対して第三者、命題的存在、最終的に単に自己的でも単に自己外的でもなく、自己のもとにある存在が対立している」[51]。「命題的存在は代名詞的存在と述語的存在の対立の上に支えられ、再興され、また壊れ、等々」[52]。このようなあり方を彼は「述語的循環の理論」[53]と呼んでいる。だが、述語づけのあらゆる運動もしくは述語的循環はつねに述語づけのある場所において生起する。これをわれわれは西田に倣って「場所の論理」と名づけてよいであろう。シェリングによれば、こうした循環を突き抜けることによって初めてわれわれは知恵に近づくことができる。『哲学概要』において彼は上の知の運動を簡潔に要約し、次のように指摘している。「主観そして客観、そして再び主観。永遠なる自由の全き内容は『汝自身を知れ Γνῶθι《グノーティ》 σεαυτόν《セアウトン》』である。この訓練が知恵の内容である」（Initia, 31）。

四　知恵と脱自——エアランゲン講義『哲学本性論』

1　知と無知

「汝自身を知れ」というデルポイの神殿の銘は、周知のとおり、ソクラテスを無知の知という思想へと導いた[54]。『世界生成論』において、シェリングも同じ立場に至り着く。この試論における体系形成の大変な骨折りの後に、彼は「もともと何かを知ろうとすることは不可能である」と告白せざるをえなかった。「学問に関するこの結果は、何も知らないことを知るということを誇った、かのソクラテスの結果と何ら違わないであろう」（WA I, 189）。このことは、シェリングにとって、「学問の沈黙」（ebd.）を意味した。学問とその方法である弁証法は『自由論』では「学問の最高の勝利」（VII, 415）として讃美されたが、『世界生成論』では鎮魂歌が奏でられ、ついにエアランゲン講義では体系形成の中心的方法としての価値を失い、予備学に格下げされるに至る。

一八二一年の『哲学本性論』すなわち「学問としての哲学の本性」に関するエアランゲン講義は、全集の注記によれば、「哲学の体系」に関する講義の一部とのことである。だがこの時期のシェリングには、体系への問いは殊の外微妙で扱うに困難な問題となる。『自由論』では、彼はある注のなかで、この点次のように述べていた。「哲学的体系が出版業の対象となっており、多くの人たちが……哲学する天職に恵まれていると信じ込んでいるドイツにおいては、確かに誤解や妄想さえ呼び起こすことが容易となっている」(VII, 410)。ところで、このことが語られたのは、フリードリヒ・シュレーゲルによる彼に対する汎神論という批判を顧慮してのことであった。だが、彼がこのことを語った時、シュレーゲルのみならず、ヘーゲルのことが念頭にあったのではないかと思われる。なぜなら、ヘーゲルは『精神現象学』(一八〇七年)の「序言」のなかで、哲学的体系の形成を時代の要請として声高に宣言していたからである。「真理が存在する真の形態は真理の学問的体系のみであろう」と。つまり「哲学を学問に高める時代が到来していることを示すこと」がヘーゲル『現象学』の試みであった(III, 14)。

『現象学』同様、エアランゲン講義においても、哲学体系の第一部において講じられるべき体系は「人知の体系」(IX, 209)であった。だが、シェリングはこの講義において、ヘーゲルとは全く別の道を歩む。そこでは弁証法はもはや体系形成の方法にならない。彼は弁証法を学問の体系の単なる予備学と見なす。それは「決して学問そのものではないものの、学問への準備ではある」(IX, 214)。エアランゲン時代にあっては、「体系の外的根拠」は「人知の根源的な非集成 ἀσυστασία《アシュスタシアー》」にほかならない。このような立場から、彼は改めて『自我論』以来繰り返し立て続けてきたかの問い——「人知の可能性の原理とは何か」(ebd.)——を立てる。この問いに対する究極の答えが、かの無知にほかならなかった。

諸形式から諸形式へ進み、知から知へと歩む、このような知の経験は、ヘーゲルの意識の経験の場合とは異なって、シェリングにあっては、「ついに無知(ただし無知の知)という浄福に」(ebd.) われわれを導く。ここでシェリングは疑いなく『世界生成論』構想における無知の思想を眼前に置いていたと思われる。これまでの用法では、無知は知的直観として言い表されうる。それはあらゆる思惟に先立っているからである。この構想においては、彼はこれを別様に表現しようとした。たとえば「知らざる知 **das nichtwissende Wissen**」あるいは「無知によって認識される **ignorando cognoscitur**」(**WA III, 4**)と。このような知もしくは認識はソクラテスの無知になぞらえられる。彼は『世界生成論』第一草稿でこれについて論議していた。すでに引用したとおり、彼の解明によれば、「もともと何かを知ろうとすることは不可能である。学問に関するこの結果は、何も知らないことを知るということを誇った、かのソクラテスの結果と何ら違わないであろう」(**WA I, 189**)。最終的に知的無知へ再び突き抜けるような運動、これが学問を生み出す(**IX, 222**)。それゆえ、シェリングは学問の成立について、エアランゲン講義では次のように語る。

学が成立するのは根源的には次の場合のみである。すなわち、ある原理が無知という根源的な状態から現れ知られるようになり、あらゆる形式を通過した後に根源的無知に還帰する場合のみである。絶対的な端緒であるものは知られない。知へ移行するや、それは端から存在することをやめ、端緒として再び見出されるまで前進しなければならない。自己自身を知る端緒として再興された端緒が全知の終わりである。（IX, 222f.）

2　オリエントの知恵（『ヨブ記』）

シェリングはエアランゲン講義では、結局のところ学問の始まりを知恵のうちに見出している。「知恵とは」――彼にとっては――「知識以上のものである」。このような知恵を彼はここではオリエントの伝統のうちに見出している。「知恵とはすぐれて高度な意味でのそれである。この意味で、この語は特にオリエントにおいて、なかんずく『旧約聖書』において用いられる。ヘブライ語で知恵はもともとその起源からして支配、威力、強さを暗示し指示する」（IX, 233）。そのようなものとしての知恵を、シェリングはとりわけ『旧約聖書』のヨブ記第二八章のなかに見出している。[55] そこから彼は次のようなオリエントの詩を引用する（IX, 223）。

だが、知恵はどこからくるのか。／思慮はどこにあるのか。／人はその道を知らず、／生きるものの地でそれは見つからぬ。／淵は言う、〈それは私のなかにはない〉／また海は言う、〈私にはない〉。

それはすべて生きるものの目に隠されている……／滅びと死は言う／〈われらの耳にはそのうわさが入った〉と。／神だけがその道を知り／それのあるところを知る。／神は地のはてまで見通す。

最後の詩にコメントとしてシェリングは言う。それは、神が「あらゆる人間の生」をみそなわすことを暗示している、と。それゆえ、知恵は「初めにあるのでもなく、真ん中にあるのでもなく、ましてや終わりにあるのでもなく――初めと真ん中と終わりのなかにある。つまりここでは知恵は永遠なる自由に等しい」(IX, 224)。だが、この概念は常に「永遠なる自由が認識されるべきだという点で、ある矛盾」に陥る。「永遠なる自由とは絶対的主体＝源状態(Urstand)である。これはいったいいかにして対象となりうるのであろうか」(IX, 223)。これは解消し難い矛盾である。両概念は対象になりえないのだから。このような矛盾、言い換えると、ある循環にシェリングはしばしば言及している。「学問にはこれに関して、永遠なる自由から出発するほか道がない。だがそれを知らずにはそれから出発できない。ここに明らかな循環・堂々めぐりがある」(IX, 228)と。このような循環から脱出する道をシェリングは唯一、脱自のうちに見出す。「哲学は証明する学問ではなく、一言で言えば自由な精神の行状(freie Geistesthat)である。学問の最初の一歩は知識ではなく、むしろ明らかに無知、人間にとっては全知の廃棄である」(ebd.)。

このような知と無知との関係をシェリングは「脱自 Ekstase」という語によって表す。これはエアランゲン講義以前では、彼が「知的直観」と呼んできたものにほかならなかった。こうした事情を彼は一般化して次のように説明している。

この本来的関係を人はおそらく「知的直観」という語によって表現しようとした。直観と呼んだのは、直観すること（一般化した語では）、見ることのうちに主体が消失しており、自己の外に置かれていると想定したからである。……しかしながら、この表現はなお説明を必要とするから、この表現を脇に追いやるほうがよかろう。むしろかの関係のためには、「脱自 Ekstase」という名称を用いることができるであろう。すなわち、われわれの自我が自己の外に、つまりその場の外に置かれるということである。（IX, 229）

哲学の真の原理に到達するためには、われわれは一切を捨て去らねばならない。「これこそが人間にとって最大の歩みである。倫理的回心を新しい生命と名づけるのと同じように、精神生活のうちに、この一切からの自己自身の放擲（Von-sich-werfen von Allem）を観察することができる」（Initia, 17）。別の言い方をすれば、「ここでは一切を放擲する（alles zu lassen）ことが肝要である。――よく言われるように、ただ女子供だけでなく、在るということさえ、ひいては神そのものさえ」（IX, 217）。ここに言われているように、放擲されるべき一切のうちには神さえも含まれている。すなわち、究極の放下・無心（Verlassenheit）とは、神を超えること（Übergottheit）にほかならない。このようなありようを、シェリングはオリエントの賢者の行為（Initia, 18）や、かつての卓越した神秘主義者たちの思想（IX,

217）になぞらえている。エアランゲン講義において「脱自 Ekstase」という語を用いる以前に、シェリングは様々な思想家たちの脱自と自由の思想について論じている。まずは神秘主義者やプラトンそうしてダンテを経てスピノザやフィヒテへ。彼のこの論議を辿ることによって、われわれはこの思想の小史をスケッチすることができる。以下において、それを試みるとともに、折に触れて彼の論議をヘーゲルや西田の思想と比較することにしよう。

3　脱自の思想小史

(1)ディオニュシウスにおける超神の思想

絶対的主体という根本概念は、エアランゲン講義のなかほどで、「かつての卓越した神秘主義者たちの一人」の思想と比定される。この思想に従えば「絶対者――かの絶対的主体――はけっして神とは取り替えられない」（IX, 217）。神と超神とのこうした区別は決定的に重要である。というのも「真に自由な哲学の出発点に立とうとする者は神そのものさえ捨て去らなければならない」からである。「ここで意味されていることとは、すなわち得ようとする者は失い、捨てる者はそれを見出すということである」（ebd.）。言うまでもなく、最後の文言は『新約聖書』の次の聖句のパラフレーズである。「自分の命を保とうする者は命を失い、私のために命を失う者は命を見出す」（マタイ10・39）。

「超神」の思想を説いた者、それをシェリングは「かつての卓越した神秘主義者たちの一人」と呼ぶだけで具体的にその名を挙げていない。今日、神秘主義思想・脱自思想の伝統のスタートはプラトンやプロティノスとされている。[56] エアランゲン講義における脱自思想小史おいて、シェリングはむろんプラトンの名を挙げているが、それは二番目のことである。彼がそれと名指すことなく、ただ「かつての卓越した神秘主義者たちの一人」とのみ呼んで、プラトンに先立って挙げている人物とは、いったい誰であろうか。それは、内容から推測しておそらくディオニュシウス・アレオパギタ（Dionysius Areopagita）であろうと思われる。彼は長らく使徒パウロによってキリスト教に入信したギリシア人で、「アレオパギテース（アレスの丘）」すなわちその丘にあった高等法院の議員であり、『神名論』『天上位階論』『教会位階論』『神秘神学』と十通の書簡（後に「ディオニュシウス文書 Corpus Dionysiacum」と呼ばれることになる）の著者とされ、「使徒時代における最初の教父」として尊敬を集め続けた人物である。[57] ところが、十九世紀末から二十世紀初頭にかけての実証的研究（新プラトン派のプロクロスのテクストとの関連の確証）の結果『ディオニュシウス文書』は使徒時代に書かれたものではなく、はるか後の五〇〇年頃に書かれたものであることが確証されることになるが、この文書はそのため彼の著作ではなく偽書ということになったばかりでなく、結局のところ、真の著者が誰であったかも不詳のまま今日では当文書の著者も「偽ディオニュシウス」と呼ぶのが慣わしになっている。[58]

シェリングのエアランゲン時代はまだ十九世紀の初め頃であったから、当時においても文書の著者はなお「聖ディオニュシウス」と目されていたことであろう。ともあれ、シェリングによって、超神の思想を唱えた神秘家と見なされていた人物がディオニュシウスであったことは間違いなかろう。『ディオニュシウス文書』の成立がかつて想像されていた使徒時代であれ、今日推定されている中世初期であれ、いずれにしてもプラトンから数百年から一千年近くも後の時代の話である。時代の順序を無視してまで、プラトンに先立って、最初に『ディオニュシウス文書』の著者を彼が取り上げようとしたことこそ重要で注目に値する。彼がそうしたのはおそらくそこに盛り込まれている思想のうちに脱自思想の典型を見出したためではなかったかと考えられる。

さて、超神の思想とはどのようなものであったであろうか。『ディオニュシウス文書』のうちそれが端的に語られるのは『神秘神学』*Theologia mystica* においてである。その内容を見てみよう。著者はその冒頭次のような祈りを掲げている。彼はまず神に対して「存在を超え／神を超え／善を超えている／三一なるもの（Trinitas）よ」と呼びかけ、「神秘なる言葉の／不可知を超え／光をも超えた／このうえない頂きへ／われらを導き給え」と懇願する（1171f.［III, 447］）[59]。この「頂き」すなわち叡智界は「隠れた神秘なる沈黙」の世界であり、「光を超えた闇」の世界である（1172［III, 448］）。ここに「闇」とは、通常経験されるような光の欠如でもなくそれに対立するものですらなく、むしろ光の過剰、超光としての闇である。これは「このうえない暗闇で／このうえなく光を超えているものを／輝くことを超えて輝かせ」るものである。それゆえ「闇の光」とも呼ばれる。このような「闇」は、われわれの有限な感覚や知性では、それを見ることも、それについて語ることさえできない。そこにあるのは「沈黙」のみである。したがって、このような「闇」の世界に入るための、言い換えると「頂き」に昇りつめるための、すなわち神との「合一」――unio mystica 神秘的合一――を果たすための唯一の通路は、感覚をも知性をも捨て去った「無知 *ἀγνωσία*《アグノーシアー》」をおいてほかにない。そうしてこれを可能にさせるもの、それが「エクスタシス ἔκστασις」である。「エクスタシス」とは、文字通りには「外に ἐκ」「立つこと στάσις」を意味するが、『神秘神学』の著者はこの語を、「自分自身を離脱・超脱する」とともに「一切を離脱・超脱する」というコンテクストにおいて用いている。この著者は言う。「神秘なる観想の対象に対して真剣に取り組むために……できる限りあらゆる存在と知識を超えている合一へ無知によって昇りなさい。実際あなたは自分自身と一切のものからの完全に無条件で絶対的な超脱（エクスタシス）によって、あなたが一切のものを除去するとともに一切のものから解放されることによって存在を超えている、神の闇の光へと引き上げられるであろう」（1173［III, 449］[60]）と。

興味深いことには、西田が『自覚における直観と反省』（一九一七年）において共感を寄せていたのも、ディオニュシウスの思想であり、さらにはこれを西方ラテン世界に広めたエリウゲナの思想である（彼は両者を併せて「中世神秘哲学」と呼んでいる）。この点については、後に改めて紹介し（第七節2）、そこでの西田の思想とシェリングの思想との比較をも試みる。目下の課題はシェリングによって描かれた脱自思想小史を辿ることである。彼は超神の思想に次いで、プラトンの思想に眼を向ける。そこで、彼は神秘的な超神の思想に関連づけてプラトンの死の思想を持ち出している。

(2) プラトンの死と脱自の思想——ヘーゲルの脱自批判

エアランゲン講義においてプラトンの死の思想に言及する仕方は次のとおりである。

一旦一切を捨て去り、一切を埋没させる一切から見放され、永遠性とともに自己を見た者だけが自分自身の底に到達したのであり、生の全き深みを認識した。これぞ、プラトンが死になぞらえる大きな一歩である。(IX, 217f.)

周知のとおりプラトンの死の思想は、対話篇『パイドン』や『パイドロス』のうちに見出される。[61] 興味深いことに『パイドン』では、プラトンは哲学する者を「死ぬ練習をする者」と定義していた(67e)。というのも、「魂の肉体からの解放と分離が死と名づけられている」(67d)からである。死の直前、ソクラテスはシミアスに問うていた。「では浄化(κάθαρσις)とは、ふるくからの秘教の言葉に語られているように、魂を肉体からできうるかぎり分離すること、そして魂がまさにそれ自身においてあるように、……いわば肉体という縛めから解き放たれていることではないのか。……この魂を解き放つことをつねにまた最も願っているのが、真正に知を求める者たちなのであり、すなわち魂の肉体からの解放と分離こそが、そっくりそのまま知を求める者の不断のこころがけであったのだ。そうではないかね」(67c–d)。また『パイドロス』での神によって授けられた狂気に関するおおがかりなミュートスにおいてもプラトンは同様の思想を語っていた。「まさしくこのゆえに、正当にもひとり知を愛し求める哲人の精神のみが翼をもつ。なぜならば、彼の精神は力のかぎりをつくして記憶をよび起こしつつ、つねにかのもののところに——神がそこに身をおくことによって神としての性格をもちうるところの、そのかのもののところに——自分をおくのであるから。人間はじつにこのように、想起のよすがとなる数々のものを正しく用いてこそ、つねに完全なる秘儀にあずかることになり、かくてただそういう人のみが、言葉のほんとうの意味において完全な人間となる。しかしそのような人は人の世のあくせくとした営みをはなれ、その心は神の世界の事物とともにあるから、多くの人から狂える者よと思われて非難される。だが神から霊感を受けている者という事実のほうは、多くの人々にわからないのである」(249c–d)。「狂える者」に関するこのような語りのなかに、プラトンにおける脱自概念が見出される。後のプラトン主義の伝統のなかで、当然、脱自の思想が語られる。たとえばプロティノスなどは、神との神秘的合一(**unio mystica**)を、彼自身の体験として語ってさえいる。

肉体から離れて自己自身のうちに目覚め、他のすべてを私の背後へ捨て私自身の内部へ入り込む折、しばしば私は驚くべき強烈な美を見、そのような瞬間、実際に高次の領域に属していると確信する。その折、私は最高の生を実現しており、神的なものと合一し、それに根付いたのである。けだし、私は高次の活動に達し、他の一切の知性的なものを超える高みに到達したのである。(Enn. IV, 8, 1–7)[62]

エアランゲン講義での脱自思想小史中シェリングがプラトンに言及した箇所は先に引用した文言だけである。だが、放下・無心を死になぞらえるプラトンの思想は、いま見たように、確実に狂気としての脱自概念にわれわれを導くものであった。ヘーゲルに目を転じてみれば、彼も一八〇七年の『精神現象学』の「序言」のなかで脱自概念に言及していた。ただし、否定的に。とりわけ狂気としてのこの概念に関して。この著作において彼は彼自身の立場を次のように説明している。「真理が存在する真の形態は真理の学的体系以外にありえない。哲学が学の形式に近づけ、知への愛という名を捨てさせて現実の知にするという目標に近づけることに協力することこそ、私が提供するものである」（III, 14）。このような根本構想が他の箇所では別様に表現される。「真理は概念に即してのみ存在という境地をもつ」（III, 15）。このような立場からヘーゲルは「概念ではなく脱自（Ekstase）が、言い換えると事柄の進行する必然性ではなく燃え立つ熱狂が実体の豊かさを捉え、益々拡張してゆくものだ」として脱自に囚われる人々に対抗することを強調している（III, 16）。ここでヘーゲルはおそらく、シェリングを含め、ロマン派の面々を念頭に置いているのであろう。同じ「序言」の末尾でも、彼は脱自概念に言及している。だが、そこでは、この概念は新プラトン主義の立場から「純粋概念」として捉え返されている。「脱自が生み出したものが大いに陰鬱ではあれ、このように誤解された脱自も、実際、純粋概念そのものにほかならないとされた」（III, 60）と。とは言うものの、脱自概念に関するヘーゲルの判断はなお否定的に留まっている。彼はここでも結局、学問に関する彼自身の理念をこのような「純粋概念」としてではなく「概念の自己運動」（III, 65）として定式化し、しかも、これをプラトンからフィヒテに至る思潮に対置していた[63]。

(3) ダンテの放下の思想

すでに指摘したとおり、エアランゲン講義において、シェリングはヘーゲルとは別の道を歩む。彼とは異なって、シェリングは解放もしくは放下——プラトンも用いた語で言えば「浄化《カタルシス》」——に関心を抱いていたので、ダンテ『神曲』地獄編の第三歌に書かれた地獄の門の銘に目を向ける(64)。

われをくぐりて　汝《なんじ》らは入る　なげきの町に／われをくぐりて　汝らは入る　永劫《えいごう》の苦患《くげん》に／われをくぐりて　汝らは入る　ほろびの民に……永遠のほか　われよりさきに／造られしもの無し　われは永遠と共に立つ／一切の望みは捨てよ　汝ら　われをくぐる者

シェリングは特に最後の銘に注目し　それを哲学の入口の銘に書き換える（IX, 218)。

ダンテによって地獄の門に書かれているもの、これこそ、別の意味で、哲学の門前にも書かれうる。「哲学に入るという一切の望みを捨てて入れ」と。真に哲学しようとする者は、あらゆる希望、あらゆる要求、あらゆる憧憬から解き放たれなければならない。この者は何も望んではならないし、何も知ってはならない。まったく無一物で貧しいままに進まねばならない。一切を獲得するために一切が消滅するのである。このように歩むことは困難である。言わば最後の岸から離れることは困難である。

ここでシェリングは、哲学するという課題を意志であれ知であれ、完璧な放下・無心として立てている。このような状態を、われわれは西田の「純粋経験」になぞらえることができる。また西田自身、彼の処女作『善の研究』（一九一一年）において、その中心概念「純粋経験」をシェリングの「知的直観」と同等視している。この点、本章最終節「シェリングと西田」の冒頭で詳しく見ることにする。ここでは、一八〇三年にシェリングが例の自分たちの雑誌『哲学批評雑誌』（第二巻第三冊）に自身の論考「ダンテ論」を掲載していたことを指摘しておこう。そこでは彼は、ダンテの『神曲』が古代の叙事詩でも教訓詩でもない独特の個性をもった文学と哲学、詩と神学が相互に融合した稀有の作品であることを強調している（V, 152ff.）。彼のここでの関心は、すでに触れた「新しい神話」の標榜と関連していた。[65]

⑷ スピノザとフィヒテにおける無限と自由

ダンテに関する発言の末尾は次のようであった。「このような歩みは困難である。言わば最後の岸を離れることは困難である」（IX, 218）。スピノザの思想についてシェリングが語るのは、この文言に続けてである。

このようにわれわれが見なすのは昔からこれを実現した者がごく少数だったからである。スピノザがいかに高みに昇っていることであろうか。彼はわれわれがあらゆる個物・有限物からわれわれを引き離し無限へ高めるべきことを教えている。また彼はいかに深く沈潜していることであろうか。彼はこの無限を実体すなわち死せるもの・静寂なるものと化しており、かつ、この実体を延長するものと思惟するものとの統一と説明している。これらは彼が有限性の領域に下る言わば二つの重みとなっている。(ebd.)

ここでシェリングはスピノザの哲学を、われわれを無限の高みへ上昇させるものとしてきわめて高く評価している。「スピノザがいかに高みに昇っていることであろうか」という、このようなシェリングによる高いスピノザ評価は『近世哲学史』講義におけるそれに通ずるものと思われる。そこでは、「一生に一度もスピノザ主義に沈潜したことのない者は哲学の真実に向かって進めないであろう」とまで言われている。(66)

疑いなく、スピノザの体系のこの静寂と平安こそ、特にその深みという印象を生み出し、内に秘めた抗し難い魅力によってかくも多くの人々を惹きつけた所以である。またつねにスピノザの体系はある意味で模範であり続けるであろう。自由の体系――スピノザの体系に匹敵するほど気高く簡潔な自由の体系――これこそ、元来、最高のものであろう。それゆえ、スピノザ主義は多くの非難・加えられた多くの論駁にもかかわらず、けっして過去のものとなっておらず、これまで実際けっして克服されていない。少なくとも一生に一度もスピノザ主義に沈潜したことのないような人はなんぴとも、哲学における真実と円熟に向かって進むことをおよそ望みえないであろう。(X, 35f. [55f.])

シェリングは、ユダヤ思想に由来するスピノザ哲学独特の閉鎖性にも眼を向けて、次のようにも言う。

スピノザは哲学史のなかでは『旧約聖書』同然の閉鎖性を具現している（彼自身ユダヤ出身だった）。後世における以前よりも高い発展と優れた環境は、彼には知る由もないが、すでに整っており、一部その輪郭も見えかけている。閉じられた蕾はいずれ開花するであろう。こう言ってよいかもしれない。（制限のうちで見られた）スピノザの哲学はヘブライ語のように母音を欠いた文字であり、後世が初めてそれに母音を加え発音できるようにした、と。（X, 40 [63]）

母音を欠いたスピノザ哲学に「母音を加え発音できるようにした」のは私だと言いたげな口吻である。若い頃のシェリングにとっては、スピノザの哲学は、フィヒテ哲学と並んで彼自身の哲学を構築していくための模範にほかならなかった。中期の出発点をなす『自由論』（一八〇九年）や後期の出発点をなす『世界生成の体系』（一八二七―二八年）では、シェリングはスピノザの哲学を人格概念、生の概念の不在ゆえに厳しく批判することになるが、先に引用した『近世哲学史』の文言は、にもかかわらず、中期後期においても、シェリングがスピノザ哲学の真骨頂を「自由の体系」に見、自身の哲学をそれを引き継ぐものと見なしていたことを如実に示している。

初期におけるシェリングの課題は、カント哲学の限界を克服することにあった。彼の診断によれば、「カントは結果を与えはしたものの前提が欠けている」のだった（一七九五年一月のヘーゲル宛書簡）。その際、この前提作り、理論形成の手本となったのが、一方でスピノザの哲学であり、他方でフィヒテの哲学であった。初期著作の一つ『自我論』（一七九五年）において、彼は「批判哲学の諸結果を全知の究極原理に立ち返って叙述」(I, 152) しようとし、フィヒテ知識学という先行の着想に棹差していたが、それは同時に「スピノザの『エチカ』に比肩するものを樹立する」(I, 159) ことをも意味した。このために、全知の諸原理の根本原理として立てられたものが「無制約者」としての「絶対自我」であり、唯一これを捉えうるとされたもの、それが「知的直観」にほかならなかった。シェリングは言う。「自我が自我であるのは、それがけっして客体となりえないことによってである。したがって自我は感性的直観においてではなく、つまり客体を直観しないような感性的でない知的直観において規定可能となる」(I, 181) と。

ここに導入されたシェリングの知的直観は、フィヒテのような意識的自我におけるそれではなかった。彼が言うには、「知的直観は、絶対的自由と同様、意識に現れえないのである。知的直観が可能となるのはそれが客体をもたないことによってのみなのである」(ebd.)。このようなものとしてのシェリングの知的直観は、フィヒテのそれよりはむしろスピノザのそれに類するもの、すなわち人間の自己意識であるよりはむしろ絶対者を直観すること、神的直観にほかならない。シェリングによる知的直観の導入はおそらくフィヒテの『エーネシデムス批評』(一七九二年) における知的直観概念を引き継いだものと思われるが[67]、シェリングは同じ『自我論』のなかで、知的直観をスピノザの体系の「最高点」とも見なしている。その体系においては「神の知的直観があらゆる真理の源泉、語の最も拡張的な意味における完全性である」(I, 185) という点に注目している。

ともあれ、『自我論』における知的直観の受容以来、この概念はシェリングの初期哲学の発展において中心的役割を果たし続ける。われわれを自由に導く唯一の通路として、また自由を認識させる唯一の器官として。周知のとおりシェリングはこの時期自身の哲学を自由の哲学と規定していた。『自我論』の根本テーゼに曰く。「全哲学の初めにして終わりは――自由である」(I, 177)。フィヒテにとっても全哲学の核心は自由にほかならなかった。彼は書簡のなかで折に触れて、自身の体系すなわち知識学が自由の体系にほかならないということを強調している。たとえば一七九五年四月。「私の体系は最初の自由の体系です。あの国民が外的な鎖から人間を解き放つように、私の体系は人間を物(?)自体の枷から解放する……私の体系は、フランス国民が外的な力で政治的自由を闘い取ったいく年かの間に、私自身との、深く根を張ったあらゆる偏見との、内的な闘いを通して成立したのです[68]」(Briefwechsel, I, 449)。あるいは一八〇一年一月八日のラインホルト宛。「私の体系は徹頭徹尾自由の分析にほかならない」(a. a. O., II, 206)。シェリングはむろんこうした書簡の内容を知る由もないが、われわれがいま取り上げているエアランゲン講義において、フィヒテの哲学が自由の哲学であることを次のように強調している。「ようやく現代にたどり着いた。私の前に立ったフィヒテである。彼がまず再び強力に自由に訴えた。われわれが再び自由に全く一から哲学するのはこのおかげである。彼はいかに深く、そのうちに自由な活動の障害を見るいっさいの存在を自己のもとに見ていることであろうか」(IX, 218)。

シェリングにとっても、フィヒテの哲学は自由の哲学にほかならなかった。しかしながら、すでに指摘したとおり、シェリングの場合、同一哲学以降は自我概念を廃棄する方向に進む。その結果がエアランゲン講義における自我概念のみならず知的直観そのものの廃棄と脱自概念の受容にほかならなかった。

ともあれ、エアランゲン講義における脱自思想小史はフィヒテに関するこのような記述で終わっている。本章における残る主題（本章のみならず、本書のサブタイトルともした主題）――「ヘーゲル、シェリング、西田」――これら三思想家の類似と相違に考察を移す手始めとして、まずは後期シェリングによるヘーゲル論理学批判を見ることにしよう。

五　存在と無――ヘーゲルの「消極哲学」とシェリングの「積極哲学」

1　シェリングのヘーゲル批判

すでに注記したとおり（注4）、シェリングはエアランゲン時代にすでに近世哲学に関する講義を開始していた。だが、その折のテクストは失われたままで今日見ることができない。今日見ることができるのは、おそらくミュンヘン大学（一八三三－三四年冬学期）での講義用のものと推定されるテクストである。[69] これに先立つ一八二七－二八年冬学期、ミュンヘン大学創立と同時にその教授に招聘された折に、シェリングは、「世界生成の体系 System der Weltalter」をテーマとする講義を行っている。ヘーゲル哲学は理性的、論理的な哲学であるため「消極哲学」にすぎないという批判を初めて行い、これに「積極哲学」と称する自身の哲学を対置するに至ったのはこの講義であった。この講義を画期として、シェリングの後期哲学は開始される。同じ後期に属するミュンヘン講義『近世哲学史』のテクストでも、ヘーゲル哲学を主題とした講義は「消極哲学」と「積極哲学」との相違の確認から口火が切られる。「ヘーゲルが〈哲学は純粋思惟へ引き返すべし〉また〈哲学は唯一の哲学的対象として純粋概念をもつべし〉という最初の要求を哲学に対して突きつけた時、哲学が現にこの〈思惟学・理性学としての〉限界に引き返し、自分が消極的な哲学、単なる論理的な哲学だと宣言することをわれわれは期待できた」(X, 126 [200])。[70]

シェリングは、ヘーゲル自身、自分の哲学の「論理的本性」をよく認識していたことを指摘した後に皮肉と期待を籠めて言い放つ。「彼が自らを固持し、この思想を厳格に毅然として断念することによって積極的なものに仕立て直したならば、彼こそ積極哲学への移行を達成したことであろう」(X, 126 [201])と。むろん、これは非現実話法で語られた反語である。ヘーゲルの哲学が「消極哲学」に留まるとされる理由は、すでにわれわれの試みた考察を持ち出して言えば、彼が『論理学』の出発点・始まりにおいて存在から無への移行を説く際に、そこに即座に反省を持ち込んだことにある。[71]件のミュンヘン講義におけるシェリングの診断によれば、それは、ヘーゲルが哲学者の衝動にすぎないものを概念の自己運動にすり替えたためである。すなわち「ヘーゲルは運動に入り込むために、概念を辿って始まりに立ち返る。そこでは彼は運動によって初めて生成するはずのものから最も遠く隔たった地点にいることになる」(X, 129 [204])。

ところで、ここに始まりとして立てられたものこそ「思惟されるもののうちで最も消極的なもの」であり、これが「純粋存在」にほかならない。ヘーゲルの弁に従って言えば、これは「いかなる主観的な規定からも自由であり、その限りで最も客観的な概念」ということになる(ebd.)。だが、これは、シエリングに言わせれば、主観でもなければ客観でもない「主客の無差別」にほかならない（X, 129f. [205f.]）。ヘーゲルにおいて過程への移行が開始されるのは、事柄そのものの必然性によるのではなく、事柄そのものに外から手出しする哲学者の思いによる。すなわち、ヘーゲルが「純粋存在に内在的運動を賦与する」のであり、彼がそうしているということは「純粋存在から始めるという思いがその思いを果たせないと感じること以外の何ものをも意味しない。つまり、この思いはヘーゲル自身が純粋存在だと説明する最も抽象的なもの・最も空虚なものに留まれないのである」（X, 131 [208]）。言い換えると、過程への移行に認められるものとは「空虚な概念そのものに宿る必然性ではなく、哲学する者のうちにあって彼の想起によって彼に迫ってくる必然性」（X, 131 [209]）でしかないのである。ここで強調しておくべきことは、このようなヘーゲル批判が同時にシェリング自身の同一哲学に対する批判すなわち自己批判ともなっているということである。先ほど見たように、彼がヘーゲル論理学の「純粋存在」を自身の「主客無差別」に等置したことが如実にこのことを示している。

ともあれ、シェリングは移行さらには過程に対しても批判を加える。過程に対する批判から見るとしよう。それによれば、ヘーゲルは「概念の進行をも過程と呼ぶ」が、これは「真の生命の欠如を覆い隠すためにヘーゲルによって用いられる大掛かりな手段である例の言葉の誤用」（X, 137 [218]）だとされる。けだし「ヘーゲル哲学においては出発点がそれに続くものに対して単なる不足・欠如・空虚として関係するのみであり……そこには空き樽に物を詰める場合同様、克服すべきものは何もない」からである。「存在と無の間にも何ら対立はない」（ebd.）のである。

2　シェリングと西田のヘーゲル批判

シェリングは「存在は無である」というヘーゲルの命題を「単なる同語反復」だと見なしている（X, 134［212］）。ここで問題となるのはコプラ（「である」）の用い方である。シェリングの主張するところによれば、コプラを単なる同語反復ではなく、判断として用いるならば「純粋存在は無の主語・無の担い手である」という意味になろう。このことによって初めて移行も可能となろう。「このことによって、純粋存在は無と不等となるであろう」からである（X, 134［213］）。ここでシェリングは主語面に着目してコプラからその差異化機能・運動機能を導き出している。[72] これを逆に、述語面に着目してコプラからその映像機能を導き出せば、西田の場所の論理となる。西田哲学の成立を画するとされる「場所」論文（一九二六年）において、西田はヘーゲルを批判しつつ自らの場所の論理を展開している。「ヘーゲルの理性が真に内在的であるには、自己自身の中に矛盾を含むものではなく、矛盾を映すもの、矛盾の記憶でなければならぬ、最初の単なる有はすべてを含む場所でなければならぬ、その底には何物もない、無限に広がる平面でなければならぬ、形なくして形あるものを映す空間の如きものでなければならぬ」（四・二八一［I・一三〇―一］）。[73]

場所の概念がプラトン『ティマイオス』の「場所《コーラ》」の概念に由来すること、これについて若きシェリングが注釈を加えていたことについては後に（次節、最終節の冒頭）述べることにして、シェリングのコメントと対比しつつ、西田によるもう一つのヘーゲル批判を見ておこう。

〈或者がある〉〈或者がない〉という二つの対立的判断において、その主語となるものが全然無限定として無となれば、ヘーゲルの考えた如く有と無とが一となると考えることができる〔これはシェリングが「同語反復」と見なした事態の西田流解説と見なすことができよう〕。而して我々はその総合として転化を見る。かかる場合、我々は知的対象として主語的なるものを求むれば唯転化するものを見るのみであるが〔これはシェリングが主語面に着目してコプラの差異機能・運動機能を引き出したことに相当すると見なしてよいが、これに続く主張が西田の場所の論理である〕、その背後には肯定否定を超越した無の場所、独立した述語面という如きものがなければならぬ。無限なる弁証法的発展を照らすものはかくの如き述語面でなければならない。（四・二八一—二［Ｉ・一四七］）

われわれはえてしてアリストテレス流の主語論理および近代認識論の主観論理（カント）、自我論理（フィヒテ）に引きずられて、主語的に思考しがちだが、これに対抗して、述語的、場所的に思考しようとするのが、西田の場所の論理である。彼は言う。「普通には我という如きものも物と同じく、種々なる性質を有つ主語的統一と考えるが、我とは主語的統一ではなくして、述語的統一でなければならぬ、物ではなく場所でなければならぬ。我が我を知ることができないのは述語が主語となることができないのである」（四・二七六［Ｉ・一四一］）と。すでに予告したとおり、西田の場所の概念については次節で改めて考察の機会をもつ。ここでは、ヘーゲルによる存在と無に関する他の発言、とりわけ仏教の無の概念に関するコメントを見ておこう。

3　ヘーゲルと仏教の無の概念

『エンツュクロペディー』において、ヘーゲルは「存在」と「無」の概念を神の概念と結び付けている。「存在が絶対者の述語として語られるとすれば、これは絶対者の第一の規定を与える。絶対者は存在である」（VIII, 183）。絶対者の第二の定義はこうである。「神は最高存在にほかならず、それ以外の何ものでもない。というのも、そのようなものとして、神は同じ否定性として語られている」（VIII, 186）。ある解釈に従えば、ヘーゲルはここで「神の存在論的証明および無からの創造について」語っている。(74)

興味深いことに、このようなコメントに続けてヘーゲルは仏教の無の概念に言及する。「仏教徒が一切の原理、一切の究極目的・目標とする無は同じ類いの抽象である」（ebd.）。だが、ここではヘーゲルは無の仏教的概念の真の意味を捉えていないように思われる。なぜなら、仏教はキリスト教正統派の〈無からの創造 **creatio ex nihilo**〉という神概念・創造概念に見られるような抽象(75)を目指してはいないからである。仏教的意味における無とは、むしろ逆に迷悟からの人間の解放としての実践的内容を指示するものだからである。ヘーゲル論理学にあっては無と存在の概念は最も抽象的なものでなければならなかった。彼は自身の論理学を没規定性でしかない両概念から始めた。そこでは彼は無前提から哲学を始めるという難問に直面していたからである。(76)このような難問との関連において、彼は論理学の初めでは、仏教徒の目標を存在と無という論理的概念と同様の抽象と特徴づけたのだった。ここではヘーゲルは仏教的な無の概念の意味をなおざりにし、彼の注意を論理的過程に移してしまっている。論理学の始まりにおいては、彼は存在と無の概念の真理をある別の概念すなわち生成の概念のうちに見出す。「無はこのような直接態として自己自身に等しく、同様に逆に存在であるものと同じものである。それゆえ、存在ならびに無の真理は両者の統一であり、この統一は生成である」(VIII, 188)。

「生成」概念についてもむろんシェリングは批判を加えている。「まだ noch」という一語の助けを借りて初めてヘーゲルは「生成」に到達する、と。シェリングは『エンツュクロペディー』から「事柄はその始まりにおいてはまだ存在しない」(1. Ausgabe, S. 39 ; 2. Ausgabe, S. 103. 強調引用者)という命題を引用した上で、この一語の挿入によって「純粋存在は無である」という命題は「存在はここでは——現在の立場では——まだ無である」という意味となり、かつ「まだない将来的存在が見込まれる」と、「生成」概念が可能態から現実態への移行として外から持ち込まれていると解釈し、「生成は無と存在との統一ないしは合一である」という命題は陳腐を非凡に見せかけるまやかしだと批判する。「生成においては、無と存在は全然合一されておらず、無はむしろ置き去りにされる」にすぎないからである(X, 135 [214f.] 強調引用者)。ここでの批判は、「ヘーゲル弁証法は過程的にすぎない」という後年の西田によるる根本的なヘーゲル批判[77]を先取りするものとなっていると見なしてよかろう。一八七〇年のトレンデレンブルク(*Logische Untersuchungen*, S. 37ff.)によるヘーゲル批判をはじめとして、ヘーゲル論理学の端緒に位置する「生成」の論理はすこぶる評判が悪いが[78]、シェリングによる批判は後年の一連の批判の先駆をなすものであることは間違いない。

4　シェリングと仏教の無の概念

先にヘーゲルによる仏教の無の概念に対するコメントに眼を留めた。シェリングによるそれを無視するのは片手落ちである。これにも眼を向けておこう。彼は一八二七－二八年冬学期のミュンヘン講義『世界生成の体系』のなかで仏教の無の概念についてわずかながら触れている。しかも、ヘーゲル哲学を「消極哲学」にすぎないと論難、断定した直後において。

シェリングは当『世界生成の体系』講義の第一九講において、純粋思惟の学問としての論理学が「積極哲学」ではありえないことを詳論している（SdW, 80）[79]。ここに初めて、シェリング後期哲学の全体が特徴づけられることになる「積極哲学」という語が登場する。この第一九講において、シェリングは自身の哲学を、「消極哲学」にすぎないヘーゲル哲学に対して、「積極哲学」として立てる。彼は言う。「哲学は思惟の仕事ではあるが消極的な思惟の仕事ではない。それは思惟からけっして出てくるものではなく、みずから対象に関係する現実的で積極的な思惟の仕事である。というのも、前もって積極的なものが現存するということを意味する熟考（*Nachdenken*）という語がこのことをすでに示しているからである」（ebd.）。「形成された端的な消極的な第一者（prius）については『それが措定される』とは語れない。それは無に最も近いもの、最も消極的なものである。けだし、具体的なものがそれ自身の優先性を保持しているからである」（ebd.）。後期シェリングにとっては「哲学の真の始まりは具体的なものでなければならない。——哲学が具体的なものをもつ場合にのみ、哲学は具体的なものから生成するものを熟慮することができる。というのも、哲学は消極的なものから始めることができないからである」

(SdW, 81)。

シェリングは、ヘーゲルの『精神現象学』によって、自身が体系として立てた同一性体系に対して厳しい批判を浴びることになった。それ以後、彼は営々として自身の次なる体系の構築を模索し続けた。それが、これまでわれわれの見てきた『自由論』であり、『世界生成論』草稿であり、エアランゲン講義『哲学本性論』であった。ここミュンヘン講義『世界生成の体系』において初めて彼は、タイトルに掲げたとおり、自身の体系を積極的に提示するに至ったのである。その間、ヘーゲルの『現象学』刊行から数えて二十年になんなんとする時を経ている。

ともあれ、ここで注目しておきたいのは、右に引用した文言に続けて、仏教の無の教えに関する以下のようなコメントが加えられていることである。「仏陀が弟子に『一切は無より来り無に帰す』という偉大な教えを垂れた時、彼がそれを行ったのは彼の生涯の最期においてだった。すなわち、これはけっして始まりではなく、彼の思考、彼の経験の結果であった」(ebd.)。たとえば、これは禅仏教を例に採れば、その修業の過程、悟得の過程を絵解きした十牛図というものがあるが、そこでも人が無の境地に至るのは最後の段階においてである(80)。シェリングがこの知見を得たのはF・シュレーゲルを介してだが(SdW, 81, Anm. 44)、彼は仏教の無の思想を的確に捉えていたと言ってよかろう。

5　シェリングとキリスト教神秘主義（神智学）

とは言うものの、シェリングの場合、このような発言は、ことのついでに言及されたに留まっている。

彼が格闘したのはキリスト教の伝統のなかである。筆者は注60のなかでドイツ神秘主義の一つであるエックハルトのそれにも触れておいたが、実際にはエックハルトなどのドイツ神秘主義はシェリングの視野には入って来ていない。神秘主義思想として彼の視野に収まっていたのはベーメに代表される「神智学 Theosophie」であった。他のミュンヘン講義『近世哲学史』の説明によれば、神智学とは次のようなものである。「それは観照すなわち直接経験のうちにすっぽり浸り、万物を恍惚の境に入って見ていること、言い換えると、万物が神すなわち真に根源的な状態のうちにあるがままに見ていることを誇るものである」（X, 184［287］）。このような「神智主義 Theosophismus」によれば、人間の本質は本来「創造の始まりにあったもの」であり、「創造の起源に等しい」ものである（X, 185［288］）。にもかかわらず、「人間の本質は最初の創造によって置かれた場所に留まらなかった。人間は事物に対する彼の普遍的中心的位置を再び喪失し、再び事物となった」（X, 185f.［289］）。堕罪という「誤った脱自（Ekstase）によって、人間は万物を知る者であった中心の外に置かれているのである」（X, 186［289f.］）。しかしながら、「神智主義」において脱自は二重のものと見なされている。「人間は逆の脱自によって、事物の中心点、そうしてまた神性そのものへという恍惚の境に入りうる境地へと置き移されうるはずであろう」（ebd.）からである。

シェリングの見るところ、不可解なことに、神秘主義者たち・神智主義者たちが恍惚の境・脱自の境にあるのならば、彼らは至福の平安にあるはずだというのに、厄介な悪戦苦闘に陥っている。彼らは語りようのないものを語ろうとしているからである（X, 187［291］）。シェリングはここに、語りようのない神秘体験を語ろうとする神秘主義に共通する矛盾を見出している。シェリングは言う。「彼らが実際に中心のなかにあるのならば、彼らは沈黙せざるをえないであろう。——にもかかわらず、彼らは同時に語ろうとし、自己を言い表そうとしている。しかも中心の外にいる人々に向かって自己を言い表そうとしている。このうちに神智主義の矛盾はある」(ebd.)と。シェリング自身が同様の窮地、危機に陥ったのは、すでに見たとおり、エアランゲン講義において無知の立場に逢着した折だった。そこで、彼は「学問の沈黙」を認めざるをえなかった。ミュンヘン講義においては、彼は神智主義の窮地を逆手にとって前進する。そこで彼は強調する。「神智主義者が誇るとおり、人間は万物が生成してきた超越的過程を自己自身のうちで経験できるかもしれないが、だからといって、このことは実際の学問に導きはしないであろう。というのも、あらゆる経験、感情、観照はそれだけでは無言であり、言い表されるためには媒介器官を必要とする」(X, 188f. [293])と。このような媒介器官を、シェリングはイギリス経験論とは異なった独特の経験論——「真の事実」(X, 227 [505])を経験する哲学的経験論のうちに見出す[81]。「真の事実」を経験するとは、理性的論理的な何であるか(was)を問題にするということではなく(ヘーゲルの「消極哲学」)、事そのもの(daß)を問題にするということである(シェリングの「積極哲学」)。興味深いことに、大橋良介は『近世哲学史』講義において神智主義に関する議論がヘーゲル哲学——「完成された消極哲学」——に関する議論の後でなされたことに注目し、ベーメの哲学を「この消極哲学の克服としての積極哲学への第一歩」に位置づけている[82]。

六　無と場所——シェリングの脱自の思想と西田の場所論

シェリングの後期哲学を、西川富雄は事実存在論（daß-Ontologie）と特徴づけ、それを西田哲学と比較している。西川は「両哲学者の共通性を存在論的観点から示そう」というのである。西川によれば、シェリングの存在論は「ポテンツ論に基づいて、場所もしくはコプラの論理」と名づけうるが、西田哲学も類似の論理と特徴づけうるということになる。[83] 興味深い試みであるが、筆者は以下では、西田の自覚の立場や場所の論理[84]を、本章前半で考察した中期シェリングの自由論や脱自思想と比較したい。ところで、西田の場所の論理は先行思想としては、アリストテレスの主語論理に対立するプラトンの述語論理に棹差している。

1　主語論理（アリストテレス）と述語論理（プラトン）

西田はアリストテレスの論理を主語論理、プラトンの論理を述語論理として特徴づけ、一方を主語の方向に向かって個別化を極限にまで推し進めるもの、他方を述語の方向に向かって限りなく一般化を推し進めるものとして理解する。言い換えると、一方は有の方向への極限化であり、他方はその反対の無の方向への極限化ということになる。アリストテレスにとっては、真の実在（第一実体）とは「述語とはなりえない主語」「他の諸事物を支える基体」を意味し、プラトンにとっては、個々の事物を超越した普遍・一般者にほかならなかった(85)。西田はアリストテレスの採った方向を西洋の実体形而上学の極北として、これを退け、プラトンの採った方向を採用する。これが、かの「場所」論文（一九二六年）で「於てある場所」――簡単には「場所」と呼ばれるものにほかならない。もっとも、西田はプラトンの考えを全面的に受け入れたわけではなく、それに批判を加えている。西田のプラトン批判については、以下において西田の場所概念について解説した後に見る。ここでは、アリストテレス批判のみを見ておこう。それはいたって簡単なもので、「物が属性をもつ」という実体―属性観・主語論理が場所の意義を失わせるものであるということに尽きる。「場所」論文では、それは次のように言われている。「アリストテレスの如く性質が物に於いてあるといい得る。しかしそれでは場所の意義は失われて物が属性をもつということとなる」（四・二二八［I・七七］）と。

2　プラトン（『ティマイオス』）とシェリング（『ティマイオス注釈』）

興味深いことには、当論文において西田は「場所」という語をプラトン晩年の作品『ティマイオス』から借りてくる。周知のとおり『ティマイオス』では一種の神話（「ありそうな物語」）として宇宙の生成が語られた。それによると、宇宙は制作者《デーミウルゴス》によって最善で最美の「永遠」「つねに同一を保つもの」をモデルとして、その「似姿」として制作される。言うまでもなく、これはプラトン年来のイデア論に則った宇宙論であって、われわれが目にするこの世の生成変化する事物、生成するものは、永遠で同一のイデアの写し・似姿と見なされている(86)。しかしながら（「製作者」の問題は別にして）、『ティマイオス』の宇宙生成論を特徴づけるものはこれではない。その宇宙生成論を特徴づけている独特のものは、「イデア」と「生成するもの」という二つのもののほかに第三のものが想定されている点である。この第三のものとは「目に見えぬもの、形なきもの」であるため、「捉えどころのないもの」（51b）とされながらも、作り主である「父」に対して「母」になぞらえられており、「母のようにあらゆる生成を受け入れる受容者《ヒュポドケー》」（49a）とも「場所《コーラ》」（52d）とも呼ばれるものである[87]。

藤沢令夫の指摘に従えば、プラトンのイデア論の立場では、不断の生成変化の過程にある現象界にあって個物は「究極的な実体の性格をもつものとして実在するということは、不可能であるはず[88]」である。したがって、イデア論に忠実である限り、われわれの語り方も真実には実体的ではなく、様態的・場所的でなければならない。すなわち「このものは火である」とか「これは水である」とかいった言い方をすべきではなく、正しくは「そのつどいつも似たものとして現われるような、これこれ様の性格」というように語られるべきである。このような性格は「〈場〉の中へ入ることによって現われ、ふたたびまたそこから消滅してゆく」のである[89]。

若きシェリングもまた――彼が十九歳で『ティマイオス』について注釈を試みた際に――「受容者」「場所」もしくは「母」と「火」「水」「土」等の諸要素・諸元素との関係について次のようにコメントしていた。「それゆえ、世界の基礎にある物質が土、火、水等だとは言えない。というのも、物質は火の様（feurig）、水の様（wäßrig）等となったものにすぎないからである。……現象の基体としての世界のもとでは叡智界は理解されないということは、彼〔プラトン〕が次のように言っていることから見て取れる。『あらゆる事物のこの見えざる母は捉えがたい知性形式によって初めて分有されるものとなった[90]』」。「あらゆる事物の見えざる母」という語は、プラトンの術語としては「母のようにあらゆる生成を受け入れる受容者《ヒュポドケー》」(49a6–7)に相当する。この「受容者《ヒュポドケー》」は、プラトンにあっては、現象の基体にほかならなかった。シェリングは『ティマイオス注釈』(一七九四年)で、プラトンのこのような思想、さらには対立を合一する第三者の必然性の思想に注目している[91]。

3　プラトンの場所と西田の場所

すでに指摘したとおり、西田は「場所」という語をプラトン晩年の宇宙論『ティマイオス』から受け継いでいる。だが、彼はこれを「いわゆる意識現象を成立せしめるもの」として受け継いでいる。したがって、彼は直ちに「無論プラトンの空間とか、〔イデアを〕受け取る場所とかいうものと、私の場所と名づけるものとを同じいと考えるものではない」(四・二〇八〔I・六八〕)と断ることになる。これはどういうことなのか。まずは「場所」論文冒頭部における場所概念の導入箇所を見てみよう。「我々は物事を考える時、これを映す如き場所という如きものがなければならぬ。先ず意識の野というものをそれと考えることができる。何事かを意識するには、意識の野に映さねばならぬ。而して映された意識現象と映す意識の野とは区別せられなければならぬ。意識現象の連続其物の外に、意識の野という如きものはないともいい得るであろう。しかし時々刻々に移り行く意識現象に対して、移らざる意識の野というものがなければならぬ。これによって意識現象が互に相関係し相連結するのである」(四・二一〇

［Ⅰ・六九］）。

ここで西田は「場所」を一貫して意識論に即して語っている。一見したところ、どこを取ってもプラトンの痕跡はなさそうに見える。だが、西田の「場所」概念はやはりプラトンのそれに由来するものであり、ここでもその受容的性格が「映す」という仕方で受け継がれている。表立って語られているわけではないが、西田はここで実はプラトンの思想を受け継いだプロティノスの思想に従っている[92]。プロティノスはプラトンによって「母」に比された「場所」を、イデアがその影を映す「鏡」になぞらえていた（『エンネアデス』III, 6, 7, 9）。西田が多用することになる「映す」「映される」という語はプロティノスの鏡の比喩に連なるものである。もっとも、西田の用いる「場所」という語、また「映す」「映される」という語がプラトンやプロティノスに由来するものであるとしても、西田の「場所」の概念、思想は件のギリシア哲学に還元されるべきものではない[93]。大橋良介はプロティノスの「鏡」の比喩等が「場所」的な考えを示唆するものではあれ、「プラトンに即していえば、この『母』の原理である『場所』は、エイドスすなわち『形相』に対する『質料』である。それは有に対する限りでの無に留まった。それは相対的な無とも言うべきもので、西田の言う絶対的な無ではない」として、西田の次の発言を引用している。「無の深い真の意義は希臘哲学には見出されない」（一二・七）[94]。

実際、西田はギリシア哲学から借りた「場所」の概念を、最終的には「真の無の場所」「絶対的無の場所」と規定する。彼は「場所」の概念を三つの局面の深化として捉えている。「有の場所」から「対立的無の場所」を経て「絶対的無の場所」へと至る深化である。それぞれの場所において、当然そこに見られるもの、映されるものは異なってくる。番号を付して引用する。

(1)限定せられた有の場所において働くものが見られ、(2)対立的無の場所においていわゆる意識作用が見られ、(3)絶対的無の場所において真の自由意志を見ることができる。(四・二三二〔Ⅰ・九二〕)

(1)「有の場所」である第一の局面は通常の判断・知識が成立する場所である。このような場所で見られるもの・そこに映されるものは「働くもの」すなわち対象作用とされている。この意味で、ここに現出する世界は言わば「自然界」ということになる。(2)これに対して、第二の局面では「意識作用」とあるように、そこに現出する世界は「意識界」である。西田が言うには、そこに成立する知識はなお「概念的知識」に留まっている。「概念的知識を映すものは相対的無の場所たることを免れない」(四・二二四)。(3)究極の第三の局面は「叡智界」として第二の次元とは決定的に異なっている。それが成立するのは「直覚」とも呼ばれる「直観」においてである。これは通常の判断である包摂判断を超えるものである。すなわち「一般の中に特殊を包摂して行くことが知識であり、特殊の中に一般を包摂することが意志であり、この両方向の統一が直観である」(四・二五八)。「いわゆる直覚において既に真の無の場所に立つのであるが、情意の成立する場所は更に深く広い無の場所でなければならぬ、この故に我々の意志の根抵に何等の拘束なき無が考えられるのである」(四・二二四―五)。

以上のような三局面・三次元[95]のうちプラトンの「場所」と関連づけうるものは「対立的無の場所」と

規定されている第二の局面であろう。すでに見たとおり、プラトンは「場所」を「形なきもの」「捉えどころのないもの」と見なしており、これは「形相」に対立する「質料」として相対的な無を意味すると考えることができるからである。[96] ここで西田のプラトン批判を見ておくことにしよう。われわれはそれによって西田の立場がプラトンのそれとは決定的に異なっていることを確認できるからである。西田はプラトン哲学を次のように批判している。「プラトンの哲学においては、一般的なるものが客観的実在〔イデア〕と考えられたが、真にすべてのものを包む一般的なるものは、すべてのものを成立せしめる場所でなければならぬという考には到らなかった。この故に場所という如きものはかえって非実在的と考えられ、無と考えられたのである」(四・二二三〔I・八三〕)。

ここに「すべてのものを成立せしめる場所」と言われているもの――これこそが第三の立場たる「絶対的無の場所」である。ここに映されるものは西田によって「自由意志」とされている。「自由意志」の立場は、「場所」論文が収められた『働くものから見るものへ』(一九二七年)に先立つ著作『自覚における直観と反省』(一九一七年)において「余がこの書において最後に達し得た最後の立場」(二・一〇〔I・二九〕)としてすでに登場していた。「自由意志」の立場がどのようなものであったかを見るために、以下、この書の要点を辿っておこう。

4 『自覚における直観と反省』の概要――「現今哲学」の批判

初期から中期にかけての西田の思索の歩みは「純粋経験」に始まり「自覚」を経て「場所」に至る。

「場所」の立場に至る中間点、過渡期に位置する「自覚」の立場は、出発点、処女作との関連から見れば、「純粋経験」の立場の捉え直し鍛え直しということになる。そうして西田が「自覚」と言う場合、特にフィヒテの自我哲学を念頭に置いていた（「自覚」とは「自己意識 Selbstbewußtsein」の西田訳である）。こうした事情を、西田自身、「場所」論文を収めた『働くものから見るものへ』の「序」の冒頭に次のように記している。「純粋経験を基として物心の対立、関係等種々の問題を解こうとした私は、深くベルグソンの哲学に同感するとともに、リッケルトの如きカント学派の哲学に対して、如何にして自己の立場を主張すべきかを考えた。而して当時、私はかかる立場をフィヒテの自覚の如きものに求めた。『自覚における直観と反省』はかかる意味における試作である」（二・三［I, 33］）。

この試作『自覚における直観と反省』は「純粋経験を唯一の実在としてすべてを説明して見たい」（一・四）という抱負のもとに著された処女作『善の研究』（一九一一年）刊行後しばらくして（一九一三年）連載が開始されながら、それが数年（一九一七年まで）という長きにわたってしまった難渋をきわめた諸論文の集成で、そのため彼自身これを「悪戦苦闘のドッキュメント」（二・一一［I・三〇］）と特徴づけている。このように彼に「悪戦苦闘」を強いた問題とは、「余のいわゆる自覚的体系の形式によってすべての実在を考え、これによって現今哲学の重要なる問題と思われる価値と存在、意味と事実との結合」（二・三［I, 3］）を果たそうというものであった。この問題はドイツ観念論において立てられた課題に等しく、それは、カントによって裂け目を入れられ、峻別された理論哲学と実践哲学とを結合し統一するという課題であり、西田はこの課題にフィヒテの「事行 Tathandlung」概念を出発点に据えることによって取り組んでいる（同）。しかも当時流行の哲学に対する彼流の応答として。それが『自覚』諸論文を特色づける「現今のカント学派（＝新カント派）とベルグソンとを深き根抵から結合する」（同）という企てにほかならなかった[97]。

当時流行の両哲学を根抵から結合するというこの企ては、同時に両哲学双方を批判すること、両面批判を遂行することでもあった。そうしてさらに、このことは処女作との関連から言えば、彼がその根底に据えた「直接経験」としての「純粋経験」の概念を「現今の哲学」の諸概念によって鍛え直すことをも意味した。

まずは新カント派の哲学との関連から見てゆけば、『自覚』諸論文で立てられた「価値と存在、意味と事実との結合」という根本課題は新カント派の一派、西南学派のリッカート（西田の表記ではリッケルト）の企てを引き継いでいる。彼は外界との一致を真理と見なす模写説を排して、経験内容の構成に重きを置く構成主義の立場に立っていたが、彼はこれをさらに強めて、真理さえ当為によって成立する、「存在の前に価値がある」という「真理の規範的意識」を主張していた[98]。諸論文を『自覚』書にまとめる際に付されたあとがき「跋」は「この書において述べた考をカント哲学との関係において簡単にまとめて話」すことから始められているが、そこでも前記のリッカート説の確認から稿が起こされている。

あるいは、新カント派のもう一つの派、マールブルク学派の「頭目」コーエン（『自覚』における西田の表記ではコーヘン）は、西南学派同様、論理的知識を根本とし、知識を構成作用と見るが、彼の独自性は「思惟を生産的と考え意味の世界を動的と考える」ことにある（一四・五五）[99]。西田は『自覚』書の一論文ではカントにおける知覚の先取原理（＝予料原則）[100]に関するコーエンの解釈に注目している。コーエンはこの原理に関して「思惟に対して『与えられる』ということは外から与えられるのではない、思惟によって要求せられるのである」（二・一〇〇）という構成主義的な解釈を提起したのだったが、これを、西田は「意識作用の起源についてなお深い思索を欠いている」と見なして、「認識論に留まること」なく「形而上学を要求する」に至っている（二・六〔Ⅰ・二五〕）。

「形而上学を要求する」ということは、カント哲学の用語を用いて言えば「物自体の圏域にまで踏み込んだ議論をすべし」という要求を掲げたことを意味することになるが、「物自体」の概念は、当時においても、また今日においてもなお、カント解釈上様々な議論・論争を呼び起こす厄介なものにほかならない。この難問に関してもまた、西田は自身の見解を当時の新カント派――この場合はヴィンデルバント――の見解と結び付けている。「物自体とは知識の原因という如きものではなくして、概念的知識以前に与えられた直接経験という如きものとならねばならぬ。現今のカント学派はこの如き意味において物自体を考えていると思う」（二・三三九）というように。あるいはまた、ヴィンデルバントは物自体と現象界とを質的に異なるものではなく、量的に異なるものと見なしている。西田はこの見解を捉えて、これをベルクソン（西田の表記ではベルグソン）の「純粋持続」の思想[101]に重ね合わせている。西田はこの時期、「現今のカント学派の考は全く異なった源から発展し来たったと思われる仏国のベルグソンなどの考と結合することができる」と見なしており、「リッケルトの如きも『自然科学的概念構成』の第二版の始においてベルグソンの純粋持続の如きものを認めている」（同）とも指摘している。

「純粋持続」とは、ベルクソン自身の弁によれば、「あたかも私たちをうっとりさせるような継起的な楽音がそうである」ような「質的諸変化の継起」にほかならない（『時間と自由』p. 126）[102]。このようなものとしての持続は既成のイメージや日常語（外面化された記号）にまみれた表層的自我の言い表せないものである。持続が現れるのは「根底的自我」（「直接的意識」）においてである（p. 153）。これは、空間時間論に即して言えば、「等質的で無規定な環境」と見なされるのが常である空間から時間をそれとは根本的に異なるものとして截然と区別することである。「にもかかわらず、人々は一致して、時間を、空間とは異なるが、空間と同じく等質的な無規定の環境とみなしている」（p. 119）。ベルクソンによれば、カントの場合も同じ弊に陥っていた。「カントの誤謬は時間を等質的環境とみなしたことであった」（p. 276）。このことによって、カントは「持続」に通ずる道を塞いでしまったばかりか、「自由」をも「理解し難い事実」にしてしまった。内界外界双方に対して同じ因果性を持ち込むことになったからである（p. 277）。「純粋経験」によって一切を説明しようとし、その立場から新カント派の哲学と対決しようとしていた西田にとって、ベルクソンの哲学とりわけ「純粋持続」の思想がこの上ない援軍に見えたのも当然と言える。だが、西田はこの援軍に全幅の信頼を置くことができなかった。そこには「再現不可能」（p. 284）という思わぬ伏兵が潜んでいたからである。「直接経験」もしくは「純粋経験」を、一切を超えた「絶対自由意志」として捉えようとしていたこの時期の西田にとって、自由意志は時間という限定さえ超えるものでなければならなかった。したがって、稀にしか生起しない自由の体験、過去に生じた持続の体験といえども「繰り返すことができる」（二・二九〇）ものでなければならなかった。このように考える西田には、ベルクソンのように、それを「繰り返すことのできないもの」と見なすことは「既に思惟対象の世界に堕している」（二・三四二）としか思えなかった。

5 『自覚における直観と反省』の結論──「中世神秘哲学」

難渋を極めた『自覚』諸論文での思索の果てに彼が辿り着いた結論は、当書上梓に際しての「序」においても、連載論文の起稿から数えて三十年後（一九四一年）の彼自身の回想においてもともに「刀折れ矢つきて降を神秘の軍門に請うた」（二・一一〔Ⅰ・三〇〕（二・一三〔Ⅰ・三二〕））と言わざるをえないものであった。彼自身の求める「真に直接的なる世界」を捉えた思想を、彼は「中世神秘哲学」(103)に見出すほかなかったからである。彼は様々なコンテクストにおいて繰り返しこれに言及している。『自覚』結論部（第四十―四十四節）の冒頭では、これは次のように言われている。「多くの紆余曲折の後、余はついに前節の終において、知識以上の或物に到達した。余はこれにおいてカント学徒と共に知識の限界を認めざるを得ない。ベルグソンの純粋持続の如きも、これを持続という時、既に相対の世界に堕している、繰り返すことができないというのは、既に繰り返し得る可能性を含んでいる。真に創造的なる絶対的実在はディオニシュースやエリューゲナの考のように一切であると共に、一切でないものでなければならぬ」（二・二七八）。

すでに触れたとおり、難渋を極めた諸論文を一書『自覚における直観と反省』にまとめた際に、西田はあとがき「跋」を付している。今引用した結論部冒頭に先立って引用したベルクソン批判は「跋」中のものだった。「跋」においても西田はベルクソン批判に続けて「中世神秘哲学」に言及している。「真に直接なる世界はスコトゥス・エリューゲナのいわゆる止まれる運動、動ける静止の世界でなければならぬ。それでこの世界は全然我々の思惟の範疇を超越している。昔ディオニシュース・アレオパギタやスコトゥス・エリューゲナが云った如く神はすべての範疇を超越している、神を有というのも既にその当を失している。我々の意志は有にして無、無にして有なる如く、この世界は有無の範疇すらも超越している。いわんやここには空間も時間も因果もない、無より有を生ずるのである」(同)。興味深いことには、西田はこれに続けてさらに新プラトン派の流出説よりも中世教父哲学の創造説を優れたもの、自身の立場に即したものと見なす発言を行っている。「余はここにおいて希臘の終期における新プラトー学派の流出説からオリゲネス[104]などの教父哲学の創造説に転じた所に深い意味を認めざるを得ない。最も深き実在の解釈はこれを理性に求むべきではなくして、かえって創造的意志にあると思うのである」(一・三四二)。

西田は古代ギリシア哲学に対してはしばしば自身の立場に馴染まないものとして否定的に扱い、それに対して中世哲学とりわけ「中世神秘哲学」を自身の立場に親縁なものとして高く評価している。彼は本文のある箇所では「認識以前の実在」を「理念の世界の如きもの」と考えるプラトンのイデア論を槍玉に挙げて、それよりは「中世神秘哲学の考が遥かに徹底的」だと主張している。彼はエリウゲナ(＝エリューゲナ)の神論に注目しつつ言う。「余はエリューゲナの創造して創造せられない神 **Natura creans et non creata** は、創造もせず創造もせられぬ神 **Natura nec creata nec creans** と同一であるという考に深き意味を認めざるを得ない」（II, 279）と。件の「跋」の最後、すなわち『自覚』書の末尾においても、西田はエリウゲナ（＝エリューゲナ）の同じ神概念を引用して、そこに含まれる自己否定の契機に注目している。(105)

右に云った如く抽象的立場から具体的根元に移り行くということは、一方から見れば我々の最も直接な具体的全体に還るということである。絶対意志というのは我々に最も直接なる現実である。……我々に最も直接なる絶対自由の意志は「創造して創造せられぬもの」creans et non creata たると共に、「創造もせず創造しもしないもの」nec creata nec creans である、到る所に己自身の否定を含んでいる。（二・三五〇）

七　シェリングと西田

本章のこれまでの考察において折に触れて、シェリングと西田との比較を試みた。本章の考察を閉じるにあたって、最後に改めてまとまった仕方で、同じくシェリングと西田との比較を行っておこう。

1　シェリングの知的直観

すでに見たとおり、シェリングはエアランゲン講義において、意志であれ、知であれ、その究極・核心を完璧な放下・無心として立てていた。このような思想的境位を西田哲学と比定すれば、それは一つには「純粋経験」になぞらえることができる。一九一一年の処女作『善の研究』において西田幾多郎は言う。「例えばここに一本のペンがある。これを見た瞬間は、知ということもなく、意ということもなく、唯一個の現実である」（一・三八）。判断における主客未分という意識状態、言い換えると主客の直接的同一性を西田は「純粋経験」と呼んでいる。彼の研究の冒頭は以下のとおりである。「経験するというのは事実其儘に知るの意である。全く自己の細工を棄てて、事実に従うて知るのである。純粋というのは、普通に経験といって居るも者も其實は何等かの思想を交えて居るから、毫も思慮分別を加えない、真に経験其儘の状態をいうのである。……純粋経験は直接経験と同一である。自己の意識状態を直下に経験した時、未だ主もなく客もない。知識とその対象とが全く合一して居る。これが経験の最醇なる者である」（一・九）。

興味深いことに西田はこの研究において「純粋経験」というこの根本概念を知的直観と等置するのだが、知的直観は彼の場合「例えば美術家や宗教家の直覚の如き者」（一・四〇）と見なされている。彼はこのことについて次のように語る。「モツァルトは楽譜を作る場合に、長き譜にても、画や立像のように、その全体を直視することができたという。単に数量的に拡大せらるのでなく、性質的に深遠となるのである。例えば我々の愛に由りて彼我合一の直覚を得ることができる宗教家の直覚の如きはその極致に達したものであろう」（一・四一）。このようなものとして「純粋経験」を西田はさらに次のように特徴づける。「厳密なる純粋経験の立場より見れば、経験は時間、空間、個人等の形式に拘束せられるのではなく、これらの差別は反ってこれらを超越せる直覚に由りて成立するものである。又実在を直視するというも、凡て直接経験の状態においては主客の区別はない、実在と面々相対するのである」（一・四二）。ここで彼はこのような知的直観としての「純粋経験」という彼自身の概念をシェリングの同一性の概念と同じものと見なすに至る。[106]「シェルリングの同一 Identität は直接経験の状態である。主客の別は経験の統一を失った場合に起こる相対的形式である。これを互いに独立せる実在と見做すのは独断にすぎないのである」（同）。

周知のとおり、同一性体系においてシェリングは絶対的同一性を「主客総無差別」もしくは「絶対的理性」と規定していた。この規定において決定的に重要なのは「この立場に到達するには思惟する者が捨象されねばならない」（IV, 114）とされていることである。後のミュンヘン講義での説明に従えば、この立場はすでに一八〇一年の論文「自然哲学の真の概念」において、「知的直観から取り出された主客」（IV, 84）として提示されたものであり、これが「主観性から解放された客観的哲学の初源」（IV, 85）であり、この哲学は次の点でフィヒテの哲学と区別されるべきものである。「フィヒテは自我の存在を証明するために知的直観に訴えたのだった」（X, 148）。シェリングの同一哲学の立場においては、純粋思惟の事柄は「直接確実なものとして知的直観の中での自我のような自我ではなく、主観によって知的直観において獲得されたものの捨象によって成立するような自我である」（ebd.）。一八〇四年のヴュルツブルク講義ではシェリングはこの直観を次のようなものとして特徴づけている。「知的直観のうちでは、自我性そのものはそれに対立するものとともに消滅する」（VI, 145）と。このような自我性の消滅は脱自と同等視できるであろう。シェリングの場合にも、これが芸術と宗教の双方において中心的役割を演ずる。

(1)一八〇一年の対話篇『ブルーノ』のなかに、芸術作品創造における主客の無差別が見出される。当対話篇において、この点について、等しいものは等しいものによって認識されるという古代的原理に従いつつ、次のように語られる。「作品を創造するものと創造されたそのものとは一体であり、両者ともに美しい。美しいものが美しいものを生み出し、神的なものが神的なものを生み出す[107]」(IV, 230)と。太古においてはこのような同一性の典型的な形態は詩人のうちに見出される。詩人は「神々の解釈者であり、神々によって駆り立てられ霊感を与えられた人々から尊敬された」(IV, 231)のだった。すでに示したとおり、西田も「芸術家の精巧なる一刀一筆」(I, 43)のような芸術作品の創造のうちに「主客合一、知意融合の状態」を見た。この状態においては——と彼はこの折次のように強調している——「物我相忘じ、物が我を動かすのでもなく、我が物を動かすのでもない。ただ一の世界、一の光景あるのみである」(一・四三)と。忘却・放下というこの根本性格を彼は知的直観の根本規定と見なし、しかも次の点に注意を促している。この直観は「主観的作用」を意味するよりはむしろ「主客を超越した状態である。……芸術の神来の如きものは皆この境に達するのである」(同)。

(2)すでに指摘したとおり、西田も宗教的覚悟を知的直観と結び付けていた。『善の研究』第一編の末尾に言う。「真の宗教的覚悟とは思惟に基づける抽象的知識ではない。また単に盲目的感情でもない。知識および意志の根底に横はれる深遠なる統一を自得するのである、即ち一種の知的直観である。……

その形は種々あるべけれど、すべての宗教の本にはこの根本的直覚がなければならぬと思う」（一・四五）。西田とは異なってシェリングは特に二つの宗教に対面していた。一つはギリシア宗教であり、いま一つはキリスト教である。彼は前者を「廃棄しえざる同一性」（Hegel GW IV, 237）と特徴づけ、後者を「自然との無意識的な同一性の只中に現れる意識的融和」（V, 296）と特徴づけている。なぜなら、彼はキリスト教を人間と自然の分裂という背景において解釈しているからである。この融和を彼は神の人間化のうちに見る。これは、Ch・ダンツの見解によれば「シェリングによって要求された思惟する者の方法的捨象に対応している」。これが、ダンツに言わせれば、キリスト教の同一哲学的意味である。[108]

シェリングにとって、同一性の概念は彼自身の思惟を形成してゆく艱難辛苦の出発点にほかならなかった。西田にとっては「純粋経験」がこれに当たる。両思想家の艱難辛苦の軌跡を辿ることは興味深い試みであろう。それぞれの軌跡を後にごく簡単ながら素描する。ここではわれわれはなおエアランゲン講義における脱自に関する発言の検討を続けなければならない。

2　エリウゲナの神秘主義

先に『神秘神学』におけるディオニュシウスの超神の思想および無知や脱自の思想を見た（第四節3(1)）。その際、西田もディオニュシウスの思想に注目、共感していたことを指摘しておいた。彼はこの思想をエリウゲナの思想と並べて「中世神秘哲学」と呼び、いま見たような議論を展開していた（第六節5）。そこで議論の中心に据えられていたのはエリウゲナの思想である。すでに指摘したとおり、エリウゲナはディオニュシウスの著作をラテン語に翻訳することによってその思想を西方ラテン世界に広めた立役者であった。[109] だが、彼はそれとともに西欧中世が生んだ最初の独創的哲学体系を打ち建てた人物でもあった。たった一人で浩瀚な西洋哲学の全史を著したコプルストンも中世を扱った箇所で、その九世紀を見渡した時「エリウゲナの哲学体系は平地の真中に高い岩のように聳え立っている」[110] と、これを評している。この中世最初の偉大な体系を綴った著書、それが彼の主著、対話体で綴られた全五巻からなる大著『自然論』（八六四－六六年）にほかならなかった。[111] この書はまず（第一巻第一章）、一切——存在する限りのすべてのものも、存在しない限りのすべてのものをも含めた一切——を指示する「一般的名称」が「自然」（ギリシア語で「ピュシス」ラテン語で「ナートゥーラ」）であることの確認から始まっている[112]（441 [VI, 482]）。そうして、この一般（普遍・類）である「自然」が次の四つの種に分割できることが示される。

(1)「創造し創造されない自然」（quae [Natura] creat et non creatur）
(2)「創造され創造する自然」（quae creatur et creat）
(3)「創造され創造しない自然」（quae creatur et non creat）
(4)「創造せず創造されない自然」（quae nec creat nec creatur）（441f. [VI, 483]）

見られるとおり、これらは「創造」に関して、肯定と否定および能動と受動という二種類の対立の組み合わせによって構成されている。エリウゲナはこれらの対立のうち、特に(3)と(1)との対立および(4)と

⑵との対立に注目している。前者の対立は、具体的に見れば、⑶が被造物としての自然界を意味し、⑴が創造主、一者としての神を意味するので、神と世界、普遍と個別、永遠不変と生成消滅、一と多、等といった対立である。後者の対立は原因論の観点から見て、⑷が目的因に相当し、⑵が始動因に相当すると考えられるため、始まりと終わりという対立になる。

後者の対立の問題から見てゆけば、対話（教師と弟子との対話）のスタイルで綴った自著のなかで、エリウゲナは弟子に「先生の導入なさいました第四の種にはたいへん驚いています」と発言させている。教師の言うとおり、⑷は「それが存在することがありえない不可能な事柄に属する」という独特の分かりにくさを含んでいるからである（442［VI, 483f.］）。エリウゲナがこのような第四の種、自然を導入するのは、ディオニュシウスに倣って、一者たる神からの万物の流出と万物の神への還帰という新プラトン主義の思想に従っているからである。次いで、後者の対立の問題、この伝統的な問題に眼を移すとしよう。すでに指摘したとおり、プラトンのイデア論は、普遍にして永遠不変たるイデアが個別にして生成消滅する諸事物の世界である現象界とどのように関係するかという難問を抱えており、彼自身はイデアの「分有」という苦肉の説明を強いられた。これに対し、エリウゲナはディオニュシウス同様、両者の関係を新プラトン主義的な流出論によって説明している。「分有とはある部分を受け取ることではなく、最高のものから下のものまで、上位の序列を通して下位の序列に神の贈与と恵与を分配することである。実際、最初に、万物の最高の善から第一の序列に直接贈与され、恵与されるのである。……かくて、存在と善い存在の分配は、すべての善い贈与と恩恵の最高の源泉から上位の序列を通して最低の序列に至るまで、下位の序列に流れ下る」（631［VI, 556］）というように。

先に⑵と⑷との対立は始動因と目的因との対立だと言ったが、⑵はエリウゲナ自身によっても「原初的諸原因」と呼ばれており（527［VI, 514］）、諸々のイデアに相当する。しかしながら、これらは「創造され創造する自然」に留まっており、万物を創造する究極の原因、真の始動因は⑴「創造し創造されない自然」として「万物の始源的原因」である神にほかならない。すなわち「神だけが、神から、神によって造られた万物の始原的原因なのである」。だが、このような真の始動因としての神は究極の目的因としての自己に還帰する。⑷「神は神から〔発して〕存在するすべてのものの終局でもある」。「万物は神を求める」のである。この意味で総じて「神は始めであり、中間であり、終わり」なのである（451［VI, 497］）。ここで、以上四つの自然は新プラトン主義の「止留《モネー》」「発出《プロオドス》」「還帰《エピストロペー》」というトリアス（三肢構成）理論によって構造化されている。この理論によれば、「万物の始原と終局との同一性によって、神は全世界と全歴史の弁証法的円環運動の根拠なのである」[113]。

エリウゲナがディオニュシウスから引き継いだもう一つの重要な思想は、肯定神学と否定神学との区別とこれに伴う否定神学の重視である。ディオニュシウスによれば、神に接近する道には「肯定の道《カタファティケー》」と「否定の道《アナファティケー》」という二つの道がある。「肯定の道」においては、精神は「最も普遍的な命題から出発し、中間項を通って個別的な名称に（進む）」のに対し（『神名論』）、「否定の道」においては、神から最も遠く離れているもの、たとえば「酩態狂乱」を否定することから始めて、順次被造物の諸属性・諸性質を否定し、ついに「超本質的暗闇」に至る（『神秘神学』[114]）。このように神への接近の道は二つあるが、われわれにとっては「否定の道」が重要である。人間は神について擬人的に捉えがちであるため、人間的あまりに人間的な概念を「除去の道 **via remotionis**」によって剝ぎ取る必要があるからである。[115] エリウゲナも、ディオニュシウス同様、神を捉えるために二つの道・方法を用いている。否定的道・方法においておいて彼が強調するのは被造物に由来するいかなる名辞も神に適用できないということである。たとえばアリストテレスの十個のカテゴリーも、質料的な対象に対する述語にすぎないゆえに、神に対して述語づけることはできないとされる。神はこのようにカテゴリーもしくは述語を超えているのである。[116]

「昔ディオニシュース・アレオパギタやスコトゥス・エリューゲナが云った如く神はすべての範疇を超越している」(一一・二七六)。西田がこのように指摘するとおり、彼が『自覚における直観と反省』においても強く惹き付けられたのもこの点であった。彼はそのあとがき「跋」においても、第一種としての神と第四種としての神とが同一であることを指摘し、そこに含まれていると彼の見る自己否定の契機に注目している。「我々に最も直接なる絶対自由の意志は『創造して創造せられぬもの』**creans et non creata** たると共に、『創造もせず創造しもしないもの』**nec creata nec creans** である、到る所に己自身の否定を含んでいる」(一一・三五〇)。

エリウゲナの思想のうちには、ディオニュシウスの思想同様に、ふんだんに無の思想や無知の思想が含まれていた。この点をいま少し見ておこう。エリウゲナは主著において「神学は、天上のもろもろの近づき難い明るさをしばしば闇と呼ぶ」(681 [VI, 572]) と記し、かつ「万物を超えていると考えられる神の善性は、非存在、絶対的な無と言われるが、それは全宇宙の存在であり……どんな種類の知性によっても考えられるすべてのものであるのだから、万物において存在するし、存在すると言われる。誰であれ、聖ディオニュシウスの言葉を注意深く見る者は、その通りであることに気づくであろう」（682［VI, 573］）とも記し、ディオニュシウスを称揚している。彼はまた、ディオニュシウス同様、このような「絶対無」としての神をわれわれが認識できる唯一の通路が「無知」であることをも強調している。

神は語られ理解されるすべてのものを超えていて、存在するものと存在しないもののうちの何ものでもなく、知らないことによってかえってよく知られるがゆえに、存在するすべてのものの否定によってただ独り本来の意味で指示される神が、その無という名称で呼ばれなければならない。……世界は絶対的な無から造られたのである。（686f.［VI, 580］）

ここでシェリングを想起するとすれば、彼が自身の思想の中核に据えていた「知的直観」の概念をエアランゲン講義において「脱自」概念に転換させるに先立って、すでに注目したとおり、シェリングは「脱自」思想小史を語った箇所の開始部分において、ディオニュシウスのものと思われる超神の思想を取り上げていた。このことは、シェリング哲学と西田哲学とを比較する際に興味深い観点をわれわれに提供してくれるように思われる。西田は、すでに見たとおり、彼の処女作『善の研究』におけるその根本概念「純粋経験」をシェリングの「知的直観」概念と同等視していた。『自覚における直観と反省』において「自覚」の立場に転換した折、西田が注目し共感したものは、ディオニュシウスおよびエリウゲナの神秘思想であった。しかしながら、そこに認められる自己否定・無の思想すなわち「脱自」の思想はある意味で処女作『善の研究』のうちにすでに伏在していたとも考えられる。西田はそこで「純粋経験」を知の否定性としての「無意識」によって論証しようとしていた（一・一七、二〇、八〇）。たとえば「思惟について見ても、また意志について見ても、真の統一作用そのものはいつも無意識である」（一・八〇）というように。だが、これは、森哲郎によって的確に指摘されているように[117]、心理学的に想定されるような潜在的「無意識」などではない。それは「意識は無意識である」という逆説に帰着させうるような、古来「眼は眼を見ず」と言われるような「意識する意識」にほかならない。森はここに「脱自性」を見出している[118]。彼の推定は恣意的なものではけっしてなく、十分根拠のあるもので、「脱自」概念は『善の研究』の準備ノート（「純粋経験に関する断章」）に記されているものである。すなわち「思想が実現の頂点に達した時感覚となる。感覚においては主客の別なく、矛盾衝突なく宇宙とともに動く。憂なく、疑なく、誤ない。吾人の心の根底に達する意味がある。ショ氏のいわゆる意思そのものにふれる。宗教の極点もここにある。『新プラトー』派の**Ekstase**のようになる」（一六・三五〇）と。「無意識」の概念に戻って言えば、『善の研究』において、それは「脱自」と等置されていた。「主客相没し物我相忘れ天地唯一実在の活動あるのみ」（一・一五六）。「例えば我々が自己の好む所に熱中する時は殆ど無意識である。自己を忘れ、唯自己以上の不可思議力が独り堂々として働いて居る」（一・一九八）。

西田における初期から中期への歩みについて言えば、それは、〈「無意識（知的直観）＝脱自」から「絶対自由＝脱自」を経て「脱自＝場所」〉ということになろう。これに対して、シェリングのそれは、

〈「知的直観」から「深遠なる自由」「永遠なる自由」を経て「脱自（永遠なる自由）＝無知」へ〉であるから、東西の二人の思想家は、百年という歳月を隔てながら、それぞれの初期から中期への思想の歩みにおいて、類似した軌跡を描いていると言ってよかろう。そうして、とりわけ中期の思想において両者ともに「自己否定」「脱自」という西洋神秘思想に接近していることは興味深い両者の共通点である。

3　ベーメの無底と神秘主義

西洋神秘思想ということで言えば、シェリング哲学と西田哲学とのさらなる興味深い共通点はベーメの「無底 Ungrund」概念に対する両者の関心である。「無底」とはそもそもどのようなものであったか。これはベーメの神秘体験に由来するものにほかならなかった。

ヤーコプ・ベーメ（Jacob Böhme, 1575–1624）は一五七五年に、ボヘミアの山奥、ナイセ川上流に位置するゲルリッツ近郊の寒村アルト・ザイデンベルクに農民の子として生まれている。身体が華奢であった彼は十四歳頃、靴屋に丁稚奉公に出される。その後、当時の習慣に従って、腕を磨くため修業遍歴の旅に出、二十四歳でようやく故郷にて一人前の靴屋になる。「決定的な四半刻」と呼ばれる神秘体験に襲われるのはその後間もない二十五歳の折のことであった。西田はこれを次のように描いている。「千六百年の或る日、かれは彼の室に於いて、偶然日光に照る錫の器を見て大悟徹底した、かれは万物の根底透徹したかの様に感じた」(119)。この十五分ばかりの体験直後、西田も記すとおり、これを単なる空想ではないかと疑い、山野に出たが、彼の見る目は変わらなかった。この体験を、南原実は不思議な夢物語に似て順にヴィジョンが展開していくのを見た中世の女性神秘家ヒルデガルト・フォン・ビンゲンの体験と比較し、それは彼女のように神秘体験に陥るその時間だけ別世界をさまようのとは異なって彼のまなざしが変わった、「おなじ世界が全くべつの世界となって彼のなかに圧倒的にあらわれてきたのである」[120]と説明している。ベーメはこのような体験の後、直ちにそれを書き記したたわけではない。十二年もの長きにわたる沈黙[121]の後にようやくそれを果たしたのだった。靴屋の仕事をしながらも、五か月という短期間に四百ページを超える大著を彼は書き上げた。処女作『曙 光《モルゲンレーテ》（アウローラ）』（一六一二年）である。時に彼三十七歳。そこには、神秘体験に至るまでに彼がいかに深刻なメランコリーに陥ったかということが綴られている。それは、世の学者どもが神の名を冒瀆し天を汚し、自身も彼ら同様、地上の彼方に天を仰いでいたからであり[122]、あるいはまた彼があらゆる事物のうちに悪と善、愛と怒りを見出し、無信仰な者が栄耀栄華を極め、敬虔な者が虐げられているのを目撃せざるをえなかったからである（『曙光』19・2-9）[123]。こうした「憂鬱」「懊悩」「悲嘆」の後に、遂に彼の霊は「地獄の門を突破して、神性の最内奥の誕生のうちにまで到り、そこで愛に包み込まれたのだった」（同19・11）。

『曙光』と名づけられたこの著作は、ベーメの弁によれば、著者である彼の「理性によってではなく、神の促しによって」書かれている（同3・1）。すなわち、それは神の啓示を綴った書、神智（Theo-Sophie）の書なのである。だが、さながら預言者の言葉であるかのように綴られたこの書はゲルリッツの町の牧師の不興を買うことになる。ベーメは彼の訴えによって牢に繋がれ、著書も没収された挙句に執筆をも禁止される憂き目にあう。このため彼は再び沈黙せざるをえなくなった。だが、七年間の沈黙の後、西田の言葉を借りて言えば「遂にかれは守命よりも神命の重んずべきを知って、再び筆を執るようになった」。こうして、ドイツを疲弊の淵に追いやることになる三十年戦争の渦中、四十九歳で亡くなるまでの五年間にその数四十に近い夥しい著作を著す。西田はベーメの思想を評して、それは「永遠にして理解し難い、恐らくはかれと同じき深き内省の経験をもった人でなければ理解しえないであろう」と言い、さらにベーメの神以前の無顕現の神を「昔消極神学の著者〔ディオニュシウス〕の言った様に何とも言い様のないものである、無であるとともに凡てである、光明と暗黒との永久の反対である」と特徴づけている。西田は最後にこの思想の影響に触れて小文「ヤコッブ、ベーメ」を閉じているが、そこではシェリングやヘーゲルのほかにバーダーの名も挙げられている。「この思想はカント以後の哲学にも大なる影響を与えた、バーデル、シェルリングやヘーゲルなどいう如き大哲学者がゲーリッツの一靴匠を尊敬したのも興味あることではないか」と。[124]

さて、われわれがここで特に問題にすべきは「無底」思想である。これはベーメ神智学の根幹をなすものであるが、ベーメの最初の著作『曙光』には出てこない。彼はこの言葉を探り当てるまでは、これを「深み Tiefe」とのみ表現していたからである。[125] これは彼の神秘体験、神体験に由来する。それは「無 Nichts」としか言いようのないものなのである。一六二二年の『大いなる神秘』では、彼は神について次のように語っている。「神は万物に対する一者であり、永遠の無として、底もなく、始まりもなく、場所もなく、神にとってあるのは、神自身のみ」(1・2)[126] と。他の著作(『神の本体の三つの原理』一六一九年)の言い方によれば、「神のうちにはいかなる区別もない」(1・4)のである。Ungrund(底なし、無底）は、否定神学などが直面したのと同様の、神の捉え難さ、語り難さをあえて言葉にしたものであり、Grund（根底、土台、根拠）を踏み破った底の抜けた深淵なのであり、ベーメはこれを「目」や「鏡」にたとえている。「底無しは目にひとしい。それは自己自身の鏡であって、本体（生成のいとなみ）もなければ、また光もなく、闇もない」（『イエス・キリスト、人となる』一六二〇年、Ⅱ1・8）。「こうして、最初の意志は底無しであって、永遠の無とみなされるべきであるから、私たちは、それをまさに鏡と見る。自分自身の姿をみる鏡である」（『神智学の六つのポイント』同年、1・7）。このようなものとしての「無」は何かあるものを求める。これが「憧れ Sehensucht」であり、その「見 Sehen」が外へ出てゆく視線が「意志」（Wille）である。[127]

ベーメの以上のような思想はしばしば「意志形而上学[128]」と見なされることになるが、シェリングの場合も、そのようなものとしてベーメの思想を『自由論』のうちに取り入れている。[129]いや単に取り入れるばかりでなく、その中核に据える。『自由論』の立論の全体を成り立たせている根本テーゼは次の命題のなかに集中的に表現されている。すなわち、「欲することがすべての元である。Wollen ist Ursein.」（VII, 350［418］）この根本テーゼの提示に続けて、シェリングは言う。「これにのみ、底なし、永遠、時間からの独立、自己肯定といったあらゆる述語が当てはまるのであり、全哲学はこうした最高の表現を発見することを目指す」（ebd.）と。見られるとおり、シェリングはここに、ベーメの「神智 die Theosophie」に哲学的表現を与えることが「全哲学 die ganze Philosophie」の目標であることを高らかに宣言している。この目標達成のための最初の企てが『自由論』全体の探求の前提として立てられる

Existenz「実在（実在する限りの存在者）」とGrund「根底（実在の根底である限りの存在者）」との区別（VII, 357［427］）にほかならなかった。ここに登場する「根底」概念が、ベーメのそれを引き継ぐものであることは言うまでもなかろう。シェリングはこれ（「神から切り離せないものの、神とは違った存在者」）を自身の自然哲学と関係づけつつ、ベーメ流に「神の内なる自然」（VII, 357［428］）とも呼ぶが、(130)このようなものとしての「根底」の成立を、彼は同じくベーメに倣って「憧れSehnsucht」によって説明する。「それは、永遠なる一者が自己自身を生み出そうとして感ずる憧れである」（VII, 359［429］）と。シェリングにとっても、これが意志の最初の発露、神の自己啓示の所業のうちの「無規則なもの」「実在性の不可解な基底（Basis）」であり、「割り切れない剰余」であるため、「知性に解消できない」ものである（VII, 359f.［430］）。にもかかわらず「憧れ」は「知性への憧れ」でもあり、この「予感する意志」が「知性Verstand」なのであり、それは「このような知性なきもののなかから生まれ出た」のである（VII, 359［429f.］）。「憧れ」に対応して神自身のうちに「内的で反省的な表象」が生み出されるのだが、「この表象によって神は自己自身を似姿において見る。知性は憧れと結合して自由に創造する意志となり、最初は無規則であった自然のなかで……形成作用を営む。自然における知性の最初の作用が諸力の分裂（Scheidung）である」。「この分裂のうちで自然的な根底の深みから諸力の中心点として成立してくる生きた紐帯が霊である」（VII, 363［433］）。シェリングはベーメに倣って立てた「憧れ」と「知性」とを闇の原理（被造物の我意）と光の原理（普遍意志）として捉え（VII, 363［434］）、両者の「生きた同一性」のうちに「精神・霊つまり現に実在するものとしての神」を見出し、また両者の「分離可能性」のうちに人間における「善と悪との可能性」を見出している（VII, 363［435］）。

すでに述べたとおり、『自由論』最終部においては、この「同一性」としての「精神・霊」は「愛の息・香りにすぎない」ものとして、「愛」の下位に位置づけられる。「啓示の終わり」においては「愛こそが最高のものである」ことが明るみに出るからである（VII, 405f.［486f.］）。「啓示の終わりは悪を追放することであり、悪を全く実在しないものだと打ち明けることである」。そこでは死さえも克服され、「神が一切のうちの一切である Gott sei alles in Allem」ということが明るみに出る。「というのも、精神・霊でさえまだ最高のものではないからである。精神は霊にすぎず、愛の息・香りにすぎない。愛こそが最高のものである」（ebd.）。シェリングはここでもベーメの「無底」思想に従っている。ベーメのこの思想の両極をなす根本規定の一つが啓示前の「無差別」であり、いま一つが啓示後の「愛」であった。すなわち、このようなものとして両者は密接に関連しあっていた。この点はシェリングにおいても同様である。すでに見たとおり、彼は同一性体系の場合とは異なって、「同一性」と「無差別」とを厳密に区別し、このような「無差別」としての理性を「無底 Ungrund」と名づける（VII, 406［488］）。『自由論』の最終部では、そこに登場する「無底」が「あらゆる二元性に先立つ存在者」（VII, 406［487］）として、その発端部で立てた区別——「実在」と「根底」との区別——の本質をなすものであることが説き明かされる。すでに引用したとおり、この点、彼は次のように言う。「実在するものであれ、根底であれ、その本質は、あらゆる根底に先立つもの、すなわち端的に見られた絶対者、無底にほかならないであろう」（VII, 407f.［489f.］）と。新プラトン主義や中世神秘主義において、始まりが終わりに還帰し、一致するのと同様に、原初の「無底」は終局のそれと一致する。すでに引用したとおり、「無底がそうしたもの〔端的に見られた絶対者〕でありうるのは、それが二つの等しい永遠なる始まりに別れ行くことによるほかない」（VII, 407f.［489f.］）のであり、ここに登場するのが愛である。「無底が分かれるのは、ひとえに生と愛の働きが存在し、こうして人格的実在が存在するようになるためなのである」（VII, 408［490］）。「精神の上には原初的な無底があり、これは……一言で言えば、一切のうちにある一切たる愛である」（VII, 409［491］）。

ベーメにとって、「底無し（無底）」は文字通り彼自身の神体験そのものに由来する一種のイメージであった。また、そこで語られる語も「合理的思考系」に属する言葉ではなく、「情動系と知覚系」に属する言葉である。[131] これに対し、自由の体系の学問的構築という「合理的思考系」に属するシェリングの努力はそれと異質な系に属する思想と言葉を取り入れることによって、「異質の言葉を統合するという難しい課題に直面している」[132]と言わざるをえない。中井章子が指摘するには、「ベーメは、バロックという、アレゴリー的表現の繁茂した時代に、イメージと神話と概念の間を自由に行き来しつつ書いている」[133]。「ベーメの出発点は、神の奥底と自然の奥底と人間の魂の奥底がつながっている、あるいは、神の中心と自然の中心と魂の中心が一つであるという体験である」[134]。これに対し、シェリングがなそうとしているのは「根源的な知恵をUrbild（原像）として仰ぎ見つつ知性がbildenすべし（形づくるべし）」（VII, 415［499］）という意味の「フィロゾフィー」である。中井に言わせれば、そもそも「神の智」から出発する「テオゾフィー」と人間の理性から出発する「フィロゾフィー」とは根本的に異なっているのであり、「シェリングは『テオゾフィー』に『フィロゾフィー』によって迫るという困難性に直面していた[135]」。

岡村によっても強調されているとおり、『自由論』におけるベーメ受容は一面的に留まっていた。それは「形而上学」に偏して、「実践的神秘主義的経験の側面」がなおざりにされていた[136]。『自由論』以後におけるシェリングの神秘主義への接近はエアランゲン講義（一八二一年）における「脱自 Ekstase」思想の受容に認められ、思想的内容的には、この折がベーメ神秘主義の実践的側面に最も接近した時期と見なしてよいように思われるが、表向きには、すなわち、そこで彼が行った脱自思想史記述には、なぜかベーメの神秘主義は登場してこない。それが登場するのは、他の講義（『近世哲学史』一八三三－三四年）においてである。ここでは、ベーメの思想は「神智主義 Theosophismus」と呼ばれて、彼が「消極哲学」として批判するヘーゲル哲学とその批判としてある、自身の「積極哲学」との間に位置づけられる[137]。これはベーメ思想を正面切って彼が扱う稀なケースである（『自由論』ではその根幹にかかわる受容にもかかわらず、ベーメの名は一度も出されず、名指されたのはバーダーのみであった）。だが、ここでもシェリングはベーメから距離を取っている。彼はここでは、おそらくは『自由論』において彼が直面したであろう困難――「『テオゾフィー』に『フィロゾフィー』によって迫る」という困難――を逆に、ベーメの「神智主義 Theosophismus」そのものに向けている。すでに見たとおり、シェリングはそれを次のように批判していた。それは〈語りようのないものを語ろうとしている〉（X, 187［291］）と。すなわち「彼らが実際に中心の中にあるのならば、彼らは沈黙せざるをえないであろう。――にもかかわらず、彼らは同時に語ろうとし、自己を言い表そうとしている。しかも中心の外にいる人々に向かって自己を言い表そうとしている。このうちに神智主義の矛盾はある」(ebd.)。シェリングは、哲学者として、神智主義のうちに〈語りえないものを語ろうとする〉という神秘主義に共通の困難、矛盾を見出していたのである。東アジアにおけるわれわれの伝統においては、この問題は「不立文字」「以心伝心」の考え方に凝縮して示されている。

西田の場合、ベーメとのかかわりは、シェリングの場合ほど困難な問題、錯綜した情況を引き起こすものではなかった。西田は他説に関説するいつもの流儀に従って自説の含意を引き立たせるために、必要に応じてベーメの「無底」概念を引き合いに出すに留まっていたからである。たとえば主意主義の立場に立っていた『自覚における直観と反省』中の一論文において「意志」について論じた際、彼は「意志」概念をベーメの「無底」概念になぞらえつつ「具体的現実」「実在の実在たる所以」「思惟の達することのできない深さ」と規定している。「〔具体的〕現実は達することのできない海の底である、ベーメのいわゆる無底 Ungrund である、その底に達しうるものならば現実ではない。実在の実在たる所以はこの達し得べからざる内容の無限にあるのである。……この如き思惟の達することのできない深さ、思惟体系の統一の極限、すなわち積極的には自動不息なるこの現在、それが意志である。創造的無より来って創造的無に入り行く意志は実在であり、意識である。思惟の体系から見れば、意志は測知し難き無限である」(二・二七四―五)。

ここに「創造的無」「測知し難き無限」と規定した「意志」を、西田はさらにディオニュシウスとエリウゲナの神概念と結び付けている。上の文言に引き続き、彼は以下の文言を書き加えている。「これを合理的に説明しようとすれば、思惟に対して偶然的と考えるの外なかろう。しかし反省のできない意志は反省を超越して、かえって反省を成立せしめるものである、否反省それ自身が既に一種の意志である。この意味において、昔ディオニシュース Dionusios Areopagita が『神は一切であると共に、一切でない』と云った語は直に移して意志に当嵌めることができる。……意志は因果には支配せられない、何となれば因果を構成するものなるが故である。余はここにおいてスコトゥス・エリューゲナの『定名論』“de praedestinatione”において、神を絶対的意志となし、これに内面的必然性すらも拒んだという考に深い意味を見出さざるを得ない」(二・二七五―六)。

南原の指摘に従えば、ベーメのテクストそのもののなかには、こうした中世の神秘家たちのテクストを読んだ形跡は認められないのだが(138)、西田は十七世紀ドイツのキリスト教神秘主義と中世初期のそれとの間に、ある共通性を感じ取っている。これに関連して興味深いことは、信濃哲学会のために行った一連の講演に先立つこと一年(一九二二年)、西田は「エックハルトの神秘説」について京都の一燈園で講演を行っていることであり、彼がそこで西洋神秘主義史上の「花」と見るエックハルトの神秘思想を紹介する折々に、その歴史にも触れていることである。彼は通説に従ってプロティノス(西田の表記ではプロチン)の思想をその源流とし(一四、三一三)、プロティノス(三世紀)からエックハルト(十三、四世紀)に至る神の観念の要諦を次のようなものとして描き出している。「この神の思想が実行方面に向えば如何なるかと云えば、今云ったように本に帰ること即ち一に帰することが人生の目的である。……それには凡てのものを捨てなければならぬ。財産と云うがような物を捨てるばかりでなく、心の持物知識をも棄てて、全くの無一物になって、本に帰らなければならぬとした。これがプロチンからエックハルト迄続いた神の観念である」(一四・三一七)。

われわれの考察にとって有難いことには、西洋神秘主義史との関連での西田の言及は、プロティノスのみに限らず、ディオニユシウスやベーメにも及んでいる[139]。西田は前者について「プロチンが神の思想を取り入れたのは、ディオニシュース Dionysius の書いた著書によってである」(一四・三一六)と言うのだが、これはわれわれの今日の歴史的知識とは異なっている。すでに触れたとおり、ディオニユシウスの著書の成立は、今日ではプロティノスより後のプロクロスの著書(六世紀)と関連するものと考証されている。それはともかくとして、西田によるベーメへの言及箇所では、シェリングやヘーゲルの名も挙げられており、この箇所はわれわれにとってすこぶる興味深いものとなっている。「哲学でも宗教でも一度はそこを通らなければならない。源へ帰ってさらに流れ出して来るのでなければならない。そこが哲学の基である。プロチンやエックハルトが哲学の基をなしていると云われるのもこの点に根ざしているのであると思う。やや遅れて出たヤコブ・ベーメも同じ考を持っており、独逸哲学の頂点とも云うべきシェルリングやヘーゲルもこの思想の流れを受けている。近代の哲学は発達を異にしているが、源泉をたずぬればそこに帰着するのである」(一四・三一八)。

シェリング同様ヘーゲルも、ベーメを「ドイツ最初の哲学者」と賛美した。だが、彼はベーメのドイツ語には辟易し「野蛮」と決めつけている(『哲学史』XX, 94f.)。脱自概念に背を向けた(『現象学』序言）のと同じ理由から、彼はベーメの神秘主義にも距離を置いていたように思われる。彼は『哲学史』講義で、死後ベーメが置かれた情況を「長らく忘れられた」ばかりでなく「敬虔派の熱狂として悪名を馳せた」と語っているが（XX, 91）、これは単に一般的な語りに留まるものであろうか。西田はシェリングとヘーゲルを一体のものとして扱っているが、われわれはベーメ思想をめぐっても両者に隔たりを認めざるをえない。

ドイツ観念論の哲学はカント以後の哲学として優れて近代の哲学である。しかしながら、そのなかのとりわけシェリングの哲学（中期以降）は反近代の哲学と特徴づけなければならない。西田の見るとおり、それは近代哲学とは系譜を異にする思想の流れ、源泉から思想を汲み上げていたのである。西田はと言えば、これまで見てきたとおり、彼はこうした思想にも強い共感を寄せていた。彼自身も異質な思想のせめぎあいに身を投じた思想家の一人であった。彼の場合、特にそれは東洋と西洋とのせめぎあい、融合であった。この問題については、本節の最後、したがって本書の最後に見ることにして、シェリング哲学と西田哲学との比較を続けよう。本項で確認できたことは、神秘思想への共感を介して、両哲学には根底で通じ合ったものがあると見なしてよいということである(140)。

4　コプラと述語

西田は一九一〇年八月に京都帝国大学助教授（倫理学担当）に任ぜられ、同年九月より哲学概論の講義を開始、一九二八年二月に停年退官によってこれを終えている。結果、それはおよそ二十年近きにわたる講義となった。今日その一端が『哲学概論』として『全集』の第一五巻に収められている。そこに「コプラと述語」の問題を取りあげる上で格好の概説が「付録第四」として収められている。これは一九二四年度の講義であるから、ちょうど西田が自覚の立場（『自覚における直観と反省』）から場所の立場（『働くものから見るものへ』）に移る移行期のものである。[141]

「付録第四」は「実在」と題されており、そこではまず、真実在、実体とは何であるかという形而上学の根本問題が、(1)「das Qualitative（質的）なもの」(2)「働くもの das Wirkende」(3)「相互作用の全体」の三つに分けて論じられ、次いで、これらが判断の三つの要素すなわち「主語と述語と繋辞〔コプラ〕」に即して論じ直される。

(1)「述語を第一とし、すべてを述語の側にまとめて行こうとするもの」――A_1 ist B / A_2 ist B / A_3 ist B

(2)「主語の側に存在の根源を求めて行き、すべてを述語の側からまとめて行こうとするもの」――A ist B_1 / A ist B_2 / A ist B_3

(3)「真の実在を主語でもなく、また述語でもなく、かえって主語と述語を結びつける繋辞〔コプラ〕の方向に見る考え方」――A_1 ist B_1 / A_2 ist B_2 / A_3 ist B_3　（一五・二一七―九）

(1)は述語の論理であり、これは西田によって「もと述語の方向は一般者の方向であり、性質的なものの方向である」と特徴づけられており、その頂点はエレア学派だとされている。「エレア学派において

Sein, being〈有〉が究極の実在とされたのは、『有』が最も一般的な述語であると介されたのによるのであろう。要するにこの考え方では述語のまた述語、つまり最後の述語が最高の存在なのである」（一五・二二七）。このような述語の論理がプラトン『ティマイオス』における「場所《コーラ》」の思想への注目によって、独特の論理に鍛え上げられたものこそ、西田の哲学を「西田哲学」と呼ばせることになる当のものにほかならないが、一九二四年の哲学概論講義の段階においては未だこの「述語の方向」に格別な思い入れは何も認められない。ただ三類型の一種として挙げられているに留まる。

(2)は主語の論理であり、これは第一の述語の論理の反対をなすものであって、性質的なもの、一般的なものではなく、「Dingbegriff〈物質概念〉で実在を考え、働くもの、個別的なるものを実体とする」（一五・二二八）。二年後の「場所」論文ならば、これは当然、アリストテレスの第一実体、個物の議論、主語論理と関連づけて論じられるべき場面ながら、ここではそうなっておらず、ただ次のようにコメントされるのみである。「上述したデカルト学派の causa sui の考えもこれであろう。主語のまた主語、つまり最高の主語が究極の存在なのである」（同）。

(3)は「真の実在を主語にでもなく、また述語にでもなく、かえって主語と述語を結びつける繋辞〔コプラ〕方向に見る考え方」（同）であり、それゆえ、「コプラの論理」と呼びうるものである。真実在の第三類型を「相互作用の全体」とした際に、西田はその頂点としてフィヒテの「Tathandlung〈事行〉」の概念を挙げていたが（一五・二二六）、彼はここでも同じ事行概念を挙げ、「畢竟、自覚的なものを実在と見る考え方は、判断の形式にすれば繋辞〔コプラ〕の立場なのである」（一五・二二九）とコメントしている。西田は一九二四年の哲学概論講義では、なお自覚の立場に立っており、判断論的にはなおコプラの論理の立場に立っていたということになろう。この箇所のコメントでさらに興味深い点はフィヒテの事行概念へのコメントに続けて、シェリングの知的直観概念に対するコメントがなされ、「付録」での議論が閉じられていることである。すなわち「シェリングの intellektuelle Anschauung〈知的直観〉の如きは、かかる具体的自覚の真相に我々を導くものと解してよい。それは一種の神秘的直観といってよいであろうが、論理的には繋辞〔コプラ〕の論理によって考えられるのである。真の実在は、主語の方向にでもなく、また述語の方向にでもなく、かえって繋辞〔コプラ〕の方向にあるといへるであろう」（同）。

知的直観の立場は初期のシェリング哲学を貫く根本的な立場であり、その頂点をなす同一哲学においては「主客総無差別」「絶対的同一性」と規定され、かつ芸術哲学もこのような同一性としての知的直観の立場から展開された。だが、彼によるコプラに関する目立った議論はたとえば中期のスタートをなす『自由論』のうちに見出される。そこでは、同一性の法則（A＝A）は単なる同語反復、空虚な同一性を表現するものではなく「創造的な統一」（VII, 345〔412〕）を言い表すものであることが主張される。[142]「主語の述語に対する関係のうちに、根拠の帰結に対する関係がある」（VII, 346〔412〕）からである。無限実体をAとし、実体の諸帰結の一つにおいて見られた実体をA/aとすると、A/a＝Aという等式は成立しない。無限実体もしくは永遠なるものは、A/b、A/c等々のうちに一時的に宿るほかないのである（VII, 345〔412〕）。したがって、真にA＝Aが成立するには、言い換えると統一が「創造的統一」

となるには、AがA＝A|a、A|b、A|c……を介して、再びAに復帰することによる。これが判断論的に展開し直されたもの、それがエアランゲン講義『哲学本性論』における判断論であった。すでに見たとおり、そこでは、知識の運動が「AはBである」という命題の運動として説明されていた。

(1)「AはBである」(2)「AはBになる」(3)「BはAになる」(IX, 231f.)

この定式において、(1)では絶対的主体の内性と外性、(2)では絶対的主体の外性、(3)では絶対的主体の外性から内性への復帰つまり自己への復帰が表現されていた。絶対的主体は「第三に契機のうちで再びBからAに帰ってき、再び主体のうちに立てられる。このような場合のみ、今やBから再興されたAがある」(ebd.)。本章におけるこれまでの歴史的な考察を持ち出して言えば、シェリングのこのような考え方は新プラトン主義の「止留」「発出」「還帰」というトリアス(三肢構成)理論と同じ構造をなしており、エリウゲナが四つの自然をこのトリアス理論によって構造化したのと同じものである。われわれの注目した他の論点をもう一つ持ち出して言えば、ヘーゲルは「体系断片」(一八〇〇年)において「生」の概念に定位することによって、この立場に到達していた。それが「結合と非結合との結合」――『差異書』の定式によれば「同一性と非同一性との同一性」にほかならなかった。

すでに言及したとおり、先のシェリングの判断論をホグレーベは「述語的循環の理論」と名づけたが、われわれはこれを、西田が判断の第三類型に与えた呼称「繋辞〔コプラ〕の論理」によって特徴づけることにしよう。西田はわれわれの注目した『哲学概論』「付録第四」のうち、特に最後の議論では、フィヒテの事行やシェリングの知的直観の他に「ヘーゲルの konkret Allgemeines〈具体的普遍〉」にも言及して、これを第三類型すなわち「繋辞〔コプラ〕の論理」に含めている(一五・二二九)。西川富雄は西田が「このヘーゲルの具体的普遍にみずからの具体的一般者を等値している」と指摘しつつ「述語的論理主義」に説き及び、西田の立場、存在の論理を「コプラの論理」とする自説を復唱している(143)。西川説の論拠はわれわれもすでに引用した『哲学概論』「付録第四」の結びの句――「真の実在は、主語の方向にでもなく、また述語の方向にでもなく、かえって繋辞〔コプラ〕の方向にあるといえるであろう」――にある。この結びの句を引用して、西川は直ちに次のように自説を主張する。「そして繋辞 'is' は、主語と述語を、それらに先立って本源的に結びつけている『場所』と見られる。『繋辞の論理』は『場所の論理』なのである(144)」と。むろん、西川は西田自身による自身の立場を「述語的論理主義」と特徴づけていたことを認めている。したがって、そこから、この特徴づけと自説とが「抵触しないのかどうか」という疑問が当然生じてくる。この疑問に対して西川は次のように答えている。「もちろん、しない、と思う」と。なぜなら、「ここで『述語的論理主義』とは、述語面への超越を重視し、その際、自覚を無の場所とし、その無の自己限定として知の根本形式を、さらに存在の真実相を開示する論理であろうとすることをいうのである。つまり、『述語的』とは、述語面への超越のことであり、同時にそこに意識面への超越が看取されていることをいう。だからこそ、『自覚的限定』とも呼ばれるのである(145)」。

理由づけがいま一つよく分からない。「述語的論理主義」の特徴が述べられたに留まっているだけのように見える。『一般者の自覚的体系』（一九三〇年）に収められた論文の一つ「叡智的世界」（初出一九二八年）においては、西田はドイツ観念論の知的直観の立場を「ノエマ的限定の立場を出ない」ものとして批判するに至っている[146]。この批判は自己の初期の立場に対する自己批判としての意義を有するものと考えるべきであろう。このように考えると、このような批判を可能にしたものこそ「場所の論理」の成立（一九二六年）による決定的転回であったのだから、『哲学概論』「付録第四」（一九二四年）の第三類型である「コプラの論理」は、転回以前の立場ということになろう。けだし、そこではなお西田は自身の自覚の立場をドイツ観念論の立場に同定していたのだから。ここで、本章第五節の2「シェリングと西田のヘーゲル批判」で考察した内容を想起することにしよう。ここでの考察にふさわしく文言を代えつつ、それを多少要約的に繰り返すとすれば、それは次のようなものであった。

シェリングは『近世哲学史』講義において、「存在は無である」というヘーゲル『論理学』冒頭の命題を「単なる同語反復」だと批判した（X, 134［212］）。シェリングにとっては、当命題におけるコプラは、単なる主語と述語の同語反復を形成するものではなく、両者間の移行を可能にさせるものにほかならなかった。ここで、シェリングは主語面に着目してコプラからその差異化機能・運動機能を導き出すことになる。これに対して、逆に述語面に着目してコプラからその映像機能を導き出せば、西田の場所の論理となる。「場所」論文において、西田はヘーゲルを批判しつつ、自身の論理を次のように展開していた。「ヘーゲルの理性が真に内在的であるには、自己自身の中に矛盾を含むものではなく、矛盾を映すもの、矛盾の記憶でなければならぬ、最初の単なる有はすべてを含む場所でなければならぬ、その底には何物もない、無限に広がる平面でなければならぬ、形なくして形あるものを映す空間の如きものでなければならぬ。」（四・二八一［Ⅰ・一三〇―一］）

場所の概念がプラトン『ティマイオス』の「場所《コーラ》」の概念に由来すること、これについて若きシェリングが注釈を加えていたことについてはすでに述べた。すでに引用したとおり、「場所」論文における西田によるもう一つのヘーゲル批判が興味深い。そこにわれわれはシェリングの論理と西田の論理の差異も読み取ることができるからである。「〈或者がある〉〈或者がない〉という二つの対立的判断において、その主語となるものが全然無限定として無となれば、ヘーゲルの考えた如く有と無とが一となると考えることができる〔これはシェリングが「同語反復」と見なした事態の西田流解説と見なすことができよう〕。而して我々はその総合として転化を見る。かかる場合、我々は知的対象として主語的なるものを求むれば唯転化するものを見るのみであるが〔これはシェリングが主語面に着目してコプラの差異機能・運動機能を引き出したことに相当すると見なしてよいが、これに続く主張が西田の場所の論理である〕、その背後には肯定否定を超越した無の場所、独立した述語面という如きものがなければならぬ。無限なる弁証法的発展を照らすものはかくの如き述語面でなければならない」（四・二八四―五［Ⅰ・一四七］）。

われわれはえてしてアリストテレス流の主語論理および近代認識論の主観論理（カント）、自我論理（フィヒテ）に引きずられて、主語的に思考しがちだが、これに対抗して、述語的、場所的に思考しようとするのが、西田の「場所の論理」であった。彼は言う。「普通には我という如きものも物と同じく、種々なる性質を有つ主語的統一と考えるが、我とは主語的統一ではなくして、述語的統一でなければならぬ、物ではなく場所でなければならぬ。我が我を知ることができないのは述語が主語となることができないのである」（四・二七六［Ⅰ・一四二］）。

見られるとおり、ここでは、「我」における統一が「主語的統一」ではなく、「述語的統一」と見なされている。上田閑照は「経験と自覚」の問題を論じた際、ここでの「主語的統一」に相当する事態を(A)「述語的統一」に相当する事態を(B)とし、それぞれを次のように特徴づけている。「(A)『私は花を見ている』という事態の全連関を『私』を原点として『私』から見、そして『私』からの構成こそ経験を経験たらしめると自ら考えるという決定。(B)反省に真に与えられている原始のはじめの事態に再現するために、『花を見ている私』としてはじめの事態に既にうつし込まれている『私』を(A)とは逆に、『われなし』と消してゆこうとする決定[147]」。ここに(B)とは、言い換えると「『われなし』と現前に脱自し、そこからはじめて『われ』（『私』）に返って『われ』と言うという方向[148]」にほかならない。このような決定(B)の実例として、上田はある「妙好人」（蓮の花（＝妙好）にたとえられる世俗の生活をしながら純真に念仏の行に徹底した人）が「狩野法眼の筆捨岩」（描こうとしながら描けず、筆を捨てたという謂われのある岩）を見た折の言葉（「いやさあ、吾しの見やうで見えるやない。岩が岩となって見せてくれるのじゃわ」）を挙げている[149]。上田はこの一例にちなんで、この「われなし（脱自）」が「認識上の事柄と倫理と実存性と実在の問題とが統合された一つの包括的にして而も単純なあり方を示して」いる点を強調し、さらに、それには、近代的な学問の意味ではなく「伝統的に『学道』として身を以って工夫を重ね深く生きられてきた一つの徹底したあり方に通じているところがある」ことを指摘している。[150] 西田の場所の論理は、このような「われなし（脱自）」としての自覚の立場を成立させるものにほかならない。すなわち「場所の自己限定として自覚的自己がはじめて成立する」ということである。「このように自己を自己からではなく、自己の『於いてある場所』から見ることが出来るということがまさに自覚」なのである。[151]

すでに見たとおり、シェリングもエアランゲン講義『学問本性論』において、近代の学問・哲学の伝統を離れて、脱自という神秘主義の伝統を辿り直しつつ、自身の知的直観の立場を脱自の立場に転換していた。シェリングの場合、すでに確認したとおり、西田のような述語の論理、超越的述語面の論理ではなく、コプラの論理もしくは超越的主語面の論理に留まるものではあれ、西田にきわめて近い立場に立っていたと見なしてよいであろう。すでに引用したとおり、シェリングはエアランゲン講義『哲学概要』において彼にとって主題であった「永遠なる自由」について、西田を髣髴とさせる口吻で次のように語っていた。「われわれがそれ〔永遠なる自由〕を見るのではなく、それ自身が自己をわれわれを通して見るのである」(Initia, 23) と。そうして彼はその実例として「何の効用も顧慮しない芸術作品」を挙げていた (ebd.)。

西田場所論の究極の立場を「物来って我を照らす」という彼の発言によって特徴づけてよいとすれば、晩年、彼はこれを理論的世界と実践的世界と芸術的世界とが交わる一点において語っている（「知識の客観性について」一九四三年）。

我々の実践的世界はどこまでも表現的形成的である。……表現的空間といえば、人は唯、芸術的空間を考えるかも知れない。しかし思惟の世界も表現的でなければならない。唯、それは絶対の多からである、一否定の立場からである。超越極においてである。これに反し、芸術的表現というのは、絶対の一からである、多否定の立場からである。ゆえにこれも一種の超越極においてである。芸術的世界も、実践的世界を絶対的一の方向に、これを超えることによって成立するのである。……我々の精神作用というのは、かつていった如く、無作用的作用型として、かかる表現面の自己限定として起こるのであり、かかる表現面において、我々の自己は物となって見、物となって働くという、物来って我を照らすという。（一〇・四二六―七）[152]

5　近代哲学批判

先にわれわれは『自覚における直観と反省』の結論部に「自由意志」の概念が登場すること、そうしてそれがどのようなものであったかを見た。「場所」論文に関連づけて言えば、そこにおける第三の立場すなわち究極の立場としての「自由意志」の立場が『自覚』諸論文の結論部における「自由意志」の立場を引き継いでいることは言うまでもない。西田はそこに「自由意志を見る」のであり、「真の無の場所」たる第三の立場を第二の立場と対照させつつ、それが第二の立場における「対立的無」を超越したものにほかならないことを強調している。彼は言う。「真の無の場所というのは如何なる意味においての有無の対立をも超越してこれをうちに成立せしめるものでなければならぬ。……しかしそれは対立的なる無の立場から真の無の立場に進むということにほかならない。単に物の影を映す場所から物がおいてある場所に進むというにほかならない」（四・二二二［I・八〇］）と。このことは意識の立場に立ち返って言えば「意識の立場に徹底すること」でもある（同）。この立場に徹底することによってわれわれが導かれることになるのは「無意識」の領域ではない。彼が「無意識」と見なすのは第二の立場から第三の立場への転換点に想定する「意識一般」である（同）。後期しかも最後の論文（「場所的論理と宗教的世界観」一九四六年）でも究極の立場が「無意識」の立場でないことを断っている。「我々の自己の奥底には、何処までも我々の意識的自己を超えたものがあるのである。しかもそれは我々の自己に外的なるものではなく、意識的自己というのは、そこから成立するのである。そこから考えられるのである。それは単に無意識とか本能的とかいうものではない。かく考えるのが対象論理的錯誤である。知るということは、自己が自己を超えることである。自己が自己の外に出ることである。しかも逆に物が自己となること、物が我々の自己を限定することである」（一一・四一六―七［III・三四七］）。

ここでシェリングを想起すれば、ここに語られている「自己が自己を超えること」「自己が自己の外に出ること」――これをシェリングは「脱自 Ekstase」と呼び、デカルト以来の近代哲学に対して、それを超える自身の真の立場として対置したのだった。この点で、シェリングと西田は共通の立場に立っていたと言ってよかろう。両者のうちに強烈な近代哲学批判・近代主観主義の哲学に対する批判を認めることもできるであろう。しかしながら、両者を隔てる点があることも否めない。両者には相違が厳然としてある。シェリング脱自論・忘我論には西田場所論に見られるような意識の構造分析が欠落している。シェリングは最終的にはただ先祖返りをして、自身の立場をソクラテスの無知の知、オリエントの知恵と同定するに留まった。シェリングと西田との相違については他の機会に譲り[153]、当面の議論を先に進めよう。

西田における近代主観主義哲学批判・認識論批判に関して言えば[154]、それはカントの統覚論にも及んでいる。周知のとおり、カントは「『我考う』ということがあらゆる我の表象に伴うことができなければならぬ」ことを説いていた（『純粋理性批判』第二版、一七八七年）。だが、西田は自身の場所の立場・述語論理の立場からこれを退ける。カントが説くところによれば「すべての経験的知識には『私に意識せられる』ということが伴わねばならぬ」、普通の言い方で言えば「我という如きものも物と同じく、種々なる性質を有つ主語的統一と考えるが」、西田にあっては「我とは主語的統一ではなくして、述語的統一でなければならぬ、一つの点ではなくして一つの円でなければならぬ、物ではなく場所でなければならぬ」（四・二七九〔I・一四一〕）とされる。西田は主語的統一に対立させた述語的統一を、カント批判として「意識一般」にも言及しつつ意識の底への没入と見なしている。「認識の形式が質料を構成するというのは、時における構成作用と同様ではない。意識一般の超越性は形式も質料もこれにおいてある場所の超越性である。一般的なるものが一般的なるものの底に、内在的なるものが内在的なるものの底に、場所が場所の底に超越することである。意識が意識自身の底に没入することである。無の無であり、否定の否定である」（四・二四四―五〔I・一〇五〕）。「かかる立場は否定の否定として真の無なるが故に、すべて対立的無の場所に映されるものを否定することができるのである。意識の野は真に自己を空《むなし》うすることによって、対象をありのままに映すことができるのである」(四・二二二［Ⅰ・八二］ルビは引用者)。

カントの「意識一般」概念の位置づけの問題にしばし眼を止めて言えば、西田は判断と意志とを「一つの作用の表裏」の関係にあるものと見なし、意識作用から意志作用への転換点にカントの「意識一般」を位置づけている。「真にすべてを対象化する意識一般は作用を超越するものでなく、何処までも自己のうちに退いて、すべての対象を内に包むものでなければならぬ。無にして有を包むものを意識とするならば、無限に深き意識の意味がなければならぬ。いわゆる意識一般とは対立的無より真の無に転ずる門口である。対立的有の立場において不可知なる力の作用であったものは、対立的無において意識作用となり、真の無の門口たる意識一般を越ゆることによって、広義における意志作用となる。判断作用というのは丁度意識一般の立場において見られるのである。判断と意志とは一つの作用の表裏と考えることができる」(四・二三四［Ⅰ・九八］)。

ともあれ、意識一般という門口から「我々は随意の世界に入る。……この門口を過ぐれば、自由なる意志の対象界に入る」(同)。ここにおいて、われわれは初めて「真の自己」に遭遇する。他の論文(「所謂認識対象界の論理的構造」)においても西田はこのことを確認している。「真の自己は意志する自己、見る自己でなければならない」(五・四〇)と。しかしながら、彼は同じ論文の同じ箇所で、「真の自己」が自己喪失をくぐりぬけることによって初めて成立するものであることを強調している。これは単なる対象的認識に即して考えられた自覚、知的自覚を超えたものにほかならないからである。彼は言う。

「いわゆる自覚を超越するが故に、それ〔真の自己〕は自己を失うとも考えられるであろう。しかしかかる意味において自己を失う時、我々は真に自己を得るのである。知的自覚は真の自己の影像に過ぎない。是故に我々は無限に深い自己を見ることによって、無限に深い世界を見るのである」（同）と。このような自己喪失の境地においては、自由意志すらも消失せざるをえないであろう。自由意志といえどもなお自己に囚われているためである。[155]「場所」論文ではこの点、次のように言われている。「我々はいつでも対立的無の場所における意識作用に即して、自由意志を意識するのである。更にこの立場を越えて真の無の場所に入る時、自由意志の如きものも消滅せなければならぬ」（四・二五〇〔I・一一二〕）と。意志の立場も、結局のところまた意志なき立場に至り着く。ここでもまた最終的な立場として自己放棄・無我の境地が現れている。われわれは自己を空しくすることによって初めて事物をありのままに映すことができるのと同様に、自己・我執を離れて初めてなすがままになすことも可能となるのである。[156]

6　無の概念

すでに見たとおり、シェリングは『世界生成論』草稿において、自己放棄・無の立場に到達していた。したがって、この立場はまた、それに続くエアランゲン講義のうちにも見出される。それによれば、脱自もしくは自我の放下すなわち自己放棄は、たとえば哲学することの始まりとしての「驚き」になぞらえられていた（プラトン『テアエテトス』）。だが、この表現はシェリングにはまだ控え目なものに思われる。より明瞭な表現は、彼にとって「自己自身に没入すること——自己の最も深い深み……常により深く自己自身の限界に没入すること」(IX, 30)にほかならなかった。だが、この没入はある正反対の状態を引き起こすことになる。「自己の外に置かれること」「自己放棄」である。これこそ人間が到達すべき「知恵」「すなわち永遠なる自由の自己認識」(ebd.)にほかならない。興味深いことには、西田に似てシェリングもまたこれを意識の立場から捉え返している。ただその際、彼はそれを単に「無意識」に関連づけるのではなく「原意識 Urbewußtsein」と呼ぶものに関連づけている。彼にとって「知恵」とは、「根源的に意識でもあった原意識の賜物」(IV, 244)にほかならなかった。

事柄の徹底は必ずや正反対の状態を引き起こす。中期のシェリング哲学の場合には、それは知の追求の果てに無知に行き着かざるをえなかった。中期の西田哲学の場合には、意識の追求は意識の無化すなわち真の無の場所に転ずることになる。「最も深い意識の意義は真の無の場所ということでなければならぬ」(四・二二四〔I・八四〕)。これは、西田の思索によれば、意識の立場のうちにではなく、むしろ意志の立場、いやそれどころか、その根拠をなす無の立場のうちにある。彼はこのことについて次のように説明している。「概念的知識を映すものは相対的無の場所たることを免れない。いわゆる直覚において既に真の無の場所に立つのであるが、情意の成立する場所は更に深く広い無の場所でなければならぬ。この故に我々の意志の根抵に何らかの拘束なき無が考えられるのである」(同)と。

このように「意志の背後にあるもの」を、西田は「創造的無」と名づける(四・二三八〔I・九八〕)。この概念は絶対無に関する仏教思想を強く想起させるものではあるが[157]、すでにわれわれの注目したとおり、西田はこの概念を、『自覚』諸論文の一つではベーメの「無底」の概念やディオニュシウスおよびエリウゲナの神概念に関連づけて用いていた。ここ「場所」論文では、彼はこれを時間をも質料をも超越した無からの創造というアウグスティヌスの創造論と関連づけている（四・二三八［I・九九］）。いずれにせよ、西田が辿り着いた「創造的無」の立場は、意識の立場（理論哲学）を超え、意志の立場（実践哲学）をも超えたものにほかならない。『自覚』諸論文においては、二つの立場を超えるものをフィヒテの事行の立場に見出していた。「場所」論文においても「カントの意識一般はフィヒテの事行に到らねばならぬ」とされているが、しかしながら、そこでは「フィヒテの事行といえども、なお真の無の場所における自由意志ではない」（四・二三九以下［I・一〇〇］）。ここで西田は「自由意志」という語を用いている。西田の論述の特徴は議論が絶えず往きつ戻りつ往還する点にある。そのため、否定されたはずの概念が再登場するということが始終起きる。いま問題の「自由意志」の概念に関して言えば、それは、コンテクストに応じて、究極の立場、「真の無の場所」を示す語として用いられると同時に、他のコンテクストにおいては、それをも否定した究極の境地、「直観」が「真の無の場所」とされる。そこでは、ドイツ観念論の伝統がギリシア哲学によって転倒され、克服されているのである。一九三六年に『善の研究』の新版を上梓した折、そのまえがき（「版を新たにするに當って」）のなかで、こうした消息を西田自身次のように伝えている。「純粋経験の立場は『自覚に於ける直観と反省』に至って、フィヒテの事行の立場を介して絶対意志の立場に進み、さらに『働くものから見るものへ』の後半において、ギリシャ哲学を介し、一転して『場所』の考に至った」（一・六）と。

見られるとおり、場所の立場が従来の彼自身の考えとは異なった決定的転換となっていること、およびそこにはギリシア哲学が介在していたということが、ギリシア哲学に対して否定的であった西田自身によって明瞭に語られている。この決定的転換はしばしば引用される「場所」論文を収めた著作『働くことから見るものへ』の「序」(一九二七年)では、主意主義から直観主義への転換として特徴づけられている。

『善の研究』において純粋経験を基として物心の対立、関係等種々の問題を解こうとした私は、……〔『自覚における直観と反省』においては〕とにかくフィヒテに似た一種の主意主義の立場に立って、種々の問題を考えてみた。……しかし私は『自覚における直観と反省』を書いた時から、意志の根抵に直観を考えていた。働くことは見ることであるというようなプロチノス的な考を有っていた。絶対意志という如きものを究極の立場と考えたのは、これに由るのである。……「場所」においては超越的述語という如きものを意識面と考えることによって……久しく私の考の根抵に横たわっていたものを摑み得たかに思い、フィヒテの如き主意主義から一種の直観主義に転じたのである。(四・三〔I・三三〕)

西田は転回を遂げた新しい立場、新境地を「直観主義」と特徴づけて後、これにコメントして、それが「従来の直観主義において考えられたものとその趣きを異にしていると思う」と、自身の「直観主義」を「従来の直観主義」と異なったものとして区別しようとしている。それは「いわゆる主客合一の直観〔知的直観〕を基礎とするのではなく、有るもの働くものすべてを、自ら無にして自己のなかに自己を映すものの影と見るのである。すべてのものの根抵に見るものなくして見るものという如きものを考えたいと思うのである」（四・五―六［Ｉ・二二六］）。『善の研究』においては、西田は自身の坐禅体験を根底に据えつつ、西洋哲学の術語によってそれを言語化しようとした。『自覚』において、これをさらに鍛え直そうとした結果、そこでは東洋哲学の趣きが益々薄められた。「場所」論文の議論そのものもまた、西洋哲学における判断論や意識論の土俵の上でなされていた。しかしながら「場所」論文等を収めた『働くことから見るものへ』の「序」の末尾では、彼の議論が東洋的要求に基づいていることが強調されている。ここでの強調は彼の後の歩み――中期から後期への歩みを予告するものとなっている。

形相を有となし形成を善となす泰西文化の絢爛たる発展には、尚ぶべきもの、学ぶべきものの許多なるはいうまでもないが、幾千年来我ら祖先を育み来った東洋文化の根抵には、形なきものの形を見、声なきものの声を聞くといったようなものが潜んでいるのではなかろうか。我々の心はかくの如きものを求めてやまない、私はかかる要求に哲学的根拠を与えて見たいと思うのである。（四・五―六［Ｉ・三五以下］）

月並みな用語ながら、それを用いて言えば、ここでは西洋の有の文化に対して東洋の無の文化が対置されていると言ってよかろう。とは言うものの、西田哲学における西洋と東洋との対決もしくは融合の問題は大問題であり、これまで様々な議論がなされてきた。だが、それらを逐一吟味する余裕はもはやない。そろそろ本章の考察を閉じなければならない。そのためここでは、最もオーソドックスと思われる見解のみを掲げておくことにしよう。『西田哲学を学ぶ人のために』を編集した大峯顕はそれに巻頭論文（「西田哲学における東洋と西洋」）を寄せ、そこで「西田哲学の真の独自性」とは何かを問うて、それを「東アジアの精神文化の伝統、特に仏教の精神や思想をヨーロッパ哲学と対決させ、かくして『東西文化の融合の道』（『全集』第十一巻、一七四ページ）を探ろうとする」点に見出している。[158] 大峯の見るところによれば、西田が試みた「東西文化の対決と融合の実験」の実際は、第一に、「東洋の精神的伝統とりわけ仏教の中に西洋文化とまったく異質な見方があって、これは将来の人類にとって大きな貢献となりうるということの確認である」。しかしながら、この東洋文化の独自性が未だ論理的に表現されていない。こうした現状に鑑み、「東洋的なものの論理化ということが、対決の第二の内容となる」。第三に「西田は、このように論理化された東洋的な原理の中に……自然科学と宗教との衝突という問題に対処する有力な可能性を見いだそうとしている」。[159]

東洋と西洋という互いに異なった思想伝統に属する二人の思想家を比較するという試みは大層興味深いものであるが、殊の外困難でもある。こうした試みは、えてして目に付く類似を表面的になぞり、比較するに留まりがちだからである。表面的な類似に反して、思想伝統の隔たりは大層大きいと言わねばならない。しかしながら、思想が思想として生き抜く実際の姿は隔たりの大きい思想伝統を大胆に結合・融合することによって新たな思想伝統を形成することであり、これはさながら壮大な実験の様相を呈する。そもそも西洋思想なるものからして、ヘレニズム（ギリシア哲学）とヘブライズム（ユダヤ、キリスト教）というきわめて異質な思想のアマルガムなのであり、一方で、シェリングは近代の終焉期に両思想に深く棹差し、激しく往還を繰り返した思想家、巨大な思想アマルガムの体現者にほかならず、他方で、西田はわが国における西洋思想の受容期に東洋思想に足場を置きつつ西洋思想を旺盛に受容した、もう一人の巨大な思想アマルガムの体現者にほかならない。本章における両者の比較によって、このことを浮き彫りにし際立たせることができたとすれば、本章の目指すところの大半は達成されたこととなろう。

むすびにかえて

「まえがき」にも記したとおり、筆者の西田哲学との最初のかかわりは、ただそれに対する尊敬と憧れから、たかだか十代の終わりに西田の全集に闇雲にアタックしたというだけである。その後は思うところあって、むしろこれを敬して遠ざけ続けてきた。二十代、ヘーゲル哲学と格闘して後、ここ二十年ばかりは主として十七、八世紀当時の自然科学に関する著書や論文を渉猟する日々を過ごしてきた。そうして、折々にその成果をドイツやイタリアの各大学で披露、講演してきた。ところが、ドイツやイタリアの研究仲間たちは、日本の文化や哲学についても講演するよう求めるようになった。私が日本人だという、ただそれだけの理由で。この要求を拒みきれず、二〇〇二－〇三年の冬学期にドイツのカイザースラウテルン大学（いまは工科大学になっている）にて客員教授を務めた機会に、ほぼ四十年ぶりに西田哲学の勉強を再開することになった。

当大学で担当したゼミナールのテーマは私の専門とするドイツ自然哲学で、特にこの折は、十七、八世紀の科学史のコンテクストのなかでカントの初期の自然哲学的テクストを読み解くというものだったが、他の様々な大学での講演の際に、その多く（八回のうち四回）のテーマを東西の自然観の比較とし、そこに西田の場所論を加味した（第二章注80に講演原稿のタイトルとその掲載書を記しておいた）。これらの講演のうちの一つはケルン大学でのものだったが（二〇〇二年十二月）、その前日の夕刻に同大学で「間文化哲学 Interkulturelle Philosophie」に関する国際学会の集まりがあり、それはエジプト等各地からのゲストと当大学の二、三名を合わせて総勢七、八名ほどが立って、それぞれ十分間「いかにして間文化哲学は可能か」という共通テーマでスピーチするというものであった。私もこれを行ったが、皆しっかりとした原稿を用意して、それを朗読するという通常の講演スタイルでスピーチを行ったのだったが、私の場合は原稿を用意する余裕がなかったため、フリートーキングにて自己紹介を行うほかなかった。中教室に百人くらいは聴衆がいたであろうか。開口一番「今夕のこのスピーチのために私は何の準備もできなかった。明日が私の講演日で、そのために私はここに来た。それで今夕のスピーチのためのメモすらない。このようなわけで、私は自己紹介を行うことにしたい」と言ったところ、大爆笑が起きた。自一度爆笑の渦ができると面白いもので、スピーチの間、何度も会場は爆笑に包まれることになった。自己紹介を試みた、その要点は次のようなものであった。

われわれ日本人は、明治の変革期（明治維新）、十九世紀末頃に西洋の文化・思想を受容した。受容後の著名な作家たち（漱石や鷗外等）は和漢洋という三つの文学・思想伝統に通じていた。しかしながら、第二次大戦後、この古きよき伝統は失われた。当大戦三年後の一九四八年に生まれた私は少々日本の古典（古文）や中国の古典（漢文）を学びはしたが、大学に入ってからはもっぱら西洋哲学とりわけドイツ古典哲学を学び、その後はドイツの大学（テュービンゲン大学やミュンヘン大学）でも研究の機会を得、ドイツのいろんな大学で自分の研究するドイツ自然哲学について講演を行う機会にも恵まれた。有難いことにドイツの同僚たちは私をしばしば講演に招いてくれる。自分としては自身の研究テーマであるドイツ自然哲学について講演したいのだが、ドイツの同僚たちの多くは日本の文化や哲学について話してほしいと要望する（爆笑）。そのため、私はしばしばこれをテーマに講演せざるをえなくなった（爆笑）。「いかにして間文化哲学は可能か」という今夕のテーマに関して言えば、日本人であるという私そのものがすでに「間文化的」（interkulturell）だと言えるだろう（拍手）。

いまなお私の置かれている事情は何一つ変わっていない。本書の執筆も、こうした事情のもとでなされた「奮闘努力」の一端である。この「奮闘努力」の甲斐や、有りや無しや？

■著者略歴

松山壽一（まつやま　じゅいち）

1948年　大阪市生まれ
1981年　立命館大学大学院文学研究科博士課程修了
1985-86年　テュービンゲン大学（旧西ドイツ）留学
1993年　文学博士（法政大学）
1995年　バイエルン科学アカデミー（ドイツ）留学
2002-03年　カイザースラウテルン大学（ドイツ）客員教授
現　在　大阪学院大学教授

著　書

『生きることと哲学すること』（北樹出版，1990年，増補改訂版1997年，新版2008年），『ドイツ自然哲学と近代科学』（北樹出版，1992年，増補改訂版1997年），『科学・芸術・神話』（晃洋書房，1994年，増補改訂版2004年），『ニュートンとカント』（同，1997年，改訂版2006年），『若きカントの力学観』（北樹出版，2004年），『ニュートンからカントへ』（晃洋書房，2004年），『人間と悪』（萌書房，2004年），『人間と自然』（同，2004年）

編　著

『自然哲学とその射程』（晃洋書房，1993年），『ドイツ観念論と自然哲学』（創風社，1994年），『シェリング読本』（法政大学出版局，1994年），『現代世界と倫理』（晃洋書房，1996年，改訂版2002年），『シェリング自然哲学とその周辺』（梓出版社，2000年），*Natur, Kunst und Geschichte der Freiheit*, Frankfurt a. M. 2000，『シェリング自然哲学への誘い』（晃洋書房，2004年）

監訳書

H. J. ザントキューラー編『シェリング哲学』（昭和堂，2006年）

叢書シェリング入門3
知と無知――ヘーゲル，シェリング，西田――

2006年9月30日　初版第1刷発行
2008年9月20日　初版第2刷発行

著　者　松山壽一
発行者　白石徳浩
発行所　萌《きざす》書房
〒630-1242　奈良市大柳生町3619-1
TEL（0742）93-2234 / FAX 93-2235
［URL］http://www3.kcn.ne.jp/~kizasu-s
振替　00940-7-53629
印刷·製本　共同印刷工業・藤沢製本

ISBN978-4-86065-024-7

注

第一章

（1） 筆者の哲学入門書でも同じ問題について触れている。松山壽一『生きることと哲学すること』北樹出版，1990年，増補改訂版1997年，pp. 26–41の序「哲学は学びうるか」。

（2） Rezension der *Kritik der theoretischen Philosophie* von Schulze. In : *Oberdeutsche Allgemeine Literatur–Zeitung* CXXXIII, 1801. TWA, Bd. II, S. 273における引用からの孫引き。以下，ヘーゲルのテクストからの引用はその普及度の高さゆえ，TWA（＝G. W. F. Hegel, *Werke in zwanzig Bänden*. Theorie Werkausgabe, Frankfurt/Main 1971）から行い，本文中の（ ）内に巻数をローマ数字，ページ数をアラビア数字で記すことにする。なお，当面扱う文章は『哲学批評雑誌』に掲載されたものばかりで，これには邦訳があり，参照し教えられるところ大であった。海老沢善一訳編『ヘーゲル批評集』梓出版社，1992年。邦訳のページ数を［ ］内に併記する。ただし引用は拙訳による。

（3） ミュンヘンの歴史とシェリングとの関連については筆者によるグラビア解説「バイエルンの都ミュンヘンと壮年シェリング」『シェリング年報』第11号，晃洋書房，2003年，参照。以下，『シェリング年報』に関しては注記の簡略化のため『年報』と略記し，かつ号数のみを記すことにする。

（4）「ゲーテとシラーの共同にもなぞらえうる」（W. Dilthey, *Die Jugendgeschichte Hegels*, in : *Gesammelte Werke*, Bd. 4, S. 205）1801–03年のシェリングとヘーゲルの共同については『ヘーゲル研究』別冊の一つがその研究に当てられている。Hegel in Jena, in : *Hegel–Studien*, Beiheft 20, Bonn 1980. またイェーナに関しては，たとえば石崎宏平『イエナの悲劇――カント，ゲーテ，シラーとフィヒテをめぐるドイツ哲学の旅』丸善ブックス092，2001年が興味深い読み物だし，Friedrich Strack (Hg.), *Evolution des Geistes : Jena um 1800. Natur und Kunst, Philosophie und Wissenschaft im Spannungsfeld der Geschichte*, Stuttgart 1994には多方面にわたる歴史的研究が満載されている。なお筆者もグラビア解説「テューリンゲンの大学町イェーナと青年シェリング」『年報』第９号でこれについて多少述べているし，同第11号に掲載された拙論「最近のシェリング研究瞥見」では昨今のイェーナの状況について報告している。

（5） ザラート（Jacob Salat, 1766–1851）はバイエルンのカトリック神学者ながらカトリックの反啓蒙主義に対抗して啓蒙化されたカトリシズムを主張した。1801年からミュンヘンのリツェウムの道徳神学教授，1807年からランツフート大学の神学教授。前掲『ヘーゲル批評集』p. 144の海老沢解説参照。なおランツフート大学は1827年にはミュンヘン大学へと改組される。シェリングはこれと同時にミュンヘン大学教授となる（当年52歳）。

（6） 自称「道徳的で人間的な哲学」には「哲学の理念」がないため，「非哲学の哲学」と呼ばれている。この点，本章第二節冒頭で行う「哲学批評の本質」に関する考察に注目されたい。

（7） *Literaturzeitung* は従来「文学新聞」あるいは「文芸新聞」と訳されてきた（ちなみに注2に挙げた海老沢訳の場合「文学新聞」と訳されており，筆者の場合これまでは文学では狭すぎると考え「文芸新聞」と訳してきた）。しかしながらこれは何も文学のみを扱うだけでなく，哲学等をも扱う批評を主とした新聞である。したがって，これは「図書新聞」とでも訳すべきものであろうし，しばしば「公衆 allgemein」という語が付加されているのもわれわれの興味をそそる。これは専門家向けではなく「一般読者向け」という意味であろう。ちなみに19世紀ドイツにおける音楽ジャーナリズムをリードすることになる『ライプツィヒ公衆音楽新聞』*Leipziger Allgemeine Musikalische Zeitung* の創刊号（1798年）冒頭には当新聞が「様々な公衆 ein gemischte Publikum」向けのものである旨が記されている。宮本直美『教養の歴史社会学――ドイツ市民社会と音楽』岩波書店，2006年，p. 196参照。

（8） 『哲学批評雑誌』の創刊号（第1巻第1冊）は本文に記したとおり1802年1月に刊行される。以後1803年6月に最後となる第2巻第3冊を含め全5冊が世に出る。「懐疑主義論文」も「信仰と知識」も「自然法論」もすべて当雑誌に掲載された雑誌論文である。加藤尚武他編『ヘーゲル事典』弘文堂，1992年所収「ヘーゲル詳細年譜」pp. 639–640を見よ。

なお1803年6月で当雑誌の刊行が終了してしまったのは，シェリングが教授としてヴュルツブルク大学に移ることになったためである。ヴィルヘルム・シュレーゲルと離婚したばかりのカロリーネを伴って。この点『年報』第10号巻頭の筆者によるグラビア解説「若き哲学教授シェリングとマインフランケンの司教座都市ヴュルツブルク」参照。

（9） 本文中，先の引用文における「パンのための学問」という語はシラーがイェーナ大学就任講演（「世界史について」1789年）で用いた語で，以後多用されることになった。『イェーナ公衆図書新聞』は『ドイツメルクーア』*Teutscher Merkur* の編者クリストフ・マルチン・ヴィーラントを企画者と

して，それにフリードリヒ・ユスチン・ベルトゥーフおよびイェーナの詩学教授クリスチャン・ゴットフリート・シュッツが編集に加わって1785年１月３日に創刊された新聞であった。４頁600部でスタートしたこの新聞は1785年末には1100部，1787年にはピークを向かえ，2000人を超える予約購読者を得るに至っている。これは今日の状況から見てさえ盛況と言える。Vgl. Siegfried Seifert, “Eine vollständige Uebersicht der Kantischen Grundsätze”. Die Jenaer “Allgemeine Literatur-Zeitung” und ihr Beitrag zur Kritik in einer Zeit des Umbruchs und Aufbruchs, in : F. Strack (Hg.), a. a. O., S. 275f. なお，同編著に収められた他の論文の報告するところによれば（注156参照），シラーの『ホーレン』創刊号（1795年１月15日）は最初1500部刷ったものの，すぐに売り切れ，500部増刷されている。このような盛況ぶりの背景として，われわれは当時における私的結社の花形としての読書協会 Lesegesellschaft の存在（1800年以前に430以上もあったとする報告さえある）に眼を向ける必要があろう。この点，西村稔『文士と官僚――ドイツ教養官僚の淵源』木鐸社，1998年，pp. 169–171；宮本前掲書 pp. 305, 306参照。

なお，当時刊行されていた雑誌全般について知るには次のものが便利である。P. Hocks / P. Schmidt, *Literarische und politische Zeitschriften 1789–1805*, Stuttgart 1975.

(10)　シェリングやヘーゲルも参戦した当時の批評合戦の歴史的背景となっているのは当時における「教養市民層 Bildungsbürgertum」の形成である。この点たとえば西村前掲書が中世にまで遡ってその形成史を描き出しているし，また宮本前掲書第１章「教養を求める人々」が要領のよいまとめを行っている。あるいはドイツにおけるサロンの具体的な様子については，たとえば西村前掲書 pp. 219–222および次の訳稿を参照。エンゲルハルト・ヴァイグル（三島憲一訳）「ラーエルのソファ――1800年前後のベルリンのサロンにおける親密圏と公共圏のはざま」『思想』925号，2001年。なおヴァイグルの書（三島憲一・宮田敦子訳）『啓蒙の都市周遊』岩波書店，1997年は本章が扱う当時の批評活動の歴史的背景を知る上でも有益である。

(11)　この箇所にヘーゲルは文責が自身にあることを明記して，次のような注記を付加している。「この見本市報告の書き手が伝えるニュースによると，シェリングは自分の郷里からイェーナに血気盛んな一人の提灯持ちを呼び寄せて，フィヒテでさえ自分の見解のはるか下にいるのだということを，その人物を介して仰天する読者に知らせているとのことである。私はどんなに婉曲に言おうと，このニュースの書き手は嘘つきだと言うほかない。つまり，私

は彼をこの明瞭な言葉で説明するほかない。しかも彼が片手間にやる狡猾，中途半端な嘘，あてこすりなどによって迷惑をこうむっていて，私に感謝する人はたくさんいるのだから，なおさらのことである。ヘーゲル博士」(II, 211f. [46])。

(12) 当「彙報」の書き手がカントの『道徳形而上学』(1797年)「序言」でのテーゼを念頭に置いていたかどうか定かではないが，その論旨はカントのテーゼと完全に一致しており，その復唱になっている。彼はそこですでに感性を超えた理性にかかわる哲学の通俗化平易化（「誰にでも分かるように分かりやすく述べること」）が不可能なことを強調し，理性が唯一であるがゆえに哲学は唯一であるべきこと（「原理に基づく真実の哲学体系は一つしかありえない」こと）を主張していた。

なお，山口祐弘『意識と無限――ヘーゲルの対決者たち』近代文藝社，1994年，pp. 136–141は『哲学批評雑誌』「序説」における「哲学の理念」の強調の問題を『差異書』における理性概念と関連づけて論じているが，その際「哲学の通俗化と平板化」という時代背景があることにも眼を向けつつなされている。

(13) シェリング全集（注16参照）第５巻に付された編者まえがきを参照。同巻に収められた論文は以下のとおりである。「自然哲学と哲学一般との関係について」「哲学における構成について」「哲学的観点から見たダンテについて」。なお，「ダンテ論」の全訳と他の二つの抄訳が『シェリング著作集』第３巻，2006年，燈影舎に掲載される予定である。

(14) 「ゲーテとシラーの共同になぞらえうる」(Dilthey) 1801–03年におけるイェーナでの２人の共同をテーマとして『ヘーゲル研究』別冊の一つが編まれていることについては注４ですでに指摘した。当別冊（Beiheft 20, 1980）の編者の一人デュージングは類似のテーマですでに次のような論文を書いていた。K. Düsing, Spekulation und Reflexion. Zur Zusammenarbeit Schellings und Hegels in Jena, in : *Hegel-Studien*, Bd. 5, Bonn 1969, S. 95–128. この論文のなかで彼はシェリングが『自然哲学考案』初版（1797年）で用いていたSpekulationの語を同書再版（1803年）でReflexionの語に書き換えたのはヘーゲルの影響によると主張した。これはデュージングテーゼと呼ばれることになるが，これを筆者はかつて批判し，それがヘーゲルの影響ではなくスイスの自然学者ルサージュの影響によるものであることを明らかにしている。拙著『ドイツ自然哲学と近代科学』北樹出版，1992年，pp. 270–271（＝増補改訂版1997年，pp. 290–291）。その後，多田茂「デュージング・テーゼ」『現代思想』1993年７月臨時増刊「ヘーゲルの思想」pp. 248

−251が当テーゼとそれをめぐるドイツの論争を報告している。

(15) M. N. Forster, *Hegel and Scepticism*, Cambridge, Massachusetts, London, p. 100もヘーゲルのこの時期の立場がシェリングの同一哲学と同じものであることを，R. Haym, *Hegel und seine Zeit*, Hildesheim 1962, S. 183−184を指示しつつ指摘している。

(16) 以下，シェリングのテクストからの引用は次の全集から巻数をローマ数字，ページ数をアラビア数字で指示して行う。Friedrich Wilhelm Joseph Schelling, *Sämmtliche Werke*, hrsg. von K. F. A. Schelling, 14Bde., Stuttgart und Augsburg 1856−1861. なお，邦語表記は『全集』とする。また「わが哲学体系の叙述」は北澤恒人訳により，『シェリング著作集』第3巻（燈影舎）として刊行予定である。ただし訳文は拙訳による。

(17) 同一哲学に関するわが国の研究としてはたとえば以下のものを参照（拙稿「常識と懐疑」大阪学院大学紀要『人文自然論叢』No. 51，2005年，p. 27 注15では各研究の内容についてコメントを加えておいた）。伊古田理「同一哲学とモナドの問題――ヘーゲルとの対比において」西川富雄監修『シェリング読本』法政大学出版局，1994年，pp. 96−109。高山守『シェリング――ポスト「私」の哲学』理想社，1996年の第2章第1節。寄川条路『体系への道――初期ヘーゲル研究』創土社，2000年，pp. 92−95。平尾昌宏「形式・体系・自然――シェリング『叙述』とスピノザ『エチカ』」松山壽一・加國尚志編『シェリング自然哲学への誘い』晃洋書房，2004年，pp. 37−65。

なお，同一性体系を提示した「叙述」はシェリングの編集する『思弁的自然学雑誌』第2巻第2冊に掲載された論文で，最近 M. Durner によって当雑誌のテクストがすべて哲学文庫（PhB）に収められた。F. W. J. Schelling, *Zeitschrift für speculative Physik*, 2 Bde., PhB 524, Hamburg 2001. この書のために綴られた編者ドゥルナーの解説は実に明快である。

(18) 『差異書』は TWA の第2巻に収められている。邦訳もあり，そのページ数を［ ］内に記す。邦訳を参照しつつ拙訳を試みた。G. W. F ヘーゲル（山口祐弘・星野勉・山田忠彰訳）『理性の復権――フィヒテとシェリングの哲学体系の差異』批評社，1985年，新装版1994年。

(19) 筆者がこれまで強調してきたのはスピノザ，ヤコービとヘルダリンあるいはプラトンとライプニッツとの連関である。「ヘルダリンとシェリング」拙著『科学・芸術・神話』晃洋書房，1984年，第2部第1章（＝同書増補改訂版，2004年，第5章）。拙論 Mechanisch versus dynamisch. Zur Bedeutung des dynamischen Naturverständnisses und zum Vergleich der Materiekonstruktion bei Kant und Schelling, in : J. Matsuyama u. H. J.

Sandkühler (Hgg), *Natur, Kunst und Geschichte der Freiheit*, Frankfurt / Main 2000, S. 41–69 ; Die Vereinigung des Entgegengesetzten. Zur Bedeutung Platons für Schellings Naturphilosophie, in : R. Adolphi u. J. Jantzen (Hg.), *Das antike Denken in der Philosophie Schellings* (＝Schellingiana Bd. 11), Stuttgart—Bad Cannstatt 2004, S. 51–76. 拙論「見える精神としての自然——シェリング自然哲学の根本性格」松山壽一・加國尚志編『シェリング自然哲学への誘い』晃洋書房，2004年所収；本叢書第２弾，拙著『人間と自然——シェリング自然哲学を理解するために』萌書房，2004年。

(20) 久保陽一「シェリングとヤコービ——有限者と無限者の連関をめぐって」『理想』No. 674（シェリング没後150年特集号），2005年，p. 62。

(21) AA III, 1, Briefe I, S. 22. AA III, 1 はアカデミー版新全集すなわち歴史的批判全集（*Historisch–Kritische Ausgabe*, Stutugat–Bad Cannstatt 2003）の第３系列第１巻の略記で，新全集の第３系列は書簡集となっている。

(22) 久保前掲論文 p. 65参照。

(23) 同 p. 66f. 参照。久保論文の有難さはシェリングとヘーゲルのヤコービとの関係を時期を追って正確に辿ることができる点にある。久保論文に促されて筆者にとっての新たな課題として浮上してきたのは，シェリングの『超越論的観念論の体系』に対するヤコービによる書評を確認するということである。ヤコービによる書評と並んで重要で興味深い書評がある。ラインホルトによる書評である（『イェーナ公衆図書新聞』第231–232号，1800年８月13日掲載）。当書評における批評も厳しいもので，その趣旨は前記『体系』でのシェリングの哲学が知の「技巧」にすぎず，「課題のなかですでに投入していた結果をもたらすことしかできない」(p. 119) というものである。すなわち主客同一がその主題にして原理なのだが，知の成立を説明するには主客の分離を説明しなければならなくなる，言い換えると知の説明のために同一性が仮説的に廃棄され，説明の遂行とともにこの廃棄が廃棄され，同一性が再建されなければならなくなる（p. 122f.）というものである。寄川条路編訳『初期ヘーゲル哲学の軌跡——断片・講義・書評』ナカニシヤ出版，2006年より引用。

(24) プラトン研究に一生を捧げた田中美知太郎は晩年，弟子たちの手を借りつつ全４巻にのぼる労作『プラトン』を完成させた（岩波書店刊）。彼はその第１巻（1979年）の末尾に「プラトンにとって著作とは何であったか」という問題を真正面から取り上げ論究している。

(25) 前掲拙著『生きることと哲学すること』pp. 190–202において，筆者なりに「哲学は解説しうるか」という問題をプラトンに即して考察してみた。た

だそこでは，プラトンが自身の哲学の解説を拒否したことの意味が秘教性にあった点については触れていない。この点に関してたとえば井筒俊彦がこれを「言詮不及」の神秘的体験という立場から解釈している。『神秘主義』第2部，人文書院，1978年，pp. 50–51，84–85，134–135等を参照。

(26)　ヘーゲルと懐疑主義との関係の問題についてはこれまでそれなりに研究が積み重ねられてきた。本章の考察――〈叢書シェリング入門3〉に相当する本書の第一章――の中心課題の一つもこの問題を解明する点にある。「入門」ということで言えば，最近この問題に焦点を合わせた好ヘーゲル入門書が刊行された。栗原隆『ヘーゲル――生きてゆく力としての弁証法』日本放送出版協会，2004年である。この書は数少ない貴重なヘーゲル入門書であると同時に，そこには近年のヘーゲル研究の最新の成果が盛り込まれており，ヘーゲル哲学の最新の研究動向を知る上でも有益である。ただ筆者が本章で試みる課題意識――タイトルに掲げたとおり「常識と懐疑」の問題の解明――から言えば，栗原のこの書は懐疑主義の問題と対をなすはずの常識哲学の問題を完全に無視している。この問題が視野に収められていない。むろんこれは同書の責任というよりはむしろ従来のヘーゲル研究がその責を負うべきであろう。この点に関連させて言えば，同書は従来のヘーゲル研究における欠落，欠陥を忠実に反映，象徴した一典型ということになろう。注記の最後に，同書に認められる典型的なアンバランスの背景をなすものが，少しでも言葉尻が違えば訳語を変えるというわが国における奇妙な翻訳厳格主義，悪習であることを指摘しておこう。この点たとえば本書 pp. 43–44参照。

(27)　クルーク（Wilhelm Traugott Krug, 1770–1842）については前掲『ヘーゲル批評集』p. 67f. の海老沢解説に詳しい。それによれば，彼はヴィッテンベルクに赴任する前はイェーナ大学でラインホルトに学んでいる。また後（1804年）には彼はカントの後任としてケーニヒスベルク大学に招聘されることになったが，最後（1809年以降）はライプツィヒ大学に移っている。彼は様々な分野にわたる（哲学のみならず法律や軍事技術等）著作ばかりでなく多岐にわたるスタイル（論説のみならず教科書，辞典等）の著作をも刊行しており，ローゼンクランツ（『カント哲学の歴史』）によって「ライプツィヒに哲学産業が興るとすれば，それはクルークによってである」と評されているほどである。

(28)　後に見るように，当時「常識」という語は「スコットランド常識哲学」における「常識 Common Sense」の訳語として，Gemiensinn（直訳），der gemeine Verstand 等々，様々に表記されている。

(29)　田中秀夫『スコットランド啓蒙思想史研究』名古屋大学出版会，1991年，

pp. 1－7 参照。

(30)　同書 p. 88以下参照。

(31)　ギムナジウム時代，ヘーゲルがファーガスンにも関心を寄せていたことが分かっている。この点，ローゼンクランツ（中埜肇訳）『ヘーゲル伝』みすず書房，1983年，p. 36参照。

(32)　ヘーゲルの修学時代の研究のなかで，ヘルダリンやシェリングたちの修学のあり方とを分かつ目立った点は彼の経済学研究である。テュービンゲン神学院に入る前の1799年 2 月から 5 月にかけて，彼はスチュアート『経済学』の独訳に対して批判的注解を書いている。これが後の彼の市民社会論形成に対して決定的に重要な役割を果たしたことはよく知られている。前掲ローゼンクランツ『ヘーゲル伝』p. 96参照。

(33)　田中前掲書 pp. 230–231参照。近年わが国でもスコットランド啓蒙に関する研究書がいくつも出されている。これまで参照した田中前掲書のほかにたとえば田中正司編『スコットランド啓蒙思想研究』北樹出版，1988年；天羽康夫『ファーガスンとスコットランド啓蒙』勁草書房，1993年。

(34)　周知のとおり，カントは『プロレゴーメナ』「序言」で，彼らがヒュームの懐疑の意義（形而上学改善のための示唆）を見損ない，大衆に迎合する道を選んで形而上学を旧態に留めたと批判した。この批判は確かに次注に挙げる長尾のリード研究（pp. 23–30）も強調するとおり，リードの著作を読んだ上でのまともな批判になっておらず，カントによる自身の関心に基づく勝手な解釈にすぎない。ただ長尾（p. 24）がある先行研究に依拠しつつカントの批判書の刊行が「1790年代には，常識哲学はドイツでは姿を消したと言われる」（p. 24）としているのは，19世紀初頭においてなおヘーゲルが「常識」問題を重視し，それについて盛んに論じている（これが本節の一つの主題である）という事実に反する。なお長尾によって引用されている篠田訳（岩波文庫 p. 18）では，原語 der gemeine Menschenverstand の訳語は「普通の人間悟性」となっている。後（注57，70，71，72）に指摘するとおり，この語は「常識」を指示する当時のありふれた用語である。

(35)　リードについて近年わが国でも待望のモノグラフィーが出た。長尾伸一『トマス・リード――実在論・幾何学・ユートピア』名古屋大学出版会，2004年。以下，この書に拠りつつ簡単にリードについて述べておく。彼（Thomas Reid, 1710–1796）は合邦直後にスコットランド東北部アバディーン近郊のストローンで牧師の息子として生まれている（エディンバラでヒュームが生まれる 1 年前のことである）。アバディーンで大学までの教育を受け，同大マーシャル・カレッジ図書館の司書を 3 年間務めて後，1736年，ニ

ューマハーの牧師となる。1751年からは教師生活に入り，翌年にはアバディーン大学のキングス・カレッジの哲学教授となったが，1776年にはアダム・スミスの後任として（反対者もあって一騒動の後）グラスゴー大学の道徳哲学教授に就任，前任者のスミス，さらにその前のハチスンたちのように巧みな講義で人気を集めたわけではなく，単調な講義ながら教授活動を行い，長寿を全うし，85歳で他界している（pp. 2－9）。常識哲学の創始者という面ばかりに注目が集まるが，彼はむしろ数学，科学に精通した実直な聖職者であった（p. 124以下）。当時最新のニュートンの自然学を受け入れたばかりでなく，興味深いことにユークリッド『原論』の第5公準（＝平行線公準）問題やバークリの『視覚新論』に棹差しつつ球面幾何学すなわち非ユークリッド幾何学まで構想している（『人間精神の研究』第6章「視覚について」)。この点特に pp. 149–159。

(36)　長尾前掲書 p. 19によれば，「コモン・センス」という語を用いて議論したのはリードが初めてではない。先例がリードの大学時代の恩師であったターンブルの主著『道徳哲学の諸原理』（1739年）にすでに見られるし，ヒューム批判の先駆けとなった著作も，グラスゴー時代にリードの友人となるジョン・ヒューム（ケイムズ卿）の『道徳と自然宗教の諸原理』（1751年）であった。

(37)　ヒューム『人間本性論』第1巻第3部6—7節および同第4部6節参照。岩波文庫，中公世界の名著（現在は中公クラシクス）にも翻訳があるほか，丹念な訳注，解説の付いた翻訳（木曾好能訳，法政大学出版局，1995年）もある。最後の翻訳での該当ページは pp. 108f., 120および pp. 294ff.

(38)　杖下隆英『ヒューム』勁草書房，1982年，p. 114–125参照。また，最近「ヒュームの懐疑論」を主題とした斬新な研究が現れた。久米暁『ヒュームの懐疑論』岩波書店，2005年である。この書は，エアーやポパーらの基礎づけ主義的懐疑論解釈，実証主義的な規範的経験論，認識論を排して，ヒュームの認識論を「自然的態度からする心理学としての認識論」（p. 51）と見なす立場から，「懐疑論がヒュームの結論ではない。ヒュームは，日常的枠組みに依拠してこの懐疑論に対処し，日常的枠組みに依拠した『実験的推理法』を擁護する立場を提示した」（p. 5）ことを論証しようとしている。筆者としては，ようやく納得のゆくヒューム懐疑論解釈に出会った思いである。

(39)　長田蔵人「カントの『実在性』（Realität）概念」（京都）哲学史研究会（小林道夫主宰）2005年3月19日発表のレジュメ p. 12。本人の許可を得てレジュメを活用する。以下の段落の記述は概ね当レジュメでの考察に沿ったものである。なお長田の書評「トマス・リード著，朝広謙次郎訳『心の哲

学』」日本カント研究６（日本カント協会編）『批判哲学の今日的射程』理想社，2005年をも参照。筆者は怠慢にも朝広訳は未見のままである。

(40)　リードの常識哲学に関する興味深いわが国の受容も見られる。戸坂潤『日本イデオロギー論』第１編第３節「『常識』の分析」である。彼は常識を一方的に俗物視する「僧侶主義」に与するのではなく，日常性に隠れている「ディアレクティッシュな裏の裏」を見ようとする立場からリードの常識哲学に注目している。この点については前掲拙稿（「常識と懐疑」pp. 41–42）で紹介した。戸坂がリードについて議論していることを，筆者は京都大学大学院生（日本思想研究）守津隆君より教わった。

(41)　P. L. Wessel (*Lessing's Theology*, The Hague 1977, pp. 79ff.) のこの言葉をM. Kuehnが彼の常識哲学ドイツ受容史のなかで引用している。M. Kuehn, *Scottish Common Sense in Germany 1786–1800*, Kingston and Montreal 1987, p. 36.

(42)　Cf. M. Kuehn, *op. cit*., pp. 36–39.

(43)　Cf. *ibid*., p. 40.　これらのグループに属した代表的思想家たちについては，下の注48で記す。

(44)　Cf. *ibid*., p. 43.

(45)　Cf. *ibid*., pp. 53–54.

(46)　Cf. *ibid*., pp. 55–56.

(47)　Cf. *ibid*., pp. 275ff.

(48)　フェーダーとマイナースはすでに触れたとおり「ゲッティンゲンの常識学派」と呼ばれた。キューンの受容史（M. Kuehn, *op. cit*）の第Ⅳ章に詳しい。ガルベについてはたとえば同史のpp. 68–69参照。あるいはp. 46では彼はランベルト，テーテンス，カント（いわゆる「前批判期」の）とともに「批判的経験論者」に分類されている。またロッシウスとテーテンスは「感覚主義」の代表者たちである。同史第Ⅴ章。なおテーテンスについてはさらに独立の章（第Ⅶ章）が設けられている。メンデルスゾーンの友人のエーバーハルトは『思惟と感覚の一般理論』によって1776年のベルリン・アカデミーの懸賞に受賞している。彼の思想は第Ⅵ章で扱われている。ハーマン，ヘルダー，ヤコービは当然，反啓蒙主義を扱った章（第Ⅷ章）の主題である。最後の第IX章がカント。

キューンの受容史はこのようにカントで終わっている。そこにはわれわれの主題であるヘーゲルはむろんのこと，彼と常識哲学との関係にとって決定的に重要な２人の人物アーベルとニートハンマーに関しても記述がない。この問題を扱っているのが次注に掲げるK. Viewegの労作である。

(49)　アーベル（Jacob Friedrich Abel, 1751–1829）については K. Vieweg, *Philosophie des Remis. Der junge Hegel und das >Gespenst des Skeptizismus<*, München 1999, S. 59–62参照。なお，彼については前掲ローゼンクランツ『ヘーゲル伝』にも言及があり，そこでは，ヘーゲルの修学時代，特に好意を寄せた教師として名が挙げられている（p. 29）ほか，ヘーゲルのシェリング宛書簡（1795年 8 月30日付）の引用中にも名が出てくる。シェリングの『自我論』を『テュービンゲン図書新聞』で浅薄に批判した人物として（p. 84）。

(50)　Vgl. W. Riedel, *Jacob Friedrich Abel*, Würzburg 1995, S. 31 ; K. Vieweg, a. a. O., S. 60 ; Ders., Skepsis und Common sense. Hegel und Friedrich Immanuel Niethammer, in : Ders. et al. (Hg.), *Wissen und Begründung. Die Skeptizismus–Debatte um 1800 im Kontext neuzeitlicher Wissenskonzeption*, Würzburg 2003, S. 127.

(51)　このスペキメンを提出したのはフラット（Flatt）であり，同じ年アーベルに提出されたブライアー（Breyer）のスペキメンが「懐疑主義とここ10年の批判哲学との関係に関する考察」であったことも「常識と懐疑」との対抗という本章で設定したテーマにとって興味深い。Vgl. G. W. Jacobs, *Zwischen Revolution und Orthodoxie ? Schelling und seine Freude im Stift und an der Universität Tübingen, Texte und Untersuchungen*, Stuttgart–Bad Cannstatt 1989, S. 281, 282. Vgl. auch K. Vieweg, Skepsis und Common sense, a. a. O., S. 127.

(52)　Vgl. G. W. Jacobs, a. a. O., S. 278. 二つともアーベルではなく，ベックに提出されている。

(53)　この点，筆者は念のためボッフムのヘーゲルアルヒーフのスタッフに直接確認した（2005年 3 月）。

(54)　現在われわれがテクストとして利用しているいわゆる『哲学史講義』はミシュレによってきわめて恣意的に編集されたものである。彼は第 1 版では年度の異なる聴講者筆記録や自筆原稿を組み合わせた。その結果，矛盾した言明が並存することになった。そこで彼は第 2 版では文面を書き換えたり削ったりした。目下新たに哲学講義の綿密な編纂作業が進められており，すでにその成果がいくつか刊行されている。その一部が最近詳細な注が付されて翻訳された。山口誠一・伊藤巧『ヘーゲル「新プラトン主義哲学」注解——新版『哲学史講義』より』知泉書館，2005年。

(55)　ニートハンマー（Friedrich Immanuel Niethammer, 1766–1848）は，最初ヘルダリンの友人だったが，後にヘーゲルやシェリングとも友人になった

テュービンゲン神学院での先輩である。M. Franz, *Schellings Tübinger Platon-Studien*, Göttingen 1996, S. 125. なお G. W. Jacobs, a. a. O., S. 93-95では，テュービンゲン神学院でのニートハンマーの新約聖書をめぐる正統派と異端におけるテクスト論に関するスペキメンの内容が紹介されている。なお最近上梓された博士論文 R. Shibuya, *Individualität und Selbstheit. Schellings Weg zur Selbstbildung der Persönlichkeit*（*1800-1810*）, Paderborn・München・Wien・Zürich 2005, S. 144, Fußnot 4にはいま挙げた以外のニートハンマーに関する研究，言及を含んだ有益な情報が盛り込まれている。また当論におけるシェリング『自由論』の人格概念に関する解釈の核心の一つも博愛主義論争に関するニートハンマーの教育学上の主著（1808年）の内容との関連——それに対するシェリングの批判である（Ebd., S. 143ff.）。

（56） K. Vieweg, Skepsis und Common sense, in : a. a. O., S. 126.

（57） ニートハンマーが彼の「常識論文」（1795年）冒頭で「常識」を意味する語として der gemeine Verstand を用いており，先に見た翌年のアーベルの著書では，それが der gesunde Menschenverstand と表記されていたことは注意に値する。以後，両語がほぼ「常識」の一般的なドイツ語表記となるからである。

（58） F. I. Niethammer（Hg.）, *Philosophisches Journal einer Gesellschaft Teutscher Gelehrten*, Ersten Bandes erstes Heft, Neu Strelitz 1795.

（59） *Briefe*, Bd. 1, a. a. O., S. 59.

（60） 『惑星軌道論』には邦訳（村上恭一訳，法政大学出版局，1991年）がある。なお筆者もこれについて論じたことがある。松山壽一「ニュートンとヘーゲル——自然哲学における実証と思弁」『現代思想』青土社，1993年7月臨時増刊「ヘーゲルの思想」pp. 118-129，特に pp. 123-127。

（61） 最初期および初期のシェリングの思想形成については前掲拙著『人間と自然』pp. 14-45参照。

（62） シェリングが「概観」で表明するこの要求にもヤコービ思想の反響が反映しているように思われる。無限と有限との関係の問題はスピノザ，ヤコービのみならず，当時の思想家たちの中心問題の一つであったことは言うまでもないが，筆者のパラフレーズを用いて言えば，「概観」では「無限と有限との関係は因果律によっては捉えられないという洞察から全哲学が始まる」とされており，このうち「無限と有限との関係は因果律によっては捉えられない」という思想は明らかにヤコービによるスピノザ批判を受けたものであると考えられる。この点に関するヤコービのスピノザ批判については前掲久保

論文 p. 63参照。

(63) 幸津國生『哲学の欲求』弘文堂，1999年は「欲求」の概念を基軸として初期ヘーゲル思想の発展史を克明に綴ったものである。ただし「欲求」は「衝動」「欲望」「努力」などとも密接に関連する概念であるため，概念複合として扱われる。また「欲求」概念は，広くは「人間的諸欲求」を意味するが，この書の目的が初期ヘーゲル思想発展史を描くことにあるため，特に「思弁的意味」と「実在哲学的意味」において論究される。広義の欲求論については幸津は別に独立の書を上梓している。『現代社会と哲学の欲求』弘文堂，2003年。なお欲求概念をめぐるシェリング（「概観」）とヘーゲル（『差異書』）の関係については幸津は次のように判断している。「ヘーゲルは，ヘルダーリン〔愛の立場〕に近い立場を超え，『哲学する欲求』Bedürfnis, zu philosophieren というシェリングの見解を彼なりに受容しつつ，『哲学の欲求』を満足させるところの言わば『理念の衝動』Trieb der Idee と名づけられうる新しい原理を展開した」（p. 15）と。

(64) 就職テーゼの意義について，金子武蔵『精神の現象学への道』岩波書店，1989年，p. 3 以降が詳論している。特に第一テーゼについては p. 16。

(65) 「1800年の体系断片」については多くのヘーゲル研究者が論じている。たとえば速水敬二『ヘーゲルの修業遍歴時代』筑摩書房，1974年，pp. 509–527。藤田正勝『若きヘーゲル』創元社，1986年，pp. 146–171。山口祐弘前掲書『意識と無限』1994年，pp. 150–156。原崎道彦「青年ヘーゲル論（その三）」『高知大学教育学部研究報告』第 2 部第57号，1999年，pp. 59–63。寄川前掲書『体系への道』pp. 79–100。高山守『ヘーゲル哲学と無の論理』東京大学出版会，2001年，pp. 51–57。同『ヘーゲルを読む』日本放送出版協会，2003年，pp. 87–91。

原崎も「青年ヘーゲル論」のなかで関連づけているように，「体系断片」における結合の思想はそれに先立つ合一哲学と関係しており，それとの格闘のなかから成立してくる。合一哲学に関する最も周到な研究は言うまでもなく久保陽一『初期ヘーゲル哲学研究——合一哲学の成立と展開』東京大学出版会，1993年である。むろん久保同書（pp. 318–332）でも「体系断片」における結合の思想が周到に論じられている。その特徴は『キリスト教の精神』改稿過程に認められる「人間と自然との対話的連関」が当「断片」では「有限者と無限者との連関」として考察されているとして，「断片」における結合の思想がキリスト教の実定性克服の問題というコンテクストのなかに位置づけられている点，および結合と非結合との絶えざる対立の無限進行という反省の立場を超えるのが宗教の立場だとする結合の思想の根本的立場がシ

ェリングよりはむしろヘルダリンの立場（フランクフルト時代の「美」の合一哲学を発展させた「自然が人間を包み超えている」とする自然思想）に近いと指摘している点である。

なおほかに看過できない重要な論考は上妻精「神に近づくとはいかなることを謂うのか――ヘーゲル『精神の現象学』の生成と構造」上妻精他編『ヘーゲル――時代を先駆ける弁証法』情況出版，1994年，pp. 15–28である。上妻（同書 p. 21）もむろん「体系断片」の宗教的次元を特に強調するが，この論考のユニークな点は，それが宗教的次元から『現象学』の成立史を描き出していることである。同様のユニークな試みとして，たとえば B. Rypp, Philosophie als ‚sich vollbringender Skeptizismus', in : F. Strack, *Evolution des Geistes : Jena um 1800*, a. a. O., S. 519–531がある。この論考は興味深いことに『現象学』の核心の一つをなすものとしてわれわれも注目する懐疑主義テーゼ（「自己を貫徹する懐疑主義」としての『現象学』）の成立史を，特に「体系断片」の生命概念を導きの糸として描き出している。

(66)　加藤尚武『ヘーゲル哲学の形成と原理』未来社，1980年，pp. 106f. 参照。藤田前掲書 p. 163（および p. 171注７）はヘーゲルが反省的表現の不十分なことを承知しながら，「生を可能なかぎり判断を通して表現しようとしている」点を強調し，そこに「純粋な神秘主義」を見るルカーチを批判している。

(67)　加藤同書同ページおよび注63の末尾で引用した幸津（『欲求の哲学』p. 15）の見解を参照。

(68)　『精神現象学』は TWA の第３巻に収められている。引用は拙訳によって行うが，金子武蔵訳（岩波ヘーゲル全集４『精神現象学』上，1971年）のページ数を［　］に記す。

(69)　この点については加藤尚武編『ヘーゲル「精神現象学」入門〔新版〕』有斐閣，1996年，pp. 44–52参照。

(70)　この箇所は海老沢訳では「常識あるいは普通の意識」［101］と訳し分けられているだけでなく（ただ他の箇所（［111］等）では der gemeine Menschenverstand は「通俗的な人間悟性」），その前後にも単独で登場する das gemeine Bewußtsein を「通常の意識」［100］「普通の意識」［102］と訳されている。加藤他訳では「通常の人間悟性〔常識〕，あるいは通常の意識」およびその前後は「通常の意識」［38 ; 41］である。なお，『差異書』の「常識」節は，表現の綾はほとんどなく「常識」で通せるテクストであり，邦訳（山口他訳）でもそうなっている。

(71)　「信仰と知識」の邦訳（久保訳，公論社，1976年）では，der gemeine Menschenverstand が「日常的な人間悟性〔常識〕」，der gemeine Verstand

が「日常的悟性〔常識〕」(II, 298 [14]) となっている。また,『精神現象学』「序言」の末尾に登場する常識批判の箇所における金子訳では, der gesunde Menschenverstand が「健全な常識」[66], der gemeine Menschenverstand が「卑俗な常識」[62] である。

(72) 「ところで, 思いつき, 心情の発露, 本性上人間に植えつけられている内容, 特に常識 (gesunder Menschenverstand, common sense, Geimeinsinn) とも呼ばれたものは, ここで信仰, 直接知と呼ばれているものと同じものである。これらすべての形式は同じ仕方で内容が意識のうちに見出され, 意識のうちの事実である直接性を原理としている」(VIII, 152)。

(73) 注の70と71に挙げた数々の訳書, 充実した訳注付の訳書のどこにも, ヘーゲルのスコットランド常識哲学のドイツ受容との関連に関する注記は見当たらない。

(74) Reinhold, *Über das Fundament des philosophischen Wissens*, hrsg. v. W. H. Schrader, PhB 299, Hamburg 1978から引用。以下同様。

(75) 以上詳しくは久保陽一『ドイツ観念論への招待』放送大学教育振興会, 2003年, pp. 127–131参照。

(76) Vgl. Einleitung zu *Aenesidemus oder über die Fundemente der von dem Herrn Professor Reinhold in Jena gelieferten Elementar–Philosophie*, hrsg. v. M. Frank, PhB 489, Hamburg 1996, S. LVIII.

(77) 前掲拙著『人間と自然』p. 98参照。

(78) M. フランクは前掲序説 (注76) で, エーネジデムスによるライホルト批判を三つにまとめているが, われわれはそれを四つにまとめた久保陽一による解説 (注75に掲げた書) pp. 136–138に従い, そこにフランクの見解をも盛り込むことにする。

(79) 注76に掲げた書 *Aenesidemus* から引用。以下同様。

(80) M. フランクがこのことを強調している。M. Frank, Einleitung zur Schrift *Aenesidemus*, a. a. O., S. LVII.

(81) シュルツェのライホルト批判が登場した約10年後に, さらなる厳しい批判が現れる。それがヘーゲルの『差異書』である。そのフルタイトルは「19世紀初頭における哲学の状態に関する比較的容易な概観に対するラインホルトの寄与との関連におけるフィヒテ哲学体系とシェリング哲学体系との差異」である。ヘーゲルのラインホルト批判の要点は, ラインホルトが, カント, フィヒテ, シェリングと続く主客同一という思弁の方向に進むのではなく, 分析によって認識の根拠を究明し基礎づけること, すなわちバルディリに倣って哲学を認識の形式的側面, 論理学に還元するものだ, という点にあった。

この点詳しくは前掲『理性の復権』巻末に収められた山口祐弘による的確な訳者解説を参照。

なお本書初校校正時（2006年５月）に『知のトポス』（新潟大学大学院現代社会文化研究科）Nr. 1 所収の栗原隆の訳稿「F. W. J. シェリング：絶対的な同一性–体系，ならびにそれと最近の（ラインホルト流の）二元論との関係について」に触れる機会を得た。これはラインホルト関連の重要な論考なのでここに追記する。ラインホルトによるシェリングの『超越論的観念論』に対する書評について注23に記したが，栗原によって訳されたこの論考は『哲学批評雑誌』第１巻第１冊掲載のそれに対する反論で，対話体によって書かれている。その主旨は栗原の解題を借りて言えば「シェリングが自ら，ラインホルトによる批評を逆手にとって，ヘーゲル〔『差異書』〕を援用しながら，自らの同一哲学の淵源を『超越論的観念論の体系』にまで遡及させることで，ラインホルトから投げかけられた，バルディリからの剽窃疑念に対して完膚なきまでに反論する」（p. 130）するというものであった。

(82)　A. ヴェルダン（岩坪紹男訳）『懐疑主義の哲学』青山社，1882年，p. 18参照。

(83)　この点については特に，本叢書第１弾，拙著『人間と悪』萌書房，2004年，第二章注４を参照されたい。人文主義（教養教育）の何たるかを本源に遡って探ってみた。人文主義（教養教育）とは近代ヨーロッパにおいては古典語（古代ギリシア語とラテン語）教育をベースとした古典教育にほかならなかった。この点たとえば西村前掲書 pp. 52–85；宮本前掲書 pp.48–54参照。

(84)　この点，栗原隆「哲学と哲学史――テンネマン，ブーレ，アスト，ヘーゲル」加藤尚武他編『ヘーゲル哲学の現在』世界思想社，1988年，pp. 145–158がサブタイトルに挙げられている思想家たちを睨みつつ，興味深い哲学史論を展開している。

(85)　W. G. Tennemann, *Geschichte der Philosophie*, Bd. 2, Leipzig 1799. 以下，このオリジナルテクストから巻数とページ数のみを記して引用する。

(86)　ディオゲネス・ラエルティオス『ギリシア哲学者列伝（下）』加来彰俊訳，岩波文庫，1994年から引用。以下同様。

(87)　ヴェルダン前掲書 pp. 25f. 参照。

(88)　セクストス・エンペイリコス（金山弥平・金山万里子訳）『ピュロン主義哲学概要』京都大学学術出版会，1998年，巻末解説 pp. 449f. 参照。なお，当解説は内山勝利・中川純男編『西洋哲学史〔古代・中世編〕』ミネルヴァ書房，1996年，第９章「ヘレニズムの認識論」を要約したものでる。

(89)　ヴェルダン前掲書 pp. 31–34参照。

(90)　前掲金山解説 p. 451参照。

(91)　ヴェルダン前掲書 p. 38参照。

(92)　同書 p. 40参照。

(93)　同書 pp. 41–43参照。なお，セクストスおよびその著作について詳しくは，前掲金山解説 pp. 432–446参照。

(94)　前掲金山他訳のページ数を記す。以下同様。ただし，訳文中「ドグマチスト」とあるのは「独断論者」に変更した。訳者が「ドグマチスト」という訳語を特に選択している理由は同書 p. 405 補注 A 参照。

(95)　十の方式に関する全般的な理解および構造的理解については，J. アナス / J. バーンズ（藤沢令夫監修・金子弥平訳）『懐疑主義の方式』岩波書店，1990年，第 3 章参照。

(96)　同書 pp. 39–43参照。

(97)　同書 p. 9 。

(98)　R. H. ポプキン（野田又夫・岩坪紹男訳）『懐疑――近世哲学の源流』紀伊國屋書店，1981年，p. 25参照。

(99)　ポプキン前掲書『懐疑』（原著1979年）の原題は「懐疑主義の歴史――エラスムスからデカルトへ」であるが，パスカルについても，ベールについても度々言及されているばかりでなく，有難いことに近年増補改訂版が出た。そこでは，パスカルについてはヘンリー・モアらとともに独立の章が立てられることになったばかりでなく，ベールについては，それについて考察する独立の章が最終章となっている。R. Popkin, *The History of Scepticism. From Savonarola to Bayle*, Oxford 2003.

(100)　デカルトと懐疑主義については次のものを参照。ポプキン前掲書第 9 —10章，ヴェルダン前掲書 pp. 95–102，B. Williams, Descarts' Use of Scepticism, in : M. Burnyeat (ed.), *The Sceptical Tradition*, Berkely Los Angeles London 1983, pp. 337–352.

(101)　Cf. C. B. Schmitt, The Rediscovery of Ancient Scepticism, in : M. Burnyeat (ed.), *op. cit.*, p. 240.

(102)　ポプキン前掲書 p. 25参照。『概要』のドイツ語への翻訳はずいぶん遅く，それはニートハンマーによって行われた。後に見るシュトイトリンの『懐疑主義の歴史と精神』（1794年）の出た頃である。Vgl. dazu H. Buchner, Zur Bedeutung des Skeptizismus beim jungen Hegel, in : *Hegel-Studien*, Beiheft 4, Bonn 1969, S. 51.

(103)　テュービンゲン大学で最初にカント哲学を教えたフラットなどはカントのアンチノミーを古代懐疑主義のイソステニーと同定している。ヘルダリン，

シェリング，ヘーゲルたちはその教えをともに受けている。この点についても，ドイツにおける懐疑主義受容を克明に追跡した次の研究が指摘している。K. Vieweg, *Philosophie des Remis,* a. a. O., S. 44.

(104) Vgl. G. Tonelli, Kant und die antiken Skeptiker, in : H. Heimsoeth et al (Hg.), *Studien zu Kants philosophischer Entwicklung*, Hildesheim 1967, S. 98. トネッリのこの論考はカントと古代懐疑主義との関係を実証的文献的に克明に跡づけている。トネッリはマルティンとともに18世紀のドイツ語テルミノロギーに関する本格的研究を開始した先駆者の一人である。この点，中澤武「人間の定めについて――ドイツ啓蒙とカントのテルミノロギー」木坂貴行・菅沢龍文・河村克俊編（現代カント研究９）『近代からの問いかけ』晃洋書房，2004年，p. 58参照。

(105) Vgl. ebd., S. 96.

(106) Vgl. ebd., S. 100.

(107) J. Brucker, *Historia critica philosophiae*, Tom. I, Lipsiae 1742.

(108) 前掲『ヘーゲル伝』p. 107参照。この頃，同時に買ったのはシェリングの著作であった。なお，K. Vieweg, *Philosophie des Remis*, a. a. O., S. 83-85はヘーゲルのフランクフルト時代の研究の重要なポイントの一つを，プラトンとセクストスとを並行して読んだことのうちに見ている。

(109) K. Vieweg, a. a. O., S. 44.

(110) ヘルダリンによる『パイドロス注釈』の構想とその意義については，拙著『科学・芸術・神話』晃洋書房，1994年，pp. 131f.（＝増補改訂版，2004年，pp. 117f.）参照。シェリングによる『ティマイオス注釈』については，本叢書第２弾に相当する前掲拙著『人間と自然』pp. 18f. および前掲拙論 Mechanisch versus dynamisch, in : J. Matsuyama et al. (Hg.), a. a. O., S. 25-38およびもう一つの拙論 Die Vereinigung des Entgegengesetzen. Zur Bedeutung Platons für Schellings Naturphilosophie, in : R. Adolphi / J. Jantzen (Hg.), a. a. O., S. 51-76参照。

(111) Vgl. K. Vieweg, *Philosophie des Remis*, a. a. O., S. 68-73.

(112) Stäudlin, *Geschichte und Geist des Skeptizismus*, Bd. 1, Leipzig 1794から引用。以下同様。

(113) Stäudlin, *Geschichte und Geist des Skeptizismus*, Bd. 2, Leipzig 1794.

(114) *La philosophie des bon sense ou reflexions philosophique sur l'inceritude des connoissances humaines*. A 17 usage des Cavaliers et du beau sexe—8. edit. à Dresde 1754, II. Tomes

(115) 「懐疑主義論文」については，邦訳が二種ある。一つは前掲海老沢訳編

『ヘーゲル批評集』所収のもの。もう一つは，加藤尚武他訳『懐疑主義と哲学との関係』未来社，1991年所収のもの。訳文は拙訳によるが，訳文のこなれもよく，注，解説ともに充実しており，入手も簡便な後者のページ数を［　］で併記する。

ただし，筆者の先に記した注108との関連で一言コメントしておけば，加藤尚武解説中に「ドイツ観念論の主だった哲学者のなかでは，そのピュロンのテクスト〔セクストス『概要』〕に直接触れていたのはヘーゲルだけだった」（p. 210）とあるのはよくある贔屓の引き倒しにすぎない。彼の先輩で恩人ともなるニートハンマーが早くから『概要』の独訳を試みていた（注102参照）。彼はスコットランド常識哲学と古代懐疑主義双方の受容の先導役だったのである。

(116)　シュルツェの『批判』について論じる者はたいてい，この「意識の事実」の問題を議論の俎上に載せる。たとえば次のものなど。A. Engsler, Hegels Ktitik am Skeptizismus Gottlop Ernst Schulzes, in : Fulda u. Horstmann (Hg.), *Skeptizismus und spekulatives Denken in der Philosophie Hegels,* Stuttgart 1996.

(117)　引用は次のオリジナルテクストから，ページ数のみを指示して行う。G. E. Schulze, *Kritik der theoretischen Philosophie*, Bd. 1, Hamburg 1801.

(118)　たとえば，K. Vieweg (*Philosophie des Remis*, a. a. O., S. 207f.) などは，シュルツェの懐疑主義を「懐疑主義の亡霊」もしくは，「常識哲学の新ヴァージョン」と評している。彼が M. Frank に拠りつつ指摘するところによれば，シュルツェは彼の修業時代であったゲッティンゲン時代には通俗哲学の代表的論客フェーダーのグループに属していたばかりか，その娘婿となっていた。Vgl. auch M. Frank, 》*Unendliche Annäherung*《. *Die Anfänge der philosophischen Frühromantik*, Frankfurt / M., S. 202.

(119)　本文に，シュルツェの著作第一巻のカントに関する箇所が「もっぱら『純粋理性批判』の逐条的な祖述となっている」と記したが，そこに「もっぱら」という限定を加えたのは，実はシュルツェは『純粋理性批判』の祖述に『プロレゴーメナ』の論述を合体させているからである。そのことによって目立ってくるのが「自然学の基礎づけ」という問題である。セクストスも報告するように，古代懐疑主義が当時の自然学を疑ったのだが，シュルツェはその理由を「たとえば自然学や天文学のような多くの教理が当時はまだ証明できない諸見解や根拠のない諸仮定の典型だった」（S. 599）ことに求めている。これは，彼が近代の自然学を証明されたもの，疑いをさしはさむ余地のないものとして認める態度と通底した考えだった。

これに対して，ヘーゲルはシュルツの見解に異を唱え，それとは正反対の見解を表明している。「自然学は，応用数学同様，反省，制限された概念，有限者からなる誠に商品置き場の如き学問である。むろん，最近の懐疑家〔シュルツェ〕には，応用数学や自然学はあらゆる理性的懐疑の遂行に対抗できる学問として通用しているが，〔実際には〕反対のことが言える。古代の自然学のほうが近代の自然学より学問的で，懐疑主義に隙を見せることが少なかった」(II, 246［48f.］)。この点で，ヘーゲルは，いわゆる「近代科学」を批判し，古代の自然学を尊重するシェリングと歩みをともにしていたと言える。ヘーゲルについては前掲拙論「ニュートンとヘーゲル」，シェリングについては前掲拙著『人間と自然』pp. 9–11，16–19参照。

(120)　注108参照。

(121)　先にわれわれの見た古代懐疑主義の歴史では，十の方式を定式化したとされるアイネシデモスも，五つの方式を定式化したとされるアグリッパも，ともに全４期のうち第３期（新懐疑主義）に属している。ヘーゲルはこれらのうち後者を特に「後期懐疑主義」と呼ぶ。

(122)　注15のようにフォスターはこの時期のヘーゲルの立場がシェリングの同一哲学と同じものだと指摘しているが，われわれはこれにニートハンマーの常識論における思弁哲学を加えねばならない。

(123)　注119参照。

(124)　ヘーゲルがこのように発言する時，われわれが先に（前節）見たシュトイトリンの『懐疑主義の歴史と精神』を念頭に置いていたか否かは，これについての直接的な言及がないので定かではないが，このような発言からわれわれの念頭に真っ先に浮かぶものはシュトイトリンだから，この判断に従えば，ここでのヘーゲルの発言は遠まわしのシュトイトリン批判とも受け取れる。もっともシュトイトリンの著書に関するコメントは，II, 233［94］に見られるものの，シュルツェによる注記での言及を引き合いに出しているにすぎないため，ヘーゲル自身による何らかのシュトイトリン評価を引き出すことは不可能である。

(125)　マイスト（栗原隆訳）「自己実現する懐疑主義――G. E. シュルツェによる，ヘーゲル及びシェリングに対する再反論」，W. イェシュケ編（高山守・藤田正勝監訳）『論争の哲学史――カントからヘーゲルへ』，理想社，2001年，p. 351。

(126)　H. Schulze, Die Fragmente der skeptischen Denkart über die menschlichen Erkenntniss, in : *Neues Museum der Philosophie und Literatur*, hrsg. von Fr. Bouterwek, Bd. 3, Heft 2, Leipzig 1805. 後に引用する Apho-

rismen über das Absolute は同誌の Bd. 1, Heft 2, Leipzig 1803に掲載のもの。以下，引用の際の出典指示では，同誌の巻数冊数とページ数のみを記す。

(127) シュルツェはすでに「アフォリスメン」においても，絶対者の認識について「光と闇」の比喩を用いて議論していた（I–2, 109 ; 132f.)。またそこでは彼は知的直観を特に「知的直観の感情」というように「感情」として捉えている（I–2, 134)。

(128) フロイト自身がそこから汲み上げたわけではなかろうが，ドイツ観念論における意識と無意識との関連に関する諸議論のうちに20世紀に登場する深層心理学の無意識論の先取りを認めうるのではないかという思いを，筆者は前掲拙著『生きることと哲学すること』でのフロイト論（第Ⅰ章第1節）執筆期（1990年頃」）以来抱き続けている。

(129) マイスト前掲論文 pp. 391–393。当論文の訳者栗原は彼のヘーゲル入門書（前掲『ヘーゲル』p. 92f.）で，シュルツェの議論のうち，ヘーゲルに関連する部分に言及している。

(130) 樋口善郎「ヘーゲルと懐疑主義」京都ヘーゲル讀書会編『ヘーゲル学報』第4号，1999年，pp. 111–136。

(131) 同論文 p. 130。

(132) 同論文 p. 131。

(133) 同論文 p. 131–132。

(134) すでに2度挙げた栗原ヘーゲル入門書（『ヘーゲル――生きてゆく力としての弁証法』）は，この精神に基づいて書かれている。筆者もこの趣旨に全面的に賛成である。

(135) この問題については加藤尚武編『ヘーゲル哲学への新視角』創文社，1999年，第1部「ヘーゲル哲学体系の成立」に収められた諸論考を参照されたい。

(136) *Briefe von und an Hegel,* Bd. 1, Hamburg 1952, S. 120.

(137) F. ヴィートマン（中埜肇・加藤曜子訳）『ヘーゲル』理想社，1982年，pp. 46–47参照。

(138) 1ボーゲンすなわち1全紙は書物にする際の16ページ分に相当する。またグルデンは中世以来ヨーロッパ各地で鋳造された金貨による貨幣単位である。

(139) ヴィートマン前掲書 pp. 45–46参照。なお同書 pp. 48–50の記述によれば，ニートハンマーはヘーゲルの金銭面での窮状を，彼を『バンベルク新聞』の編集人に斡旋することで救った（1807年2月）ばかりか，さらにニュルンベルクのギムナジウムの校長にするためにも尽力し，これを実現させている（1808年11月）。ニートハンマーはこの折バイエルンの高等督学官として高等教育の改革に取り組んでいた。その内容は教養，哲学，宗教を重視し，ギム

ナジウムの校長はなるべく哲学者であって，哲学と宗教を受けもつことが望ましいとするものだった。わが国の文部科学省にニートハンマーのような人物がいてくれたなら……。

(140) 前掲『ヘーゲル事典』p. 642, p. 644参照。

(141) この点については原崎道彦『ヘーゲル「精神現象学」試論』未来社，1994年，第2章「出版の顚末」に詳しい。

(142) 同書 p. 45参照。

(143) 飛田満『意識の歴史と自己意識―ヘーゲル『精神現象学』解釈の試み』以文社，2005年，第1章が欧米のこれまでの研究史を記述しており，有益である（ただし，この書における『精神現象学』解釈の立場（自己意識の原理からの解釈）は本書の立場（常識 vs. 懐疑からの解釈）とは根本的に異なっているばかりか，その対極に位置する）。ここでは，研究史の一齣であるペゲラー（O. Pöggeler）の研究（Zur Deutung der Phänomenologie des Geistes, in : *Hegel-Studien*, Bd. 1, 1961）とフルダ（H. F. Fulda）の研究 *Das Problem einer Einleitung in Hegels Wissenschaft der Logik*, Frankfurt / Main, 1965に眼を止めておこう。後者は前者を批判したもので，後に両者の間で論争が起きている（*Hegel-Studien*, Beiheft 6, 1966）。前者は，われわれがいま本文で指摘したような『現象学』の枠組みのずれが執筆期の構想の変化によるものであることを主張したもので，後に O. Pöggeler, *Hegels Idee einer Phänomenologie des Geistes*, Freiburg/München 1973にも収められる。後者はペゲラー説を批判し，『現象学』の構想の骨組みは1805年頃のその成立期以来変わっていないことを強調する。フルダの研究は1975年に第2版が出ており，近年これを基に邦訳が刊行された。ハンス・フリードリヒ・フルダ（久保陽一・高山守訳）『導入としての現象学』法政大学出版会，2002年。なお当論争については，同訳書末に収められた久保解説（「『現象学の論理学』の論議について――訳者あとがき」）が要領のよい整理をしてくれている。

なお，わが国の研究として注目すべきは原崎の前掲書『ヘーゲル「精神現象学」試論』である。この書は『現象学』の成立問題を実証的歴史的に綿密に吟味している。この書のテーゼは，「『現象学』はあるひとつの構想のもとで書かれた本」（p. 96）だというものである（この点でフルダのテーゼと一致する）。その構想とは1805/06年の『自然哲学・精神哲学』草案の終わりがけに記された「論理学」の次のスケッチである。「存在／関係／〔本質〕／生命と認識／知る知／精神／精神の自分についての知」（p. 50）――これは確かに原崎の指摘するとおり，『現象学』の七つの章立てに対応している。

(144)　たとえば「感覚的確信」の章では，ヘーゲルは例の雑誌で試みたクルークの常識哲学を批判したことを想い起しつつ，二度にわたってそれをほのめかしている。Vgl. III, 87［102］; 92［108］. 金子訳注 p. 492, 102(1)および p. 493, 108(1)参照。

(145)　強引に見えるかもしれないが，筆者は eine gemeine Ansicht をも「常識」と訳すことにした。引用した箇所はシェリングの常識に関する考えを知る上で重要な箇所だと考えるからである。

(146)　前掲金子訳 p. 488の訳注79(1)。ここで少々翻訳問題に触れておけば，確かに金子訳は文体が古色蒼然としていて今風ではない。今風な分かりやすく読みやすい日本語にしようという欲求が出てくるのも当然である（たとえば長谷川宏訳）。私自身も同じ思いだし，金子訳の個々の独文の理解の仕方についても数ページ内には必ずと言っていいほど異なった読みを抱くほどである。ただわれわれが看過してならないことは，こなれた分かりやすい日本語になったからといって，それで当の哲学書の理解が進むわけではないということである。基本テクストの翻訳においてそれに優るとも劣らない効用は訳注にあり，これは入念な歴史研究を要求する。この点で，金子訳は依然として難解な『現象学』をわれわれが読み解いてゆくための貴重なチャートである。むろんわれわれがこれをさらに入念，正確なものにしていかなければならない。本書 pp. 89–91の記述はこれを自ら実践したものである。なおほかに本書 pp. 102–03の記述および注158の注記もそれに相当する。

(147)　フォスターはシェリングの『超越論的観念論』第２節における「懐疑主義」への伝統に対する顧慮を，それに対する単なる「リップサーヴィス」と見なし，軽くあしらっているが（M. N. Forster, *op. cit.*, p. 100），シェリングの懐疑主義テーゼは未だ着想に留まるものとはいえ，着想としてはヘーゲルの『現象学』の先取りとなっていることが看過されてはならない。

(148)　この箇所の das gemeine Wissen を「常識」と訳すことは先に eine gemeine Ansicht を「常識」と訳した場合よりは違和感が少ないであろう。das gemeine Wissen は常用される der gemeine Verstand の類義語と見なすことが可能だからである。シェリング自身も同じテクスト（「詳述」第１章）の他の箇所では通常の der gemeine Verstand を用いているから，das gemeine Wissen はこの語の表記上の単なるヴァリエーションであろう。また，すでに「懐疑主義論文」（II, 240）の用例に即して das gemeine Bewußtsein が der gemeine Menschenverstand と同義であることを筆者は指摘しておいたが，これもまた拙訳を支持するものと見なしてよかろう。ともあれ，引用した箇所は同一哲学期のシェリングが「常識」を「哲学（＝思弁）」との

対比，対立において捉えていたことを知る上で決定的に重要な箇所である。すでにわれわれも注目したとおり，ヘーゲルも同時期に『差異書』「常識」節で「常識」と「思弁」との関係を論じていた。ここでこのことを想い起こすべきであろう。

(149) ヘーゲルは「感覚的確信」章の吟味を，常識批判・認識批判のみに留めずに言語問題にまで及ぼしている。筆者はこの問題を主題として論じたことがある。立命館大学大学院での研究発表。1979年と随分昔のことだが，その折の原稿をそのまま後に筆者の勤務する大学の紀要に掲載した。松山壽一「物と名――ヘーゲルの記号論」大阪学院大学紀要『人文自然論叢』No. 27 (1993年7月) pp. 1–16。

(150) 「自己を貫徹する懐疑主義」に関するヘーゲルの発言は，言葉遣い，表現から見ただけでも強烈なものであるだけにイポリットのそれ（市倉宏祐訳『ヘーゲル精神現象学の生成と構造（上）』岩波書店，1972年，pp. 14–16）をはじめ，大方の『現象学』研究はこれに注目し，一家言呈している。だが，これを『現象学』の叙述全体にかかわる根本規定と見なして本格的に論究したものは数少ない。数少ない貴重な論究の一つが山口誠一『ヘーゲル哲学の根源』法政大学出版局，1989年，第2章「懐疑的方法について」である。そこで山口は「自己を完遂する懐疑主義」（山口訳）という「言葉全体が，〈意識の経験〉の方法を説明する言葉の一切を統括する要衝を占めている」(p. 33) ことを強調し，とりわけ「絶望」とも同等視される，この懐疑主義がすでに「懐疑主義論文」においてヘーゲルが注目した古代懐疑主義における「日常的意識の信念領域で，有限的なものの確実性の全領野を相対化する」次元の洗練化されたものだとする (p. 40)。ここに「日常的意識」とされているものは das gemeine Bewußtsein の山口訳であり，拙訳では「常識」と訳したものであり，したがって山口説を筆者流に翻案すれば，『現象学』における懐疑的方法は，古代懐疑主義における常識批判を洗練したものということになる。

「絶対の『存在』を説くヘーゲルは実は，その根本において絶対的な『無』を説こうとしていた」(p. v) という根本テーゼを証明しようとした高山前掲『ヘーゲル哲学と無の論理』における「無の論理」への注目の梃子となっているのも『精神現象学』における「懐疑の道程」「絶望の道程」としての懐疑主義の遂行である (p. vi)。当書（第1章，第2章）の強調する，ヘーゲルも「絶対無」の問題に直面し，それと格闘していた（『差異書』および「信仰と知識」）ことは夙に指摘されているところである。たとえば大橋良介『絶対者のゆくえ』ミネルヴァ書房，1993年，p. 174。あるいは大峯

題編（叢書・ドイツ観念論との対話，第５巻）『神と無』同，1994年にはドイツ観念論期における無の問題に関する好論が収められている。高山の大著（学位論文）は「絶対無」の追求を通説のように初期に留めず，ヘーゲル哲学全体にまで及ぼそうとするものである。

(151) 未完に終わった『1801年の知識学』において，フィヒテもシェリングの同一性体系に対して「絶対的な同一性の体系（Identitätssystem）」と言うよりは「絶対的な空無性の体系（Nullitätssystem）」と呼んだほうがよいという厳しい批判を浴びせていた。この点およびフィヒテとシェリングとの関係，論争とそれとのヘーゲルのかかわりについては山口前掲書『意識と無限』pp. 96–134, p. 157参照。

(152) 「ポテンツ」とは，もともと冪乗を指示する数学用語なのだが，シェリングはその独特の用法をエッシェンマイヤー（A. C. A. Eschenmayer, 1768–1852）から借用し，最初「一般的演繹」で自然哲学体系の方法概念として用い（その用い方については下に掲げる拙著の pp. 51–55参照），「叙述」でもそれを踏襲したばかりか，以後，中期から後期においても，自然哲学を離れて広く哲学全般の方法概念として用いている。エッシェンマイヤーは『自然原理』（1796）およびそのドイツ語版『自然形而上学に基づく諸命題』（1797）において，物質の度合を無限大と無限小を両極とする（その中間点が potenzlos すなわちゼロ）「諸々のポテンツ Potenzen」によって一つのシステムとして示すことを試みていた。本叢書〈シェリング入門２〉に当たる前掲拙著『人間と自然』第一章注76では研究文献も掲げてある。

(153) 確かに常識という第一段階を感性と読み替えて，カント風に，感性，悟性，理性という三段階を想定することも可能であるように見えはするが，カントは「知的直観」を認めないから，これらをカント説と同定することは不可能である。

(154) 前掲拙著『生きることと哲学すること』（増補改訂版）pp. 172–174参照。

(155) 同書 pp. 193–197，特に p. 194参照。

(156) 当時の耳目を集めた論争誌は他にシラーの『ホーレン』（1795–97），ゲーテの『プロピュレーエン』であった。ちなみに『ホーレン』の創刊号は最初1500部刷ってすぐに売り切れ，500部増刷している。Vgl. dazu G. Horn, “Horen” – “Propyläen” – “Athenäum” : Zeitschriften im Widerstreit, in : Fr. Strack (Hg.), a. a. O., S. 306–322.

(157) 1800年前後におけるイェーナロマン派とシェリングの動向および両者に対する『現象学』におけるヘーゲルの批判については次の書の第５章に詳しい。伊坂青司『ヘーゲルとドイツ・ロマン主義』御茶の水書房，2000年，pp.

175–221。

(158) われわれがニートハンマーの常識論と関係づけた「感情」の語は，金子武蔵（前掲訳書 p. 485訳注68の(1)）はじめ，たいていのヘーゲル研究者にとってはシュライアーマッハーの宗教論と関係づけられるものでしかない。

(159) この文言は前掲拙著『人間と自然』p. 58にも引用した。

第二章

（1） ここに『哲学と宗教』と『自由論』との関連について注記しておこう。まず，『哲学と宗教』とは，有限世界の成立を「離落・堕落」(Abfall）という概念を導入することによって解き明かそうとする試みであり，このことによってシェリングが同一哲学の限界を乗り越えようとした著作である。高尾由子は『シェリングの自由論』北樹出版，2005年，p. 130において，『哲学と宗教』における「堕落」論と同一哲学との連関のみならず，後年の『自由論』との連関をも視野に入れ，これらの関係を次のように捉えている。「『堕落』論は，シェリングの思想全体のなかで，絶対者中心の同一哲学を，有限者中心の自由論へと媒介する機能を果たしている」と。優れた指摘である。『自由論』が人間的自由の本質を解明しようとするものとして，有限者に力点が置かれることになるのは当然であるが，これに伴って，個体概念ひいては人格概念に対するシェリングの評価が根本的に転換する。これを「個体性の回避」（同一哲学）から「人格性の形成」（自由論）への転換と捉えて，その転換の過程を発展史的に丹念に追跡したものが澁谷理恵の最近の博士論文（テュービンゲン大学）である。R. Shibuya, *Individualität und Selbstheit. Schellings Weg zur Selbstbildung der Persönlichkeit* (*1801–1810*), Parderborn 2005. 優れた博士論文の常として先行研究の渉猟が行き届いており，かつそれに対する批評も的確で，この点においても，澁谷論文，著書は今後のわれわれの研究にとって模範的なものとなろう。

ともあれ，これら2005年の二つの労作以前の諸研究に少々触れておけば，たとえば『人間における悪』東北大学出版会，2001年（p. 145）において，諸岡道比古は「叙述」（同一哲学）における絶対者と『自由論』の絶対者との相違を「理性」に対する「意志」に見ている。妥当な判断である。『自由論』の根本テーゼは「欲することがすべての元 Wollen ist Ursein」(VII, 350［418］）だからである。本書では第二章最終節（第七節）の 3 「ベーメの無底と神秘主義」において，このテーゼの意義をベーメの神秘主義と関連づけて考察する。岡村康夫「悪・神のうちの自然・無底」西川富雄監修『シェリング読本』法政大学出版局，1994年，pp. 217–220は，『自由論』のみな

らず，それ以前の『哲学と宗教』の根本概念「離落」をもベーメ思想（『曙光』におけるルチフェルの堕落論）と結び付けている。諸岡前掲書に戻って言えば，それは『哲学と宗教』から『自由論』への展開を，前者における「堕落」概念の不十分さ――「ここでは何故に，堕落が生じたか明らかにされない」――を踏まえて，後者において「絶対者と有限な存在者との関係を新たに検討し直すことになる」（p. 144）と捉えている。

（2） シェリングにおける当時の医学との関係についてはW. E. Gerabekの博士論文 ***Friedrich Wilhelm Joseph Schelling und die Medizin der Romantik,*** Frankfurt/M 1995があり，これについて板井孝一郎が書評を行っている。『シェリング年報』第5号，晃洋書房，1997年，pp. 119–121。以下『年報』と略記し，かつ号数のみを指示する。『医学年報』の共同編集者Adalbert Friedrich Marcus（1753–1816）は医者で，1803年以後，バンベルクのフランケン侯国医療施設長であった。シェリングがブラウン説――彼の医学論の中心に据えられる――を学んだのはマルクスからである。X. ティリエットのシェリング伝の末尾に主要人名に関する解説が収められており，以上の記述はそれに基づいている。X. Tilliette, *Schelling. Biographie,* Stuttgart 2004, S. 574. 以下ではこれをティリエットのシェリング伝と呼んで参照する。

（3） シェリングの年譜は種々あるが，わが国のものとしては，古川賢作成の「シェリング年表」が便利である。西川監修前掲書巻末所収。最近のものとして有難いのはティリエットのシェリング伝巻末（S. 560–569）に収められた年譜である。本書ではもっぱらこの年譜を活用する。たとえば次注のように。

（4） ティリエット作（シェリング伝）の年譜（S. 565）によれば，『哲学概要』に続いてエアランゲン時代に行われた講義は以下のとおりである。1821年夏学期：神話の哲学，学問研究方法論，1821/22年冬学期：哲学入門（私講義），近世哲学史，1822年夏学期：学問研究方法論，1822/23年冬学期：哲学予備学。注目すべきは神話の哲学および近世哲学史に関する講義がエアランゲン時代にすでに開始されていることである。

（5） ティリエットのシェリング伝（S. 307f.）によれば，シェリングが家族とともにエアランゲンに到着したのは1820年12月1日，そうして講義が開始されたのは年が明けた1月4日のことだった。

ここで，先行研究について少々触れておこう。エアランゲン講義における「脱自」の概念に注目した先駆的研究は1973/74年冬学期ミュンヘン大学に提出された大橋良介の博士論文 ***Ekstase und Gelassenheit,*** München 1975である。『放下・瞬間・場所』創文社，1980年はこれの増補日本語版である

（ドイツのものとしては，後（pp. 128–129および注44）に引用参照する1997年刊の M. Durner の博士論文全体がエアランゲン講義の解釈に当てられている)。その後，菅原潤が彼の博士論文（1998年，東北大学）――『シェリング哲学の逆説』北樹出版，2001年として出版され，2005年度日本シェリング協会の協会賞を獲得――のなかでも「脱自」概念について考察が加えられる。ただし，この概念の意義を考察するためには，『自由論』からエアランゲン講義への発展，展開のなかでシェリングによる「弁証法」概念に対する評価が変化する点を視野に収める必要がある。菅原論文にはこの不可欠の観点が欠落している。なお，この問題は本章では第二節 5 で考察する。

（6） 『哲学概要』*Initia philosophiae universae.* Hrsg. von H. Fuhrmans, Bonn 1969.『哲学本性論』Ueber die Natur der Philosophie als Wissenschaft, in : K. F. A. Schelling (Hg.)，*Sämmtliche Werke,* Bd. IX, S. 209–246. 以下，前者からの引用は前記フアマンス編のテクストから，Initia という略記の後にページ数を指示して行い，後者からの引用は前記全集から巻数をローマ数字，ページ数をアラビア数字で指示して行う。なお当全集の邦語表記としては「全集」とのみ記すことにする。

（7） 以下，『論理学』からの引用，参照は新全集（*Gesammelte Werke,* Bd. XI, Hamburg 1978）に収められた初版のテクストに依拠して行う（以下 GW と略記し，巻数をローマ数字で，ページ数をアラビア数字で指示する)。一般に流布している TWA に収められたテクストは改訂後（1830年）のもので，両者には随分表現上の相違があり，中期シェリングとの関連において『論理学』を問題にするためには，われわれは初版のテクストを用いなければならないからである。なお，『論理学』は 2 巻に分けて刊行された。存在論が第 1 巻，本質論と概念論が第 2 巻であり，それぞれ1812年とその翌年に刊行されている（新全集では第 XII 巻)。ただし，われわれが扱うのは第 1 巻のみ。

（8） 海老沢善一「シェリングとヘーゲルとの差異（『哲学批評雑誌』の頃)」高山守・藤田正勝編（シェリング論集 1）『シェリングとヘーゲル』晃洋書房，1995年，p. 114参照。

（9） J. Hoffmeister (Hg.), *Briefe von und an Hegel,* Bd. 1, Hamburg 1952（以下 Br. と略記)。

（10） この消息については，たとえば海老沢前掲論文 p. 112f. 参照。2 人の偶然の邂逅および当時の温泉療法や保養地の様子については，『年報』第13号巻頭の筆者によるグラビア解説参照。ここではシェリングの最期を扱っている。

（11） 『論理学』が「純粋知」「純粋学」であるのならば，それは他に何ものをも前提できないし，すべきでない。そういうことをすれば，それは「純粋知」

「純粋学」でなくなるからである。ところが，この問題について，ヘーゲル自身も言を左右している。その初版（1812年）と再版（1830年）では言うことが異なってくる。この問題点については，海老沢善一『論理学研究序説』梓出版社，2002年，pp. 199–205参照。なお，海老沢の論理学研究には注目すべき点が多々あるが，数学論もその一つである。それはこれまでまともに取り上げられてこなかっただけに貴重である。『論理学』の量論にはニュートンの流率法に対する批評ばかりか，当時の数学の最先端であったオイラー，ラグランジュ，コーシーの解析学に対する批評すら盛り込まれている。海老沢の研究はこれらを含め，ヘーゲルの数学論の意義（「近代数学の形而上学的基礎付け」p. 45）を周到，的確に論じている。筆者もわずかながらそれについて論じたことがある。拙論「ニュートンとヘーゲル」（『現代思想』1993年7月臨時増刊号「ヘーゲルの思想」所収）第3節。

（12） 『暦』が「19世紀のドイツ観念論研究に資する」のみならず，「千載一遇の類稀な原典である」ことについては，近刊の松山監訳『シェリング哲学』（昭和堂）の付録Ⅰ.3.2「哲学的構想と日記1809–1854」参照。なお筆者は，今日参照可能な1809年の日記刊行以前に，日記の編者の一人クナッツの論考に依拠しつつ，『自由論』の成立の様子を紹介したことがある。前掲の西川富雄監修『シェリング読本』のための「序論」として著した「シェリングのアクチュアリティ——自然・国家・神話」の第2節「国家と革命」において。また『自由論』の成立に関連するミュンヘンの歴史と政治情勢については筆者によるグラビア解説「バイエルンの都ミュンヘンと壮年シェリング」『年報』第11号参照。

（13） M.–L. Zovko, *Natur und Gott. Das Wirkungsgeschichtliche Verhältnis Schellings und Baaders,* Würzburg 1996, S. 86f.

（14） M.–L. Zovko, a. a. O., S. 86f. なお，ベーメの全集はこれまで三種類刊行されている（南原前掲書 pp. 250–252参照）。1）八折判全15巻のギヒテル版（1682年），2）四折判全2巻のグリューシング版（1715年），3）八折判全14巻のユーバーフェルト版（1730年）——現在われわれが利用しているのはユーバーフェルト版の復刻版（1955–61年）である。興味深いことに，K. レーゼ（*Von Jacob Böhme zu Schelling,* Erfurt 1927, S. 39）によって，シェリングが初めてベーメの諸著作を読んだのが1803年だとされていることに異を唱えて，山本清幸（『シェリング自由論の哲学』学術書出版会，1970年，p. 25）は前年のA. シュレーゲル宛書簡に言及しつつ，それ以前と推定している。その書簡で，シェリングはこれまで読んできた八折判では満足できないので，シュレーゲルの住むベルリンで四折判を求めてほしいと依頼してい

る。だとすると，彼はベーメを最初ギヒテル版で読んでいたのだが，その後はグリューシング版で読んだことになる。

(15) 拙著『人間と悪』（本叢書第1弾）萌書房，2005年，pp. 84–86参照。

(16) 以上のシェリング『自由論』の成立と神智学との関係については次の二つの好論を参照されたい。岡村前掲論文「悪・神のうちの自然・無底」西川監修前掲書所収，中井章子「自然神秘思想の系譜と『自由論』」渡邊二郎・山口和子編（シェリング論集3）『モデルネの翳り——シェリング『自由論』の現在』晃洋書房，1999年所収。

(17) 『自由論』からの引用は全集第7巻所収のテクストから拙訳によって行う。西谷啓治訳が岩波文庫（1951年，改版1975年）に収められているが，現在ポピュラーな渡邊二郎訳（中公世界の名著続9）のページ数を［ ］内に併記する。近刊の『シェリング著作集』第4巻（燈影舎）には藤田正勝訳が収録される予定である。

(18) 『自由論』における自由と悪の概念についてはわが国でもこれまで様々な研究が出されている。その一部を列記しておこう。山本前掲『シェリング自由論の哲学』，pp. 76–135，諸岡前掲『人間と悪』，高尾前掲『シェリングの自由論』pp. 185–190。論文となると多数になるが，ここでは，シェリング協会大会での後藤正英の研究発表および森哲郎の特別報告のみを挙げておこう。後藤「カントとシェリング——『自由論』における悪の原因の探求について」『年報』第8号，pp. 88–97。森「シェリング『自由論』再考」同第9号，pp. 70–82。なお注22をも見られたい。

(19) Franz Xaver von Baader（1765–1841）は自然哲学とキリスト教（カトリック）とを調和させようと努力したエセイストで，彼はシェリングのミュンヘン移住後のよき話し相手であったが，1813年頃から疎遠になる。その理由について，中井は前掲論文 p. 94において（注13，14に掲げた M.–L. Zovko, a. a. O., S. 108f. に拠りつつ）座談が得意で囚われのない性格のバーダーと社交の折には哲学の話題を避け，談話の内容に慎重な扱いを求めるという性格のシェリングという両者の性格の違いを挙げているほか（確かにバイエルン人とシュヴァーベン人との気質の違いは大きい），両者の文章の違いにも触れて，その理由を，一方が神学教育を受け大学教師を務めたこと，他方が医者と鉱山テクノクラートとしての教育を受け，鉱山関係の行政職につき，私的にガラス工場を営んだこととの違いに求めている。

(20) 『自由論』全体の探求の前提をなす「実在」と「根底」との区別にも，ベーメ神智学との関連が認められる。この点については，最終節（第七節）の3「ベーメの無底と神秘主義」で考察する。

(21) キルケゴール『不安の概念』(枡田啓三郎編，中公世界の名著40，pp. 197-368)，ハイデガー（原祐・渡邊二郎訳）『存在と時間』第一篇第六章（中公世界の名著62，pp. 316ff.）参照。なお，シェリングとメランコリー概念についての興味深い考察を澁谷理恵が行っている。「メランコリーと『自由論』」松山壽一・加國尚志編（シェリング論集４）『シェリング自然哲学への誘い』晃洋書房，2005年所収。

(22) ここに認められるようなシェリング『自由論』における弁神論的な立論は，カントの『宗教論』における悪論との相違を際立たせるものである。カントもまた彼の根源悪論においてある種の「転倒」を説くが，それは理性的動機と感性的動機の間の秩序関係を転倒することを意味した。だが，このようなカントの立論は「いかにして（いかなる条件のもとで）悪が生ずるか」の説明にはなりえても，「そもそもなぜ悪が生ずるか」という問題の説明にはなりえていない。言い換えると，カントにあっては自由が「善と悪の能力」であることは説明不可能な難問として残る。この点，前掲後藤論文 p. 88参照。

日本カント協会が創立30周年を向かえ，2005年12月に創立記念大会が開催された。その折の記念シンポジウムにおいても，筆者はカントの悪論とシェリングの悪論との相違を強調しておいた。その折の提題が「シェリング哲学のアクテュアリティ――カントとシェリング」の表題のもとに『日本カント研究』７（理想社）に掲載される予定である。

(23) H. J. Sandkühler (Hg.), *F. W. J. Schelling*, Stuttgart-Weimar 1998, S. 143. この入門書の全訳が筆者の監訳により近々に刊行予定である。『シェリング哲学――入門と研究の手引き』昭和堂。ここで注目したのはその第７章「歴史の哲学」(平尾昌宏訳)。

(24) 「神における受動的第一者」の概念は「特に神智学的文献中に流布した一理念」である。ブフハイム（T. Buchheim）による『自由論』の序説，注釈付テクスト校訂（PhB 503, Hamburg 1997, S. 167)。「知恵の始まり」の概念は元来『旧訳聖書』の知恵書7, 24に由来するものであり，特にベーメとエーティンガーによって大いに広められ，神の自己観察のための内的対像，神が自己を映す〈鏡〉を表現する」ものである（ebd.)。ブフハイムのこの労作の特徴については筆者の報告参照。『年報』第６号，pp. 124-125。

(25) Vgl. H. Mine, *Ungrund und Mitwissenschaft. Das Problem der Freiheit in der Spätphilosophie Schellings,* Frankfurt/M., 1983, S. 21.

(26) 初期においてはスピノザ受容に伴って拒否していた正統派の人格神を，シェリングは中期の『自由論』においては受け入れ，その中枢概念の一つとする。シェリング解釈上の大問題である。2005年10月ベルリン・フンボルト大

学でのシェリング没後150周年記念大会での講演（Gott als Herr des Seins）の際（そのテクストはE. Hahn編により近く刊行予定），筆者は『自由論』における人格神の導入は初期の自身の立場の否定であるだけでなく，擬人神観という批判を免れないことを強調した。これに対しては，W. G. Jacobsが「初期シェリングがスピノザを受容したとはいえ（スピノザ一辺倒になったわけではなく）シェリングは初めからシェリングだった」という反論が加えられた。私としては（「シェリングはシェリングであった」ことに異存はないが），応答として，擬人神観に陥るという問題は依然として残るということを再度強調しておいた。人格性をめぐっては最近すでにコロキウムが開催され，それが論集として刊行されている。T. Buchheim u. Fr. Hemanni（Hg.），》*Alle Persönlichkeit ruht auf einem dunklen Grunde*《 *Schellings Philosophie der Personalität,* Berlin 2004.

またごく最近，人格性概念の形成に焦点を合わせて「叙述」（1801年）から『自由論』さらには『シュトゥットガルト私講義』（1810年）までのシェリングの思想展開を精緻に追跡した博士論文も刊行されている。前掲の澁谷の著書 *Individualität und Selbstheit* である。当書については本章注1参照。

(27) 『世界生成論』からの引用は *Die Weltalter. Fragmente,* hrsg. von M. Schröter, München 1966（第1稿と第2稿）および *Die Weltalter. Bruchstück,* in : *Sämmtliche Werke,* Bd. VIII, 199–344（第3稿）より行う。なお，当草稿の邦題は従来『世代論』『世界時代』等とされてきたが，いずれも満足の行くものではない。筆者は思い切って『時代論』という邦題も考えてみたが，これから出る『シェリング著作集』第4巻（燈影舎）における当草稿の翻訳者にして編者の山口和子と議論した結果，両者で『世界生成論』という邦題が当面最適であろうという見解の一致を見た。なお，弁証法概念については注5参照。

(28) 本叢書第1弾に当たる前掲『人間と悪』の第1章はすべてシェリングの処女作の解説に当てられている。そこで，筆者は神話論的アプローチについて特筆しておいた。同書 pp. 24–37参照。

(29) 『神話論』については特にペーツの明快な解説参照。H. J. Sandkühler（Hg.），a. a. O., Kap. 8. ＝前掲松山監訳『シェリング哲学』の第8章「神話の哲学」（菅原潤訳）参照。

(30) 山口和子『未完の物語』晃洋書房，1996年はシェリングの神話論の発展を追跡した力作である。筆者も拙著『科学・芸術・神話』増補改訂版，晃洋書房，2004年，第7章「『新しい神話』の可能性」では『芸術哲学』講義までのシェリングの神話論を扱い，ヘルダリンの試作（特に『パンと葡萄酒』）

をも重視している。

(31) 菅原前掲書 p. 120は「『世界時代』〔=『世界生成論』〕は，実はシェリングが前期神話論の目標であった『新しい神話』の最終的仕上げを目論んだ著作であった」と見なしている。

(32) 前掲拙著『科学・芸術・神話』pp. 200–204参照。

(33) 同書 pp. 190–199参照。

(34) シェリングは『世界生成論』について，1813年9月25日の『暦』に次のように書きつけている。「私はこの書に『世界生成論』という題をつけた。これは神の啓示の諸部門，諸時代の体系でもある。……私はこれを『世界生成論』と名づけた。なぜか。哲学はこれまで何を求めてきたか。学問=歴史記述である」と。F. W. J. Schelling, *Philosophische Entwürfe und Tagebücher 1809–1813,* hrsg. von H. J. Sandkühler et al., Hamburg 1994, S. 144f. 『暦』や『日記』の編者ザントキューラーは前掲（注23）のシェリング入門書第7章では，シェリングの歴史哲学に関する従来の様々な解釈を紹介している。その一つ（H. Kuhnert の解釈）を引用しておこう。「歴史が計画通りの図式に従って進行するものではないという認識は，ヘーゲル以降の19世紀において一つの実存的な経験と自然との発生的，歴史的，心理的な連関に関する問いがシェリングの考察の重要課題ともなる。歴史の過程は，人間の最初の神話的意識から自分自身の歴史性（Historizität）の意識化に至るまでの発展である」(a. a. O., S. 130)。なお，山口前掲『未完の物語』pp. 135–157は，シェリングの『世界生成論』の取り組みにおける悪戦苦闘を見事に描き出している。

(35) 次注に記す三つの草稿すべての冒頭（WA, 3 ; WA, 111 ; VIII, 199）に記されているのは次の文言である。「過去は記憶され，現在は認識され，未来は予感される。記憶されしものは物語られ，認識されしものは叙述され，予感されしものは予言される」。

(36) 今日，三つの草稿とその他の種々の草稿がテクストとして編まれている。すでに掲げたシュレーター編のもの（第1草稿および第2草稿），全集第8巻に収められたもの（第3草稿）およびシェリンギアーナー第13巻に収められたものである（*Weltalter–Fragmente,* hrsg. von K. Klotsch, Stuttgart–Bad Cannstatt, 2002)。年代は従来，第1草稿が1811年，第2草稿が1813年，第3草稿が1815年とされてきたが，X. ティリエットは，最後の草稿の年代を1816/17年としている（前掲伝記 S. 276)。また草稿の着手を，ティリエットは1810年と見なしており（S. 263)，W. シュミット－ビッゲマンはその構想の開始を1806年と見なしている（Einleitung zu den *Weltalter–Frag-*

mennte [*n*], S. 1)。本書では執筆期として，ティリエットの年代考証に従い1810–1817年とする。

(37) X. Tilliette, *Schelling,* a. a. O., S. 266. なお H. J. Sandkühler (Hg.), *Weltalter. Schelling im Kontext der Geshichtsphilosophie,* Hamburg 1996には『世界生成論』に関する数々の興味深い論考が収められており，「語り」の問題を主題とする論考は次のものである。P. L. Oesterreich, Geshichtsphilosophie und historische Kunst. Zum mythosnahen Sprachstil der Weltalter Schellings, in : a. a. O., S. 89–104. また最近の物語論への関心の高まりのなかで好著が現れた。野家啓一『物語の哲学』岩波現代文庫，2005年である。

(38) 『自由論』と『世界生成論』との関連について注記すれば，両者を神話や詩の問題に立ち入ることなく，哲学の観念部門と実在部門として対の形で捉えようとするのが E. ハーンである。「後期哲学への移行」および「主観性から現実性へ」。いずれも2004年 7 月の来日講演で，筆者が通訳を務めた。大阪学院大学『人文自然論叢』第49号（2004年 9 月）pp. 43–55および『年報』第13号，pp. 88–96参照。

(39) K. Yamaguchi, Die Weltalter—Schellings Versuch der Überbindung der neuzeitlichen Philosophie, in : J. Matsuyama u. J. Sandkühler (Hg.), a. a. O., S. 161, 164.

(40) 以下，一貫して Übergottheit を「超神」という語で表示する。Gottheit は Gott との差異を意識する場合には通常「神性」とでも訳すべきであり，かつ神秘主義の伝統においては「神」と言いようのない場合に用いられる。ただし当の Übergottheit を「超神性」と訳してしまうと，「神性」をも超えるという誤解さえ誘発しかねない。この語は，以下に見るように神を超えるということを名詞的に表現したものであって，「超神」という語によってすでにそれは尽くされている。

(41) W. Wieland, *Schellings Lehre von der Zeit. Grundlage und Voraussetzungen der Weltalterphilosophie,* Heidelberg 1956, S. 26.

(42) Ebd.

(43) 『世界生成論』における三位一体論については次のものを参照。J. P. Lawrence, *Schellings Philosophie des ewigen Anfangs,* Würzburg 1989, S. 184–203.

(44) 『哲学概要』におけるポテンツ論についてはドゥルナーがその解明に取り組んでいる。M. Durner, *Wissen und Geschichte bei Schelling. Eine Interpretarion der ersten Erlanger Vorlesung,* München 1979, S. 149–173.

(45) Vgl. dazu M. Durner, a. a. O., S. 158.

(46) Vgl. dazu J. Habermas, *Theorie und Praxis. Sozialphilosophische Studien,* Neuwied 1963, S. 134–136.

(47) M. Durner, a. a. O., S. 166.

(48) Ebd., S. 167.

(49) W. Hogrebe, a. a. O., S. 80.

(50) Ebd., S. 73.

(51) Ebd.

(52) Ebd., S. 80

(53) Ebd.

(54) ソクラテスの無知の知の思想について筆者は前掲拙著『生きることと哲学すること』増補改訂版1997年，pp. 175–181で紹介，解説を行っている。

(55) 筆者も『ヨブ記』について論じたことがある。ユングのヨブ記論にも言及しつつ。前掲拙著『生きることと哲学すること』pp. 90–92。

(56) プロティノス（Plotinos, 205–270）は新プラトン派の創始者であり，彼の全著作は弟子のプロピュリオスによって『エンネアデス』としてまとめ上げられた。そこには，すべてのものの究極の原因であり，すべての価値の源泉である善でもある一者から知性，魂，質量が流出するとする体系的な形而上学が述べられているばかりでなく（プラトン哲学の体系化），プロティノス自身が経験した「神との神秘的合一 unio mystica」の体験談も盛り込まれていた。ために彼の説は西洋神秘主義の源流とも目されることになる。後の本文（p. 143）に体験談の一つを引用する。

なお，井筒俊彦は助手時代の２年間の講義を著書に著しているが，それは「神秘主義と哲学の関係をギリシア哲学の発展史」のなかに探求したものであった。そこで彼はプロティノスの神秘主義のみならず，プラトンそのものに見られる神秘思想についても特筆している。『神秘哲学』第２部，人文書院，1978年。また，ヘーゲルは『哲学史』講義では，プラトン的な二世界説をアリストテレスの知性論と接合し，そこにプロティノスの一者の成立を見ている。われわれ馴染みの『哲学史』のテクスト（ミシュレ編のそれ）では，プロティノスの一者がパルメニデスの純粋存在と同列に並べられることになり，論理の展開と歴史の展開との一致というヘーゲルのテーゼに反する記述になっている。山口誠一・伊藤巧『ヘーゲル「新プラトン主義哲学」注解』知泉書館，2005年，p. 120参照。ミシュレ編のテクストの問題点については，次注参照。

(57) プロクロス（Proklos, 412–485）は，その創始者プロティノスと並んで新プラトン派を代表する哲学者で，アカデメイアの終末期（彼の死44年後の

529年にアカデメイアは閉鎖）における学統であった。彼は数々のプラトン注釈をものしたほか，『神学綱要』『プラトン神学』等を著し，ディオニュシウスやトマス・アクィナスに影響を与えている。

新プラトン哲学のなかで，プロティノスのそれとプロクロスのそれとの相違は一つの大きな問題である。この問題に関して，たとえばヘーゲルはプロクロスの独自性をその三位一体論に見出している（ディオニュシウス等への影響はこれによる）。ただし，これは最近ようやくわれわれが目にすることが可能となった1825/26年冬学期の『哲学史』講義での発言であり，旧来のミシュレ編の『哲学史』講義では一と多の弁証法の長大な説明が収められているだけであり，ティーデマン（『思弁哲学の精神』第3巻，1793年）のプロクロス論に変質させられてしまっている（山口・伊藤前掲書 p. 126f.）。周知のとおり，われわれが馴染んでいるミシュレ版『哲学史』講義は時代を異にする講義筆記録のつぎはぎ細工（初版1833–36年）であるばかりか，辻褄合わせの勝手な書き換えすら加えられているという代物である（再版1840–44年）。山口・伊藤前掲書 pp. 81–103には補足資料としてティーデマンのプロクロス論も収められている。

(58)　『天上位階論』に対する今義博の「解説」参照。上智大学中世思想研究所編訳監修『中世思想原典集成』第3巻，平凡社，1994年，p. 340f.

(59)　『神秘神学』からの引用は，前注に掲げた『集成』第3巻所収の今義博訳により，原典ページおよび当『集成』の巻数とページ数を指示して行う。原典は Sancti Dionysii Areopagitae liber qualtus de mystica theologia, in : *Patologiae cursus comletus* [...]. Accurante J.-P. Migne. Patrogiae latinae, Tomus 122, Paris 1853, pp. 1171–1176.

(60)　類似の思想はたとえばドイツ神秘主義者マイスター・エックハルトの説教のうちにも見出される。彼の説教の一つ「神のために神を捨て去るということについて」では，超神と放下について彼は次のように語っている。「人が捨て去ることのできる最高にして究極のものとは，神のために神を捨て去るということである。ところで，聖パウロは神を神のために捨て去った。彼は，神から受けとることのできるすべてのものを捨て去ったのであり，神が彼に与えることのできたすべて，彼が神から受け容れることのできたすべてを捨て去ったのである。彼がこれを捨て去ったとき，そのときに彼は神のために神を捨て去ったのであった。そうしてそのとき，彼に残されたのは，自らの内に存在している神であった。」（田島照久訳『エックハルト説教集』岩波文庫，1990年，p. 89f.）西谷啓治『神秘思想史』にはむろんディオニュシウスとの関連を指摘する箇所がある（「輝く闇」『西谷啓治著作集』第3巻，創文

社，1986年，p. 109）があるし，また「神性」に関する記述はあるが（同 pp. 103–111），「超神」については言及されていない。なお，エックハルトについては後に改めて述べる（第七節2）。

(61) 岩波『プラトン全集』1975–78年より引用。『パイドン』は松永雄二訳，『パイドロス』は藤沢令夫訳。

(62) 田中美知太郎監修『プロティノス全集』全4巻（別巻1），中央公論社，1986–88年が『エンネアデス』の全訳である。

(63) 注56および注57で言及した山口・伊藤前掲書の末尾に著訳者の一人山口誠一は解説（「ヘーゲル『哲学史講義』新版の画期的意義」）を寄せて，そこでヘーゲル『哲学史』におけるプロティノスの脱自論について論じている。彼の判断によれば，それが当『哲学史』の旧版（ミシュレ編1833–36；1840–42年）と新版（ガルニロン・イェシュケ編1986–96年）の相違を見る格好のテーマとなるものだからである。新版では，一者は「本質としての本質」と規定されており，旧版のようにパルメニデスやゼノンの「純粋存在」と同列に扱われていない（p. 118）。この根本規定「本質としての本質」は「アリストテレス後，懐疑哲学までの展開の必然性を，事象として描写するなかで現われる」。それが主客分離の克服のプロセスであり（ストア派から懐疑哲学に至る展開），「この分離が克服されると，新プラトン主義そしてプロティノス哲学が現われる。プロティノスにあっては，概念としての統一は，忘我〔＝脱自〕といわれ，純粋思惟でもある」（p. 119）。山口は『現象学』「序言」におけるヘーゲルの脱自論・忘我論に言及していないが，イェーナ期にヘーゲルが直面した課題を次のように定式化している。「イェーナ期に，アリストテレスの知性論を土台にしながら，忘我を知性の側から究めることが必要であったろう。つまり，知性における思惟と思惟対象の区別を自己還帰を通して否定しつつ，統一としての忘我に到ることである」（同ページ）と。山口の洞察を踏まえて言えば，『現象学』「序言」におけるヘーゲルの脱自論・忘我論がロマン派的な「熱狂」をたしなめるものとなっているのも，そこに彼のアリストテレス知性論に対する注目があったためということになろう。

(64) ダンテ『神曲』（地獄篇）寿岳文章訳，集英社，1987年，pp. 30–31より引用する。すぐ後にシェリングの知的直観と西田の純粋経験との関連を見るが，ここで，西田もダンテには大いに関心を寄せていたことに触れておこう。西田は四高在職中に「ダンテ会」を組織してダンテの作品を輪読しているばかりでなく講義も行っている。また，彼は『自覚における直観と反省』を刊行した翌年のある短文に「我を通って悲の都に入る」――以下の本書 p. 147で

の引用では「われをくぐりて　汝らは入る　なげきの町に」に相当する――という『神曲』（地獄篇）第三歌冒頭の一句を引用している。この点，大橋良介『西田哲学の世界』勁草書房，1995年，pp. 4–6参照。

(65)　「ダンテ論」の邦訳はすでに神林恒道によってなされており，同訳が『シェリング著作集』第３巻，燈影舎に再録されている。なお，「新しい神話」の標榜と「ダンテ論」との関連については前掲拙著『科学・芸術・神話』pp. 181–183，185参照。

(66)　2005年10月，筆者はスピノザ協会の研究例会で「スピノザとシェリング」と題して両哲学の関係について講演した。以下に引用する文言はその折のレジュメの冒頭に引用したものである。例会用に作成した資料では，『自我論』から『世界生成の体系』（1827/28年）までのシェリングによるスピノザへの言及の拙訳を集めた。講演内容は協会誌『スピノザーナ』に掲載予定。また特に初期のスピノザ受容については拙稿「スピノチストとしてのシェリング」『人文自然論叢』第45号1997年を見られたい。

(67)　初期における知的直観の問題および以下の本文で指摘する自由の問題については，前掲拙著『人間と自然』（本叢書第２弾）pp. 45–48参照。フィヒテの知的直観とシェリングのそれとの相違については，美濃部仁「知的直観と第一根本命題」『フィヒテ研究』第３号，1985年，pp. 84–89参照。

(68)　M. ブールは，フィヒテの知識学，自我論とフランス革命――フィヒテ自身『フランス革命論』を書いている――との密接なつながりを重視しているが，本書ではこの問題に立ち入れない。この点，M. ブール（藤野渉他訳）『革命と哲学』（法政大学出版局，1976年）第８章参照。

(69)　息子編全集を再編集したシュレーター版では『近世哲学史』講義のテクストは1827年のものとされているが，その後の考証の結果，最近では1833/34年冬学期のものとされている。フランクの選集 *Ausgewählte Schriften*, 6Bde. もこの推定に従っている。ティリエットの前掲シェリング伝の年譜によれば，『近世哲学史』講義の初稿は1822年となっており（S. 565），1827/28年冬学期に開始されたミュンヘン大学での講義とされているのは『学問研究法』『哲学入門』『世界生成の体系』の三種である（S. 566）。

(70)　『近世哲学史』講義からの引用は全集第10巻から拙訳によって行い，細谷貞夫訳（福村書店，1950年）のページ数を併記する。

(71)　この反省は，すでに指摘したとおり，シェリングの同一哲学との対比においては「同一性と非同一性との同一性」という媒介の論理――これは「1800年の体系断片」における生の概念を引き継ぐものである――によって，シェリングの同一哲学における「主客総無差別」の立場を凌ぐものである。後期

におけるシェリングのヘーゲル批判が妥当であるかどうかは検討の余地がある。たとえば大橋良介は，ヘーゲル自身も『宗教哲学』においては「絶対者が哲学の内では『理念』として捉えられ，この理念が思想において捉えられた神の本性であり，従って単に論理的な神知識にすぎぬこと，を知っている」と指摘し，『宗教哲学』が「初期ヘーゲルにおける主要関心事である『生』（『体系断片』）の思想の連続した発展である」ことを強調している（大橋前掲書 p. 77）。重要な指摘，強調である。

(72) 主語と述語とを結合するコプラ（「である」）の機能の意義について，シェリングはすでに『自由論』において詳論しており（VII, 344f. [410f.]），また，本書に紹介したエアランゲン講義における判断論もその実践の現れであった。藤田正勝は（『自由論』のシェリングによって理解された）コプラが「進展をはらんだ，生命ある統一」を言い表しており，そこには「根拠から帰結への運動」が見られることに注目し，それがヘーゲル『精神現象学』におけるシェリング同一哲学批判に対する応答の一つだと解釈している。藤田「ヘーゲルの『精神現象学』とシェリングの『自由論』」高山守・藤田正勝編（シェリング論集1『シェリングとヘーゲル』晃洋書房，1995年，p. 213。この論考は筆者の編著（ドイツ語版シェリング論集 J. Matsuyama u. H. J. Sandkühler (Hg.), *Natur, Kunst und Geschichte der Freiheit. Studien zur Philosophie F. W. J. Schellings in Japan,* Frankfurt am Main 2000）のうちにドイツ語化されている。拙編著については菅原潤の書評があり，そこでも，藤田によるシェリング『自由論』のコプラ論の意義が特筆されている。『年報』第9号，p. 131。なお，シェリングのコプラ論については，西田の場所論との対比において後に詳述する（第七節5）。

(73) 以下，西田の論文，著作からの引用はすべて『西田幾多郎全集』岩波書店，1965–66年から該当の巻とページのみを指示して行う。ただし，読者の便に鑑み，上田閑照編『西田幾多郎哲学論集』岩波文庫全3冊，1987–89年に収められているものは［　］内にその冊数とページ数を併記する。なお引用の際，文庫版に倣って漢字かな遣いを現代表記に変更して行う。

(74) K. Schreder–Klebert, *Das Problem des Anfangs in Hegels Philosophie,* Wien und München 1983, S. 130.

(75) Ebd.

(76) K. フィーヴェークはここに古代懐疑主義が近代に与えた試験台（Prüfstand）に関するヘーゲルの応答を見ている。K. Vieweg, Der ‚ungemeine Journalismus‘ der verrufenen ‚Absoluten in Jena‘—Kritik, Skepsis und eine neue Theorie des Wissen. In : ders. (Hg.), *Gegen das ‚unphiloso-*

phische Unwesen'. Das Kritische Journal der Philosophie von Schelling und Hegel, Würzburg 2002, S. 11–30, bes. S. 20ff.

(77) この点，たとえば小坂前掲書 pp. 389–391参照。筆者は西田のヘーゲル批判のみに注目しているが，むろん西田自身，自分の立場とヘーゲルの弁証法とを突き合わせた議論も行っている。小坂前掲書の補論 3「二つの弁証法——ヘーゲルと西田幾多郎」の全体（pp. 382–396）や上田編前掲没後50年記念論文集寄稿論文，藤田正勝「西田幾多郎とヘーゲル」がこれを主題化している。他にはたとえば，「私の立場から見たヘーゲルの弁証法」に定位した議論が高山前掲書，pp. 471–474に見られる。

(78) この点，高山前掲書 p. 299 ; p. 499，注 4 参照。

(79) Schelling, *System der Weltalter*, hrsg. von S. Peetz, Frankfurt/M 1990.

(80) 周知のとおり，十牛図は十枚の図柄から成り立っており，無もしくは空を示す円相が描かれているのは第八「人牛倶忘」である。第一「尋牛」から第七「忘牛存人」までが悟得，脱我，放下に至る過程，第八から第十までは第七の悟得の三相を描いている。十牛図に関しては多くの解説があるが，ここでは最近の一つのみを挙げておこう。上田閑照『十牛図を歩む』大法輪閣，2003年。なお筆者のものとしては J. Matsuyama, Nichts und Natur als Anfang aller Dinge. Eine Einführung beider Begriffe im Zen–Buddhismus und im Deutschen Idealismus, in : W. Neuser u. A. Reichold（Hg.），*Das Geheimnis des Anfagngs,* Frankfurt/M 2005, S. 181–203 参照。これは過去 9 回のドイツの各大学での講演の最終ヴァージョンの講演テクストである。

(81) 『哲学経験論』におけるシェリングの議論については，森哲郎「有の主としての神」前掲『シェリング読本』pp. 244–259所収参照。

(82) 大橋前掲書 p. 75。

(83) T. Nishikawa, Über die daß–Ontologie beim späten Schelling und die Logik der Kopula bei Nishida, in : J. Matsuyama u. H. J. Sandkühler（Hg.），a. a. O., S. 188, 194. なお西川による西田のコプラ論に関する考証は前掲大峯編『西田哲学を学ぶ人のために』にも「西田哲学と存在論の伝統」と題して収められている。

(84) 西田の生涯と思想全般にわたる評伝としては上田閑照『西田幾多郎とは誰か』岩波現代文庫，2002年がある。また特に『善の研究』における「純粋経験」から『自覚における直観と反省』における「自覚」を経て『働くものから見るものへ』の「場所の論理」に至る歩みに関する解説，研究ついてはたとえば上田閑照『西田幾多郎を読む』岩波セミナーブックス38，1991年が丹念な解説を提供しているし，大峯顕編『西田哲学を学ぶ人のために』世界思

想社，1996年所収の新田義弘「西田哲学の学問性」第1節は簡にして要を得た格好の手引きを提供している。また小坂国継『西田哲学の研究』ミネルヴァ書房，1991年はサブタイトルに示されているように「場所の論理の生成と構造」を主題とした研究書である。なお後に参照する大橋前掲『西田幾多郎の世界』は同じテーマを扱ったユニークな研究書である。この書では場所の論理の背景をなす西田における現代数学（集合論や群論）との関連が解明されているほか，様々な角度から西田哲学のアクチュアリティが浮き彫りにされている。またそこで上田閑照『西田哲学への問い』岩波書店，1990年および上田閑照編『西田哲学』（没後50年記念論文集）創文社，1994年に注目しつつなされた1994年時点での最近の西田研究に関するコメント（pp. 199–214）も有益である。

(85)　アリストテレスの主語論理およびプラトンの述語論理について詳しくは，拙稿「自由と脱自——ヘーゲル，シェリング，西田」『人文自然論叢』第53号，2006年，pp. 47–49参照。

(86)　前掲拙著『生きることと哲学すること』pp. 154–174参照。

(87)　『ティマイオス』の邦訳は岩波『プラトン全集』第12巻に収められている（種山恭子訳）。

(88)　藤沢令夫『イデアと世界』岩波書店，1980年，p. 127。

(89)　同書 pp. 128–129。

(90)　Schelling, *Timaeus* (*1794*), Schellingiana Bd. 4, Stuttgart–Bad Cannstatt 1995, S. 58f.

(91)　筆者はミラノ大学での国際大会（1995年10月）の講演でこのことを強調した。ほぼ10年も後にようやく活字になったのが以下のものである。J. Matsuyama, Vereinigung des Entgegengesetzten. Zur Bedeutung Platons für Schelligs Naturphilosophie, in : J. Jantzen (Hg.), *Das ankike Denken in der Philosophie Schellings,* Schellingiana Bd. 11, Stuttgart–Bad Cannstatt 2004, S. 51–76.

(92)　プロティノスについては注56参照。

(93)「場所」論文においても西田自身ギリシア哲学を次のように批評している。「主知主義の希臘人はプロチンの一者においてですら，真の無の意義に徹底することができなかった」（4・277 [I, 139]）と。しかるに田辺元は西田の場所論をプロティノスの神秘主義もしくは流出論に類似すると批判している（「西田先生の教を仰ぐ」（『田辺元全集』第4巻 pp. 303–328）。このような批判に対して大橋はこの批判を一面的と見なし，西田の数学論（集合論および群論）に踏み込んだ議論を展開している。大橋前掲『西田幾多郎の世界』

pp. 61–68, 77, 85–100, 235参照。また服部建二『西田哲学と左派の人たち』こぶし書房，2000年 pp. 95–142は西田と田辺のやりとりを丹念に追跡するのみならず，田辺の「種の論理」に説き及んでいる。

(94)　大橋前掲書 p. 74。

(95)　新田「西田哲学の学問性」大峯編前掲書 p. 118では，これら三次元は次のように明快に整理されている。「判断的一般者〔意識〕によって限定される自然界」「自覚的一般者〔自己意識〕によって限定される意識界」「叡智的一般者〔意志〕において限定される叡智界」。また同じ新田による書『現代の問いとしての西田哲学』岩波書店，1985年，p. 20f. でも同様の指摘がなされている。

(96)　この点，大橋前掲書 p. 79参照。

(97)　『自覚における直観と反省』での課題設定とその解決の努力の意義，ベルクソンやリッカートおよびフィヒテとの関連について，上田前掲『西田幾多郎を読む』第 4 講が明快な解説を行っている。また特にベルクソンと西田については後掲（注101）の長谷論文，フィヒテと西田との関連については岡田勝明『フィヒテと西田哲学』世界思想社，2000年が主題化している。特にフィヒテの「事行」概念と西田哲学との関連については同書 pp. 63–72参照。

(98)　『自覚』書に収められることになる最後の論文脱稿後（1916年 5 月）に行われた講演「現代における理想主義の哲学」（同年秋）の第 5 講「新カント学派」における説明（14・51）。当講演の第 5 講は，時期的に見て，当時西田が新カント派の哲学をどのように見ていたかを一望のもとに概観できる格好の資料である。

新カント派の一派をなす西南学派は同講演でも指摘されているとおり，ヴィンデルバントによって「創立」されている。西田はこの派を「徹底的に発展せしめたのはリッケルトの力によるものと云わねばならぬ」とリッカート（＝リッケルト）を高く評価している（14・51）。ヴィンデルバント（Wilhelm Windelband, 1848–1915）はチューリヒ，フライブルク，ハイデルベルクの各大学教授を歴任，西南学派の創始者で，認識，倫理，美等すべてを価値実現という目的のための手段とする価値哲学を唱えた。リッカート（Heinrich Rickert, 1863–1936）はフライブルク大学哲学教授を務めて後，ヴィンデルバントの後任としてハイデルベルク大学に移り（1915年），師の衣鉢を継いで，存在に対する価値の優位を説くことになる。両者について岩波『哲学・思想事典』1998年，p. 120 ; pp. 1680f. 参照。

(99)　前注に掲げた講演の第 5 講の説明。コーエン（Hermann Cohen, 1842–1918）は講師を皮切りに（1873年）マールブルク大学で活躍。彼を創始とす

るマールブルク学派もこれに由来する。彼はドイツ系ユダヤ人を父として生まれており，ユダヤ思想家でもある。彼の思想については前掲岩波『哲学・思想事典』p. 542f. 参照。

(100)「あらゆる現象において，感覚の対象たる実在は内包量すなわち度をもつ」という原理（Kant, *Kritik der reinen Vernunft,* A166)。

(101) 前掲講演第5講においても西田はベルクソンの「純粋持続」に言及しており，その箇所はこの概念に関する要領のよい解説になっているので，それを引用する。彼はベルクソンの哲学を，新カント派の主観主義の対極にあるものと位置づけて言う。「現代の哲学において客観主義として最も徹底したものはベルグソンの哲学であろう。直接に与えられたる純粋持続が唯一の実在であって自然科学的世界の如きはかえってコンベンショナルなものにすぎない。流動する持続を空間に併列して考えるのは単に実用のためであり，自然科学の知識はプラグマチカルのものである。自然科学的知識は単なる手段にして直覚に現れる純粋持続に真の実在がなければならぬ」(14・48f.)。

西田の『自覚』書におけるベルクソン論においては長谷正當「西田とベルクソン」前掲上田編没後50年記念論文集，pp. 182–213，特に西田のベルクソン批判については同 pp. 200–207参照。

(102) ベルクソン（中村文郎訳）『時間と自由』岩波文庫，2001年からページ数のみを記して引用。なお，V. ジャンケレヴィッチが彼のベルクソン論（阿部一智・桑田禮彰訳『アンリ・ベルクソン』新評論，増補新版1997年）のなかで，持続概念に関連して，ドビュッシーの『ペレアスとメリザンド』の前奏曲やリストの『ファウスト交響曲』を例に挙げつつ，魅力に富んだ音楽論，ポリフォニー論を展開している（p. 18)。本書の考察では紙幅の関係上残念なことに立ち入れない言語論（pp. 28–29）も興味深い。参照されたい。

(103)「中世神秘哲学」というのは西田自身による特徴づけであり，以下に引用するように，この特徴づけのもとで彼は特に偽ディオニュシウス（西田の表記ではディオニシュース）とエリウゲナ（西田の表記ではエリューゲナ）との哲学を考えている。偽ディオニュシウスについてはすでに紹介した。「ディオニュシウス文書」に盛り込まれた思想は6世紀前半から東方世界に広まり，9世紀以降，西方世界にも流布され，西洋神秘主義の源流の一つを形成することになる。エリウゲナ（Johannes Scottus Eriugena, c. 810–c. 877）はギリシア語で書かれていた当文書を9世紀半ばにラテン語に訳し，そこに盛られていたディオニュシウスの思想を西方ラテン世界に流布させた立役者である。

なお，K. リーゼンフーバー『中世における自由と超越』創文社，1988年，

pp. 393-407が西田とディオニュシウスとの関連に注目している。

(104) オリゲネス（Origenes, 184/5-253/4）は古代キリスト教最大の思想家の一人で，最初の聖書学者とも目されている。彼の聖書注解のうち『雅歌注解』は最大傑作とされており，小高毅訳による邦訳もある（創文社，1984年）。前掲『哲学・思想事典』p. 192f. 参照。

(105) 西田が「絶対自由」の典型として注目するのはこのような西洋哲学の神秘主義的伝統に留まらない。彼はむろん東洋哲学にも眼を向け，「応無所住而生其心」（まさに住するところ無くして其の心を生ずべし）（2・283）といった金剛般若経の言葉や「水月の道場に坐して空華の万行を行ず」といった禅語を引いてもいるが，自己否定への注目という同じ精神に基づくものである。この点，上田前掲書『西田幾多郎を読む』p. 299参照

(106) シェリング哲学の日本での受容をテーマとしたドイツにおける最近の先駆的研究のなかでも当然，シェリングの同一性と西田の純粋経験の連関の問題が論じられており，シェリング同一哲学にあっては差異が量的に処理されているにすぎない点に対する西田の批判にも言及されている。M.-S. Hantke, *F. W. J. Schellings Identitätsphilosophie im Horizont der Kyoto-Schule,* München 2005, S. 58.

(107) M. ドゥルナーの指摘するとおり，このあたりの議論はプロティノス（Enead., V 1, 6-7 ; VI, 9, 9, 3）の流出論・発出論が下敷きになっている（以下に掲げる書のS. 131, Anm. 11参照）。『思弁的自然学雑誌』の校訂に続き，最近またドゥルナーが新しい別のテクストを校訂した。彼が常々「美しいテクスト」と呼んでいた『ブルーノ』である。おかげでまたシェリングのテクストが読みやすくなった。F. W. J. Schelling, *Bruno oder über das göttliche und natürliche Prinzip der Dinge,* Mit einer Einl. u. Anm. hrsg. von M. Durner, PhB Bd. 564, Hamburg 2005.

(108) Chr. Danz, Vernunft und Religion. Überlegungen zu Schellings Christentumsdeutung des Absoluten in seinen *Jounal-Aufsäzen*, in: K. Vieweg (Hg.), *Gegen das ‚Ünphilosophische Unwesen‘,* a. a. O., S. 208.

(109) すでに指摘したとおり，9世紀半ばに，エリウゲナは「ディオニュシウス文書」をギリシア語からラテン語に翻訳した。そこに盛り込まれた思想が西方ラテン世界に広まったのはこのためである。ちなみに，「エリウゲナ」（Eriugena）という名は，翻訳の際に彼が考案したものであり（ケルト語に由来する語で，意味は「アイルランド人」），17世紀までは彼は「ヨハネス・スコトゥス」（Johannes Scottus）と呼ばれていた（意味は「スコティア人」すなわち「アイルランド人」の「ヨハネス」）。「ヨハネス・スコトゥ

ス・エリウゲナ」あるいは「スコトゥス・エリウゲナ」と呼ばれるようになったのは17世紀以降のことである。彼がギリシア語に堪能であったのは，彼がその名のとおり，アイルランドの出身であったこと，および時期的にカール大帝が始めたカロリング・ルネサンス時代の申し子であったことによる。後に彼は大陸に渡っており，彼の名が資料に初めて登場するのは，パリ北東にあったカール2世の宮廷学校の教師としてであった。これらについて詳しくは『中世思想原典集成』第6巻，平凡社，1992年，pp. 474f. 参照。

(110) F. コプルストン（箕輪秀二・柏木英彦訳）『中世哲学史』創文社，1970年，p. 125。

(111) 以下，『自然論』からの引用は，前掲『集成』第6巻に収められている今義博訳により，ミーニュ版『教父全集』のページ数と『集成』の巻数とページとを併記する。なお，エリウゲナの主著の書名を訳者は『ペリフュセオン（自然について）』と表記しているが，筆者はこれを簡略化して『自然論』と表記することにする。また，この書 ***Periphyseon*** は従来『自然区分論』***De deusione naturae*** とされてきたものに相当するが，筆者が『自然論』と表記するのは，従来の表題は ***Periphyseon*** の第1巻第1章のみに妥当するにすぎないとする訳者の指摘（同書解説 p. 478）に従ったことによる。

(112) ここに「存在する限りのすべてのものも，存在しない限りのすべてのものをも含めた一切」とは，認識論的に言い換えれば，「知りうる限りのすべてのものも，知りえない限りのすべてのものをも含む一切」ということであり，この一切はキリスト教における被造物と創造主の両方を含む総体ということになる。この意味では，今義博の指摘によれば「エリウゲナの哲学の対象は他のキリスト教哲学の対象と異なるわけではない。しかしながら，神と被造物を含む全体をピュシス／ナートゥーラという一つの概念に包括し，その概念を論理的・形而上学的に考察して，神と被造物の全体と相互連関を考察しようとする彼の哲学的企図は，他のキリスト教哲学に例を見ない独特なものである」。今義博「エリウゲナの自然本性（ピュシス／ナートゥーラ）」池田善昭編『自然概念の哲学的変遷』世界思想社，2003年，p. 24。

(113) 今義博前掲論文 p. 74。なお，他の箇所でも繰り返し語られる「神は始めであり，中間であり，終わり」であるという思想は，シェリングによって『世界生成論』では時間論として展開されている。両者の興味深いつながりである。

(114) ディオニュシウスは『神名論』で「肯定の道」を示し，『神秘神学』で「否定の道」を示したのだった。コプルストン前掲書 p. 101 ; p. 103参照。

(115) 同書 p. 103参照。

(116)　同書 pp. 131–133参照。

(117)　森哲郎「西田哲学と禅仏教」大峯編前掲書 p. 229。

(118)　同書 p. 230。前注および本注に掲げた森論文は「西田哲学と禅仏教」との関連について考察するものである。当論文（p. 230f.）は,「脱自（意識の無)」を自己の遡源究明と解して，そこに哲学の「汝自身を知れ」を見るとともに，禅の「己事究明」や「不惜身命」の根本課題を見，道元の有名な次の言葉を引用している。「仏道をならふといふは，自己をならふなり。自己をならふといふは，自己を忘るるなり」(「現成公案」)。筆者も門外漢ながら，ドイツでの講演では，西田『場所』論文におけるプラトン批判において成立を見る「場所」の概念と関連づけて道元のこの有名な言葉を引用し，次の大橋論文を指示したことがある。J. Matsuyama, Nichts und Natur als Anfang aller Dinge, in : W. Neuser u. A. Reichold (Hg.), a. a. O., S. 190. R. Ohashi, Zen und Philosophie. Kontinuität der Diskontinuität, in : Ders., *Japan im interkulturellen Dialog,* München 1999, S. 146–165, bes. S. 150ff. なお，西田と禅とのかかわりに関する考察は，たとえば上田の西田哲学解説の第３講でなされているほか，伝記的記述としては竹村牧男『西田幾多郎と仏教』大東出版社，2002年，第１章等がある。

(119)　西田は『自覚』に収めることになる諸論文の連載を開始して間もなく「ヤコッブ，ベーメ」と題した小文を書き公表している（『智山学報』第１号，1914年)。この小文は旧岩波全集に未収載のもので，茅野良男・大橋良介編『西田哲学――新資料と研究への手引き』ミネルヴァ書房，1987年，pp. 2–5に収められている。以下，この小文からの引用はこれによる。

(120)　南原実『ヤコブ・ベーメ――開け行く次元』哲学書房，1991年，p. 42。

(121)　この沈黙の意味するものが何であるか，とりわけ言葉の問題については同書 pp. 46–66参照。

(122)　南原（同書 pp. 34–36）はベーメのメランコリーの一つにコペルニクス説との出会いを加えている。それは地球，大地が宇宙の中で安定した中心に位置するのではなく，虚空に浮かぶものでしかないこと含意していたからである。このような指摘に接するとわれわれは後年のパスカル『パンセ』の無限，宇宙の沈黙に関する有名な断章を思い浮かべざるをえないであろう。

(123)　ヤーコプ・ベーメ（薗田坦訳）『アウローラ』創文社，2000年より章節番号のみを指示して引用。

(124)　ベーメ思想の影響史としては，西田も記すとおり，それが表に現れるのはようやくカント以後のドイツ観念論の時代（ベーメの死からおよそ150年後）のことであった。それまではベーメの思想は地下にもぐってほそぼそと

生き延びた。バーダーがベーメの思想に触れることになったのもフランスのサンマルタンを介してである。ベーメ思想の影響史については，南原前掲書pp. 20–23の記述が興味深い。

(125) 同書 p. 94参照。

(126) 以下，同書 pp. 81–98より章節番号のみを指示して引用。

(127) 同書 pp. 99–100参照。

(128) 薗田坦「無底・意志・自然」『龍谷大学論集』第458号，2001年，同「J・ベーメにおける神と世界創造」同論集第462号，2003年，および同「ルネサンスにおける自然」池田前掲書参照。

(129) 注目すべきことに，前掲岡村論文 p. 224はシェリングによる「究極的形而上学的概念」としての「無底」概念の受容が一面的に留まっている点を指摘する。ベーメ神智学には「実践的神秘主義的側面」が含まれているからである。この側面については同論文 pp. 226–228参照。

(130) 「神の内なる自然」——この「神から切り離せないものの，神とは違った存在者」——とベーメの自然概念との関連ついては，前掲岡村論文 pp. 210–223参照。

(131) 南原前掲書 p. 96参照。

(132) 中井前掲論文 p. 167。

(133) 同論文同ページ。

(134) 同論文 p. 173f.

(135) 同論文 p. 175。なおここに，ベーメとシェリングとの関係については，すでに参照した岡村論文があること，また彼がベーメ研究の現状についても報告していること（『年報』第5号，pp. 56–65）を記しておこう。

(136) 注129参照。

(137) すでに注記したとおり，この点に注目したのが大橋である。大橋は彼の学位論文のみならず，他の論考でもこの点を繰り返して強調している。「シェリングの無底と体系」渡邊・山口編前掲書 p. 132ff. この論考の狙いは，ハイデガー（*Schelling* : *Vom Wesen der menschlichen Freiheit,* Tübingen 1971）が『自由論』の最終部に登場する「無底」概念を無視してその核心を発端部における「実在」と「根底」との区別のうちにのみ見る点を批判して，シェリング自身が「無底」概念を『自由論』の探求の「最高地点」と見なしたことの意義を明らかにする点にある。なお，この論は以下の独文論考の再論である。R. Ohashi, Ungrund und System（403–416），in : O. Höffe u. A. Pieper（Hg.），*F. W. J. Schelling : Über das Wesen der menschlichen Freiheit,* Berlin 1995, S. 237–245.

(138)　南原前掲書 p. 32。なお同書 p. 48によれば，たとえば『曙光』に認められる彼の読書の痕跡は，ヴァイゲル，セバスチアン・フランク，パラケルズス，アグリッパなどの書物との接触である。

(139)　西谷啓治の『神秘思想史』(1932年）では，自然と悪の概念の組み合わせから構成された四類型（筆者の推定ではエリウゲナの四分類が念頭にあったのではないかと思われる）に従って，プロティノス，アウグスティヌス，エックハルト，ベーメの神秘思想が紹介されている。これは今日では著作集第3巻（創文社，1986年）に収められている。

(140)　もっとも，だからといって，両者を単純安易に同定するつもりは毛頭ない。これには慎重でなければならない。われわれは相違点にも眼を配らなければならない。前掲拙稿「自由と脱自」pp.74–76では相違点を，アウグスティヌスの悪論およびフッサールのノエマとノエシスの概念に即して見ている。本書では紙幅の関係上これらを割愛した。

(141)　『全集』第15巻の「後記」(高坂正顕記）参照。

(142)　藤田正勝はここに『精神現象学』におけるヘーゲルによるシェリング同一哲学批判に対する反批判を読み取っている。同感である。藤田正勝「ヘーゲルの『精神現象学』とシェリングの『自由論』」高山・藤田編前掲書 p. 214。

(143)　西川富雄「西田哲学と存在の伝統」大峯編前掲書 pp. 48–50。

(144)　同書 p. 44。

(145)　同書 p. 50。

(146)　ここで西田はフッサール現象学における「ノエマ」「ノエシス」という相関概念に即した批判を試みている。中岡成文『私と出会うための西田幾多郎』出窓社，1999年，p. 143の用語解説を引用しておけば，「ギリシア語でノエシスは『知り，理解する働き』のこと，ノエマは『知られたもの』を意味し，フッサールが現象学の用語として採用した。幾多郎では，ノエシスは行為・作用，ノエマは表現・対象を意味する」。中岡のこの書は平明という点で稀有な入門的解説になっており，それに便利な多数の用語解説が付されており，いま引用したものもその一つである。

(147)　上田閑照『経験と自覚——西田哲学の「場所」を求めて』岩波書店，1994年，pp. 100–102。

(148)　同書 p. 102。

(149)　同書 pp. 106–107。

(150)　同書 p. 107。

(151)　同書 p. 116。

(152)　本書では西田における禅と哲学との関連に言及する機会が少なかった。こ

こで少しこれについて注記しておけば，彼の処女作『善の研究』が20代以降の坐禅参禅体験の後に成立したことは夙に知られている。しかしながら，彼はそこでは禅語を極力避け，禅と哲学とを混同することを厳に戒めていた。興味深いことに，いま本文でその一節を引用した論考（晩年の「思想」論文「知識の客観性について」）に対する弟子の西谷啓治の礼状に対する返礼（1943年２月19日付）で，この点，彼は次のように述べている。「背後に禅的なるものと云われるのは全くそうであります。私は固より禅を知るものではないが，元来，人は禅というものを全く誤解しているので，禅というものは真に現実把握を生命とするものではないかとおもいます。私はこんなこと不可能ではあるが何とかして哲学と結合したい。これが私の三十代からの念願でございます。しかし君だから良いが普通無識の徒が私を禅などと云う場合，私は極力反対します。そんな人は禅も知らず，私の哲学も分からず，XとYとが同じいと云っているにすぎぬ。私の哲学を誤り禅を誤るものとおもいますから。哲学の立場宗教の立場もこれからだん〜考えて行きたいとおもいます」（19・224f.）。

(153)　注140参照。

(154)　藤田正勝は西田の場所論を論評するにあたって，まずそれが従来の認識論に対する批判であることから説き起こしている。「『場所』の思想の根底にあったのは，主客の対立を前提とし，知るということを主観の構成作用ととらえる従来の認識論（とりわけ新カント学派）に対する西田の批判であった」。藤田正勝「西田哲学における行為と歴史の問題」前掲大峯編前掲書 p. 166。西田の諸論考の特徴の一つは，当時流行の哲学に対する批評を含んでいることである。すでに見たとおり，たとえば『自覚における直観と反省』のうちに当時のドイツの思想界の流行思想，新カント派の思想に対する彼の応答が盛り込まれていた。

(155)　この点，大橋前掲書 pp. 80–82参照。

(156)　臨済禅が重用する十牛図のうち第七「人牛倶忘」はこの点を巧みに図示しているように思われる。牛飼いは逃げた牛を見つけて手なずけ，家に戻って悠然と座し，眼前に広がる情景を受け入れている。

(157)　Vgl. Kitarō Nishida, *Logik des Ortes. Der Anfang der modernen Pliloso-phie in Japan.* Übers. u. hg. v. R. Elberfeld, Darmstadt 1999, S. 302. 場所論文等西田の主要論文のこの独訳書は注釈（訳注）や概念説明（S. 285–310）としても独自の価値，有用性をもっている。

(158)　大峯前掲書 p. 7。

(159)　同書 p. 8。